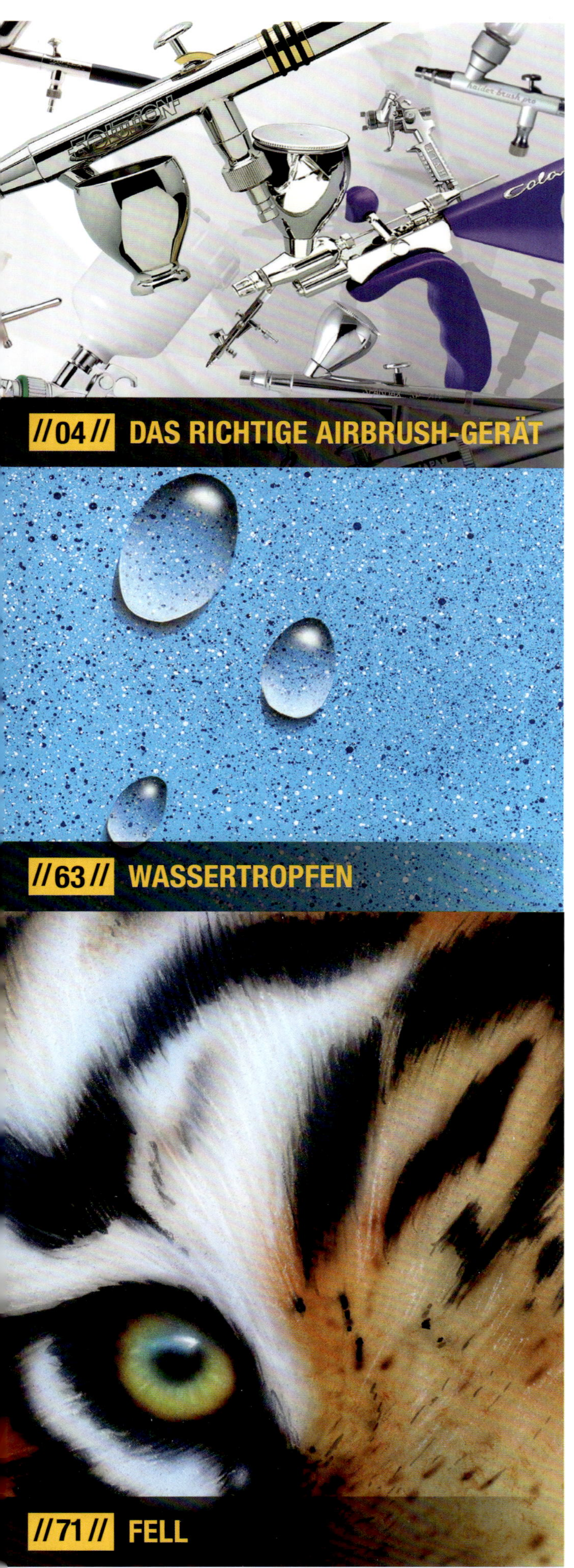

INHALT

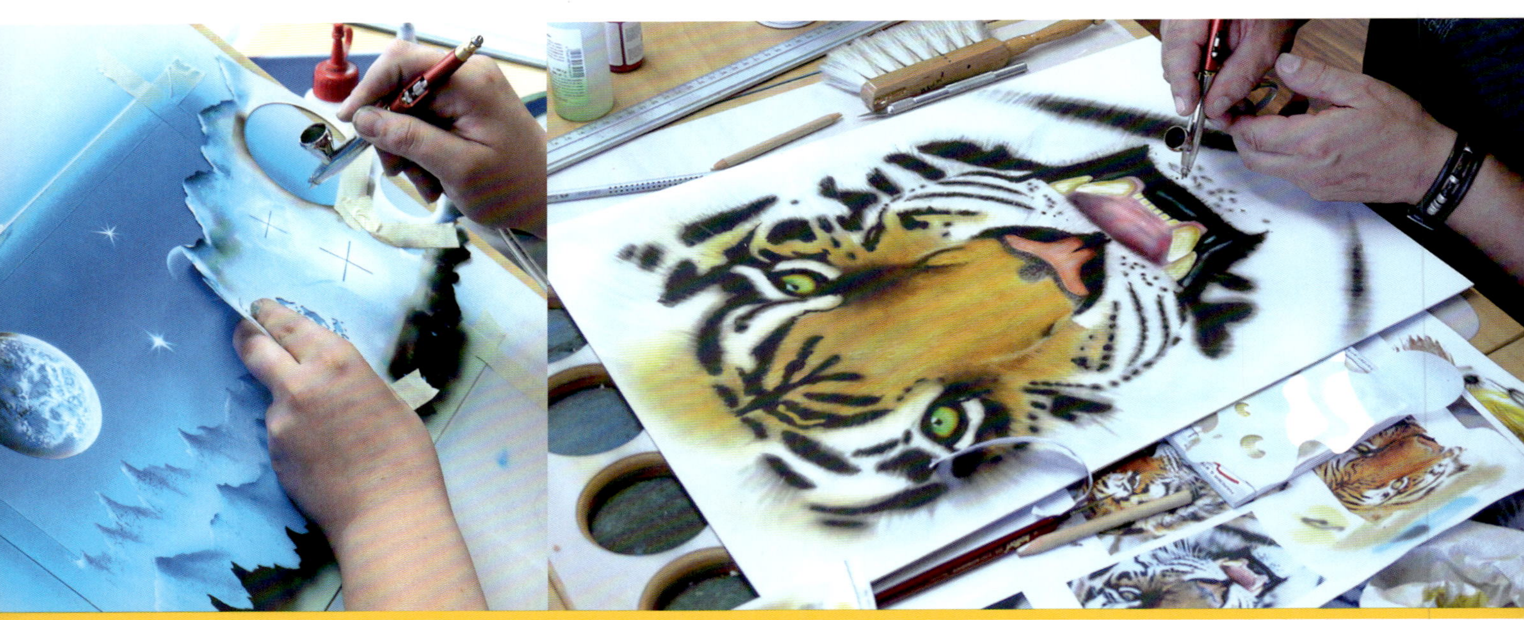

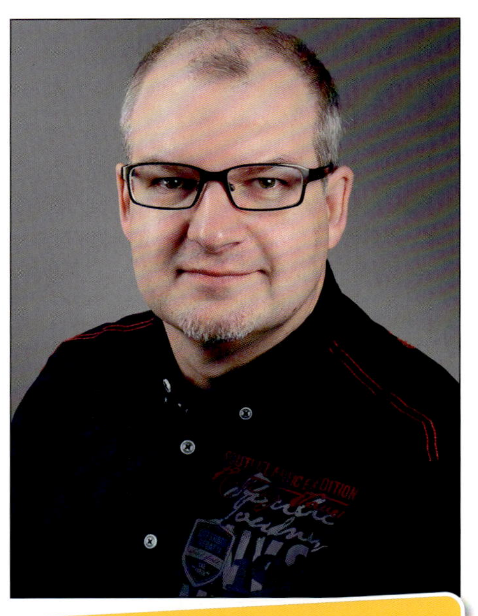

// Roger Hassler

Roger wurde 1972 in Hameln geboren und arbeitet als Grafik-Designer und kreativer Kopf in seiner eigenen Werbeagentur und Verlag in Hamburg. Im Bereich der Airbrushtechnik greift Roger Hassler auf langjährige Erfahrung zurück. In seiner Jugend begann er mit Computergrafiken und machte sich in dortigen Kreisen mit Veröffentlichungen verschiedener Art bereits einen Namen. Es folgte die Auseinandersetzung mit den herkömmlichen Maltechniken, bis er die Airbrush-Technik entdeckte und sich diese autodidaktisch aneignete. Seine photorealistischen Motive sind größtenteils aus den Bereichen Fantasy, Luftfahrt, Science Fiction sowie der surrealistisch geprägten figürlichen Darstellung. Seit fast 20 Jahren vermittelt er sein Wissen in Kursen, seit 10 Jahren produziert er Anleitungs-DVDs, schreibt und verlegt Airbrush-Bücher sowie das Fachmagazin Airbrush Step by Step. Er engagiert sich im Airbrush-Fachverband e.V. und setzt sich für die Bekanntmachung und Verbreitung der Airbrush-Technik ein, indem er auf Messen und Veranstaltungen Workshops, Vorführungen und Vorträge hält. Darüber hinaus organisiert Roger Hassler die International Airbrush Days in Hamburg, ein Workshop-Großevent mit rund einem Dutzend bekannter Airbrush-Künstler aus Europa und den USA.

Bilder, Videos und Vorlagen kostenlos downloaden:
// www.newart-shop.de //
Passwort: *Einsteiger*

// www.rogerhassler.de
// www.newart-shop.de
// www.airbrush-magazin.de
// www.newart.de

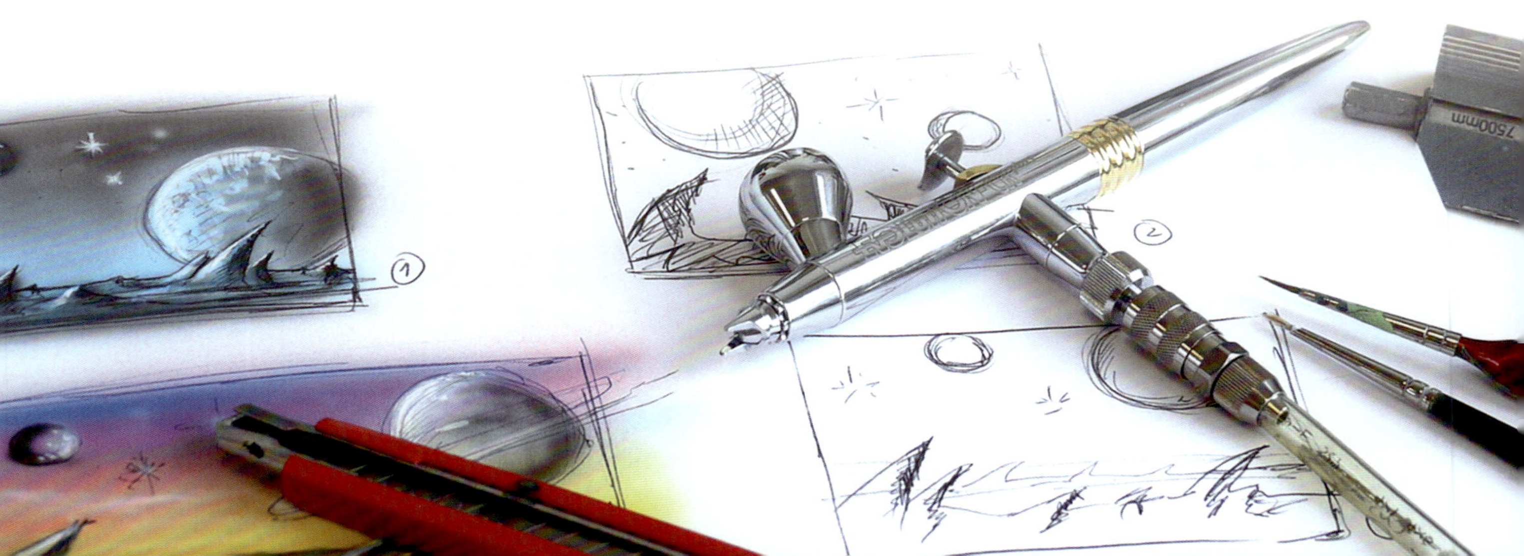

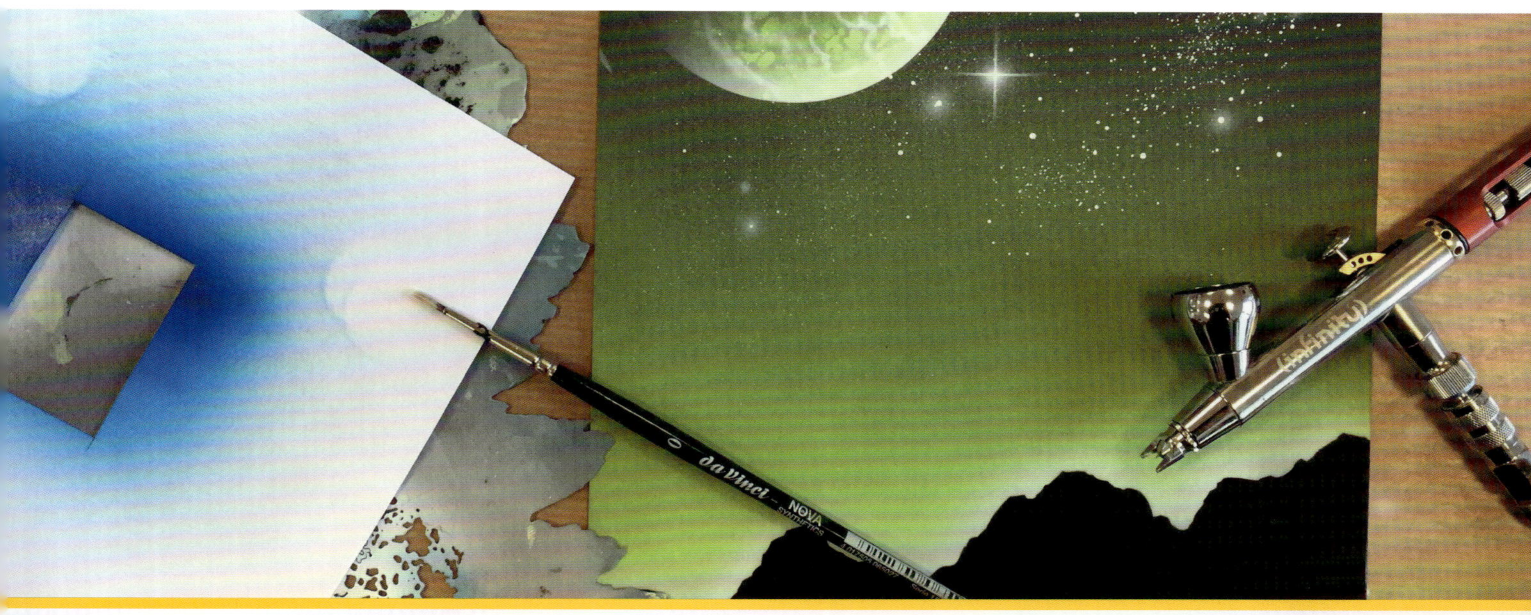

// Airbrush-Grundkurs: So klappt der Einstieg in die Airbrush-Technik

Keine andere Maltechnik ist so vielseitig wie die Airbrush-Technik: Vielen vor allem als Mittel der Fahrzeugbemalung oder aus dem Modellbau bekannt, hat sie ihre Wurzeln aber vor allem in der Kunst und Illustration. In den USA steht Airbrush hauptsächlich für T-Shirt-Kunst. Neuere Anwendungsbereiche sind Make-up und Körperkunst, aber auch Tortendekoration.

Stellen Sie sich nun einen Airbrush-Kurs mit einem Dutzend Teilnehmern vor: Vor Ihnen sitzt ein Maler und Lackierer, ein Modellbauer, ein Acryl- und Aquarellmaler, ein Auto-Tuner, eine Fingernageldesignerin, ein Make-up Artist, ein begeisterte Hobby-Bäckerin und noch ein paar andere, die Airbrush mal auf Youtube gesehen haben und es „cool" fanden. Kein Scherz, sondern Realität in vielen meiner Airbrush-Workshops. Wie kriegen Sie die alle unter einen Hut - jeder mit anderen Vorkenntnissen, Erwartungen und Erfordernissen? Jeder von ihnen würde am liebsten gleich in seinem Spezialgebiet loslegen: Eine Motorhaube bemalen, ein Modellfahrzeug altern, eine komplexe Illustration anfertigen, wettbewerbsreife Airbrush Nails oder Torten bemalen…

Meine konsequente Antwort: Nein, wir starten erstmal auf Papier. Trotz anfänglicher Gegenwehr mancher Kursteilnehmer hat sich diese Herangehensweise 20 Jahre lang bewährt, und soweit ich beurteilen kann, hat niemand meinen Kurs enttäuscht oder fortschrittslos verlassen. Diesen Weg verfolge ich auch in diesem Buch: Zu Beginn erhalten Sie zunächst einen Überblick über die verschiedenen Airbrush-Gerät-Typen, Kompressoren, Farbsorten und Malgründe, die sich zum Airbrushen eignen. Wenn Sie diese Grundlagen kennen, können Sie auch ganz selbständig entscheiden, welche Produkte sich für Ihren Anwendungszweck am besten eignen. Danach folgen Hinweise zum Reinigen der Airbrush und schon geht's mit den ersten Grundübungen – auf Papier! - los. In den darauffolgenden Motiven und Übungen lernen Sie dann schrittweise die zahlreichen Arbeitsweisen der Airbrush-Technik kennen: Lose und klebende Maskierung, Freihandarbeiten, Sprenkel-, Tupf- und Pinseltechniken, Farbverläufe, feine Linien, Radier- und Kratztechniken. Das sind die Grundprinzipien des Airbrushens, von denen Sie mal diese, mal jene auf allen Untergründen, in allen Anwendungsgebieten und bei allen Motiven einsetzen können. Dass Sie am Körper oder auf einem T-Shirt keine Kratztechniken anwenden werden, versteht sich wohl von selbst. Mit ein bißchen Menschenverstand und zusammen mit Ihren Vorkenntnissen z.B. aus dem Modellbau, der Lackiererei, der Kosmetik, der Kunst oder dem Konditorhandwerk, ist die Übertragung auf Ihr jeweiliges Anwendungsgebiet ein Kinderspiel.

Seit Erfindung der Airbrush-Technik gab es schon viele Airbrush-Lehrbücher. Manchmal waren dort auch noch Themen wie Farblehre, Bildaufbau oder Perspektive enthalten. Dies sind jedoch keine airbrush-spezifischen Themen, sondern eher allgemeine Gestaltungsgrundlagen, die bei jeder Mal- oder Gestaltungstechnik berücksichtigt werden müssen. Diese sollten Sie sich anderweitig aneignen oder, wenn Sie schon künstlerisch tätig sind, haben Sie die entsprechende Vorbildung sicherlich bereits erhalten.

Egal auf welchem Gebiet: Airbrushen lernt man nicht nur aus einem einzigen Buch oder Kurs. Es gehört viel, viel Übung dazu, Inspiration von anderen Künstlern und auch das nötige Quentchen Talent. Mir ist es in meinen Kursen immer besonders wichtig, dass die Teilnehmer Spaß daran haben. Und das wünsche ich mir auch von den Lesern dieses Buches: Ich hoffe, Sie haben Spaß daran, die angebotenen Motive und Techniken auszuprobieren. Denn nur wenn der Einstieg in eine neue Technik Freude bereitet, bleibt man auch optimistisch und mit Eifer bei der Sache.

Viel Spaß und viel Erfolg wünscht Ihnen
Ihr Roger Hassler

Schwarzenbek im September 2018

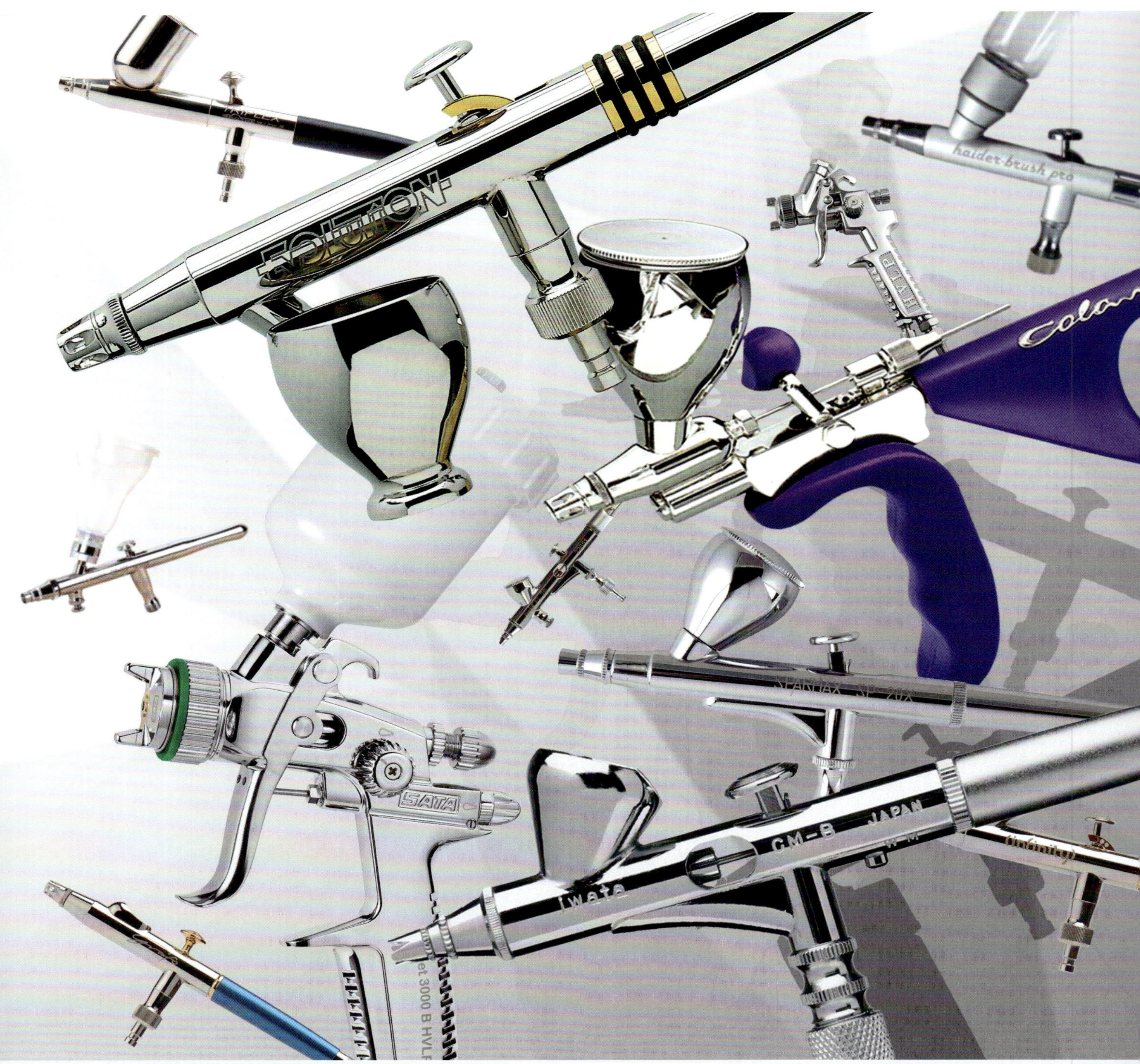

Das richtige Airbrush-Gerät

Mit dem Kauf eines Airbrush-Gerätes fängt alles an – aber welches? Es gibt so viele Modelle, unterschiedliche Techniken, in allen Preislagen von 20 bis 500 Euro. Eine kompetente Beratung ist nur selten zu bekommen, denn die Zahl der spezialisierten Fachhändler in Deutschland, Österreich und der Schweiz lässt sich jeweils an einer Hand abzählen. Umso größer ist dafür das Angebot im Internet. Wer sich allerdings mit Gerätetypen, -marken und -eigenschaften der verschiedenen Airbrushes nicht auskennt, sucht trotzdem nach der Nadel im Heuhaufen.

Um Licht in dieses Dunkel zu bringen, fangen wir ganz am Anfang an: Egal, für welches Modell Sie sich entscheiden – das Grundprinzip ist bei allen Airbrushgeräten nahezu identisch. Und das seit über 120 Jahren!....

Damals wurde der feine Farbspritzapparat zum Kolorieren und Retuschieren von Fotos erfunden. Die von Charles L. Burdick sowie Olaus C. Wold in den 1890er Jahren patentierten Geräte besaßen bereits eine Düse mit feiner Bohrung, eine Nadel, einen Farbnapf und einen Bedienhebel ähnlich wie die heutigen Geräte. Erst in den folgenden Jahren variierten die Hersteller die Grundmodelle und schufen für die wachsende Zahl der Airbrush-Anwendungsgebiete die heutige Auswahl in Sachen Farbzufuhr, Bedienbarkeit und Düsengrößen. Und so ist es heute vor allem der Einsatzzweck, der darüber bestimmt, welches Gerät mit welchen Eigenschaften dafür am besten geeignet ist.

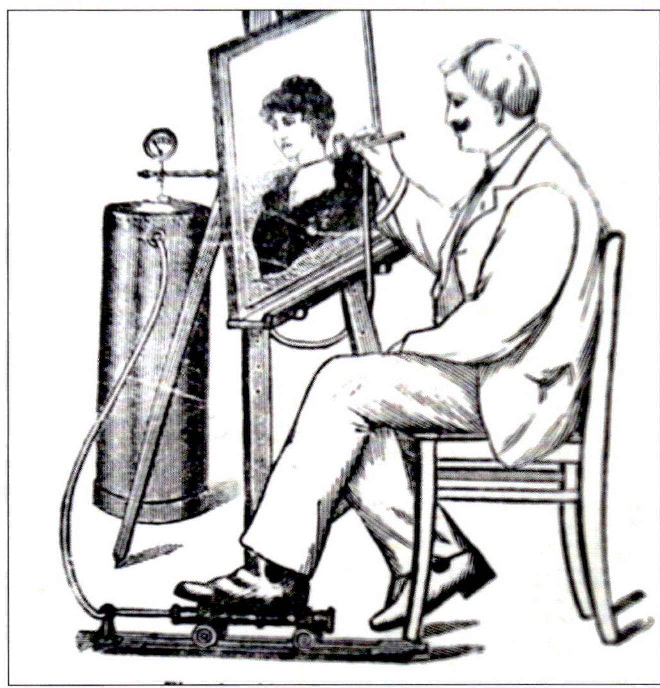

// DIE ANWENDUNGSGEBIETE

Anfang des 20. Jahrhunderts zeigte sich schnell, dass der berührungsfreie, gleichmäßige, schnelle und dünne Farbauftrag mit der Airbrush nicht nur für die Fotoretusche geeignet ist, sondern auch für vieles Andere. So macht man sich in der Kunst und Illustration bis heute die weichen Farbübergänge und Schattierungen zunutze, die ein Motiv besonders realistisch wirken lassen. Der heutige detailreiche Fotorealismus ist in diesem Sinne ein Überbleibsel aus der Zeit, als technische und fotorealistische Illustrationen und Werbegrafiken noch mit der Airbrush und nicht mit dem Computer geschaffen wurden.

Das bis heute wichtigste Standbein der Airbrush-Technik stammt erst aus den fünfziger Jahren: das sogenannte Custom Painting oder auch individuelle Fahrzeugbemalung. Hier punktet die Airbrush vor allem dadurch, dass sie den Untergrund nicht berührt und sich so optimal jeder Oberflächenform anpasst.

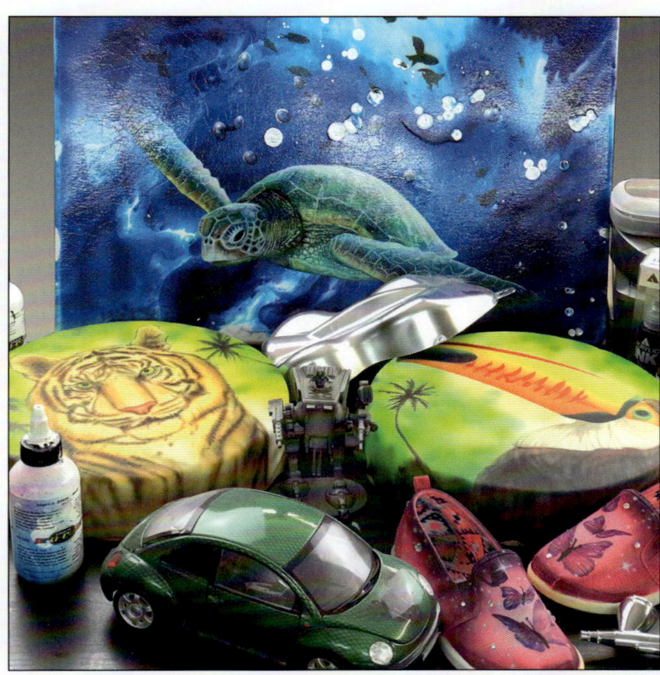

Ähnlich wie das Custom Painting gehört die Wand- und Fassadengestaltung in den Bereich der Auftragskunst. Auch hier setzt sich die Airbrush über jegliche Oberflächenstruktur hinweg und ermöglicht schnelles, effizientes Arbeiten.

Eine große Rolle unter den Airbrush-Anwendungen spielt darüber hinaus der Modellbau. Modellbauer aus allen Bereichen verzieren ihre Modelle gerne mit Airbrush; insbesondere auf dem Gebiet der Alterung werden die besonderen Eigenschaften der Spritztechnik bevorzugt genutzt. Aber auch der Bereich Table-Top-Bemalung ist ein aktuelles Trendthema, um noch realistischere Miniaturfiguren umzusetzen. Hier macht sich die feine Farbdosierung und die punktuelle Genauigkeit der Airbrush bezahlt.

In den letzten 15 Jahren entfaltet sich die Airbrush-Technik darüber hinaus zunehmend in der Kosmetik-Branche. Jüngst erlebt sie einen Aufschwung im Zuge der HDTV- und 4K-Fernsehtechnik, die ein noch feiner pigmentiertes und ebenmäßiges Make-up verlangt. Aber auch für die Kreation von Special Effects Make-ups in der Maskenbildnerei, „falschen“ Tattoos oder Bodypaintings für Event- und Marketingaktionen ist es ein beliebtes Gestaltungsmittel. Einen weiteren Schwerpunkt bildet die Gestaltung von Fingernägeln (Nail Art). Hygienisch, gleichmäßig, fein und auf den Punkt sind im Bereich der Körper-Dekoration die Hauptargumente für die Airbrush-Technik.

Wenn es um empfindliche Oberflächen geht, ist die Airbrush ganz vorn dabei: Deshalb vertrauen auch Porzellan- und Puppenmaler seit rund 100 Jahren darauf. Und auch in der Patisserie hat man erkannt, dass sich Torten und Pralinen mit Schokolade und Lebensmittelfarben noch besser besprühen als bepinseln lassen.

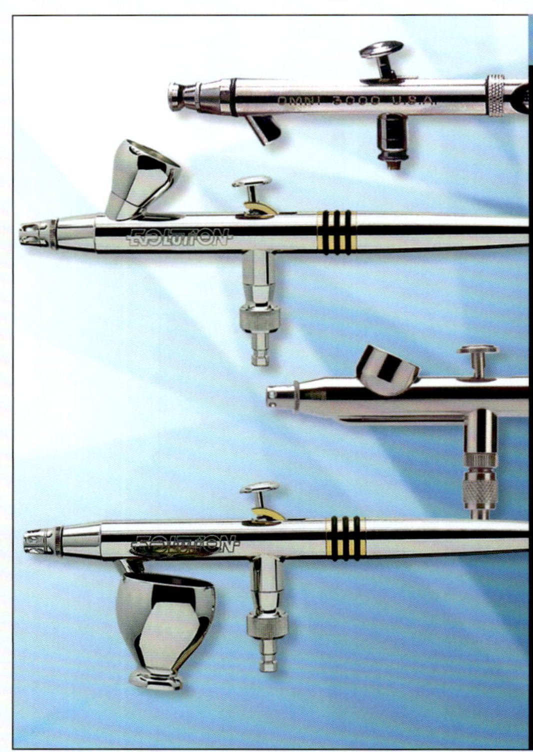

FLIESS- ODER SAUGSYSTEM?

Eine ganz banale Frage, die man sich hinsichtlich des eigenen Anwendungsgebietes und der dazu passenden Airbrush stellen sollte, ist: Brauche ich viel oder wenig Farbe?

So beantworten Sie in Sekunden die Frage Ihres Fachhändlers, ob Sie denn ein Fließ- oder Saugsystem haben möchten. Bei sogenannten Fließsystemen wird die Farbe über einen oben aufgesetzten Becher zugeführt. Hier können in der Regel nur geringe Farbmengen (je nach Gerät bis zu ca. 7 ml) eingefüllt und verarbeitet werden. Deshalb werden Fließsystem-Geräte meist auch mit kleinen Düsengrößen für Detailarbeiten ausgeliefert.

Für größere Farbmengen eignet sich das Saugsystem, das die Farbe aus einem unterhalb des Gerätes befestigten Behälter bezieht. Diese Geräte kommen bevorzugt für größere Flächen wie bei der Fahrzeugbemalung, Wandgestaltung, Tanning oder Bodypainting zum Einsatz.

Eine untergeordnete Rolle auf dem Markt spielen Seitenanschluss-Geräte, an denen sich seitlich (wahlweise links oder rechts) am Gerät ein nach oben oder unten ausgerichteter Farbbehälter befindet.

// SINGLE VS. DOUBLE ACTION

Wie steuere ich Luft und Farbe am Gerät? Wie fein und kontrolliert möchte ich arbeiten? Bei der Bedienbarkeit wird es schon etwas schwieriger. Hier unterscheiden sich Airbrush-Geräte in Single Action, Double Action und Gekoppelte / Kontrollierte Double Action. Doch auch hier hat die „Ur-Funktion" von vor 100 Jahren, die Double Action, bis heute die Nase vorn. Trotz ihrer „komplizierteren" Handhabung sind die meisten im Fachhandel angebotenen und von Künstlern genutzten Airbrushes (vermutlich über 90%) Double Action-Geräte.

Airbrushes mit doppelter Hebelfunktion (Double Action) ermöglichen nämlich die getrennte Regulierung von Luft und Farbe und erzielen damit die bestmögliche Kontrolle. Durch Herunterdrücken des Hebels wird die Luftzufuhr eingeschaltet, das Zurückziehen des Hebels aktiviert die Farbe. Im Rahmen des Hebelwegs lässt sich die Farbmenge mit dem Hebel dosieren. Durch diese Variationsmöglichkeit eignen sich die Geräte auch für feinste Detailmotive.

// FUNKTIONSWEISE: DOUBLE ACTION

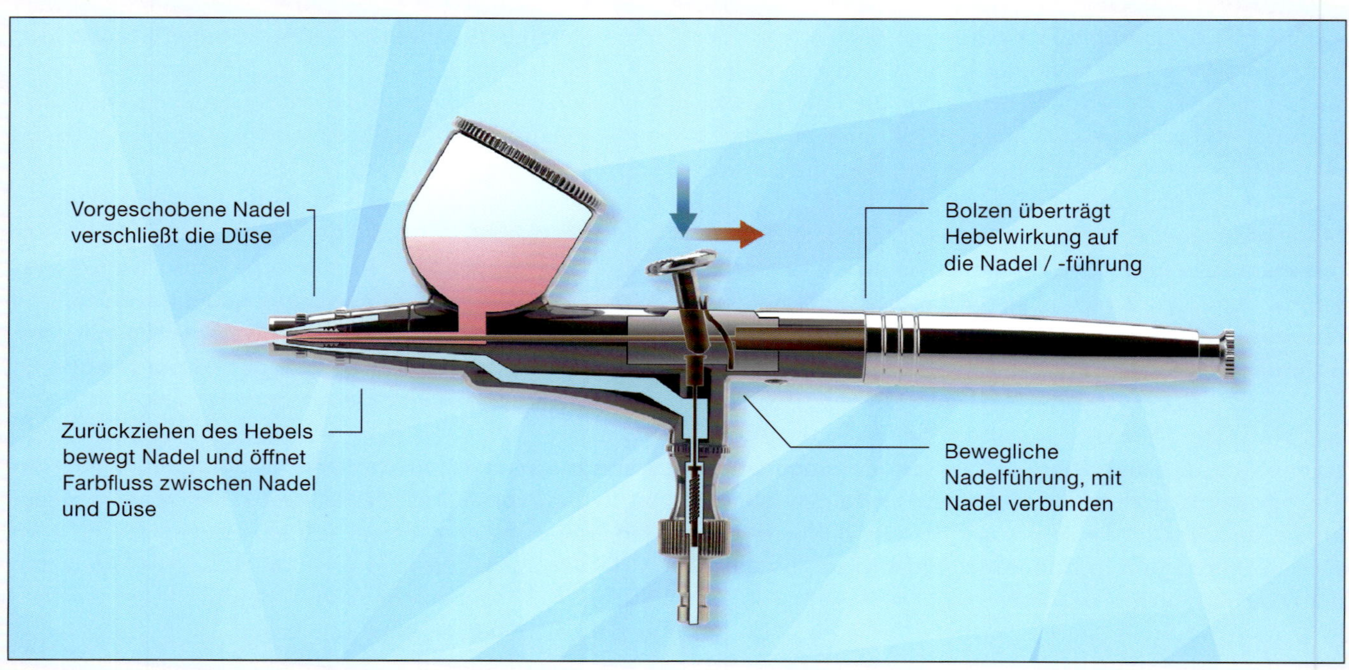

Geräte mit gekoppelter/kontrollierter Double Action sind eine Variation davon, bilden aber eher die Ausnahme auf dem Markt, obwohl sie von der Sprühqualität und den Einsatzmöglichkeiten her mit der herkömmlichen Doppelfunktion zu vergleichen sind. Durch Zurückziehen des Hebels werden sowohl Luft als auch Farbe aktiviert. Zieht man den Hebel nur ganz wenig nach hinten, wird die sogenannte Vorluft in Gang gesetzt, zieht man weiter, bewegt sich auch die Nadel aus der Düse und die Farbe wird freigesetzt. Also muss man bei dieser Gerätegattung den Hebel nicht mehr runterdrücken, was die Handhabung vereinfacht und auch für Kinder sehr gut geeignet ist.

// FUNKTIONSWEISE: KONTROLLIERTE DOUBLE ACTION

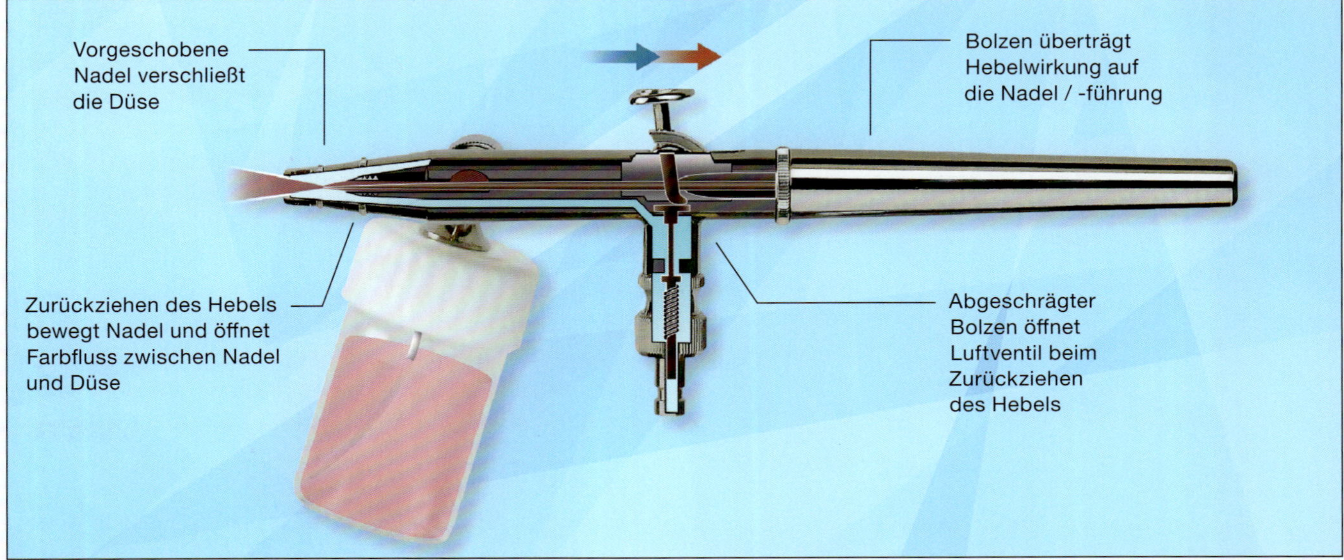

Ein **Single-Action-Gerät** ist dagegen eher mit einem einfachen Zerstäuber gleichzusetzen. Beim Herunterdrücken des Hebels wird sowohl der Luftstrom als auch die Farbzufuhr aktiviert. Luft und Farbe können dabei nur ein- und ausgeschaltet, aber nicht reguliert bzw. variiert werden. Diese Geräte eignen sich lediglich für einfache Flächengrundierungen z.B. im Modellbau, beim Bodypainting oder bei der Wandmalerei.

// FUNKTIONSWEISE: SINGLE ACTION

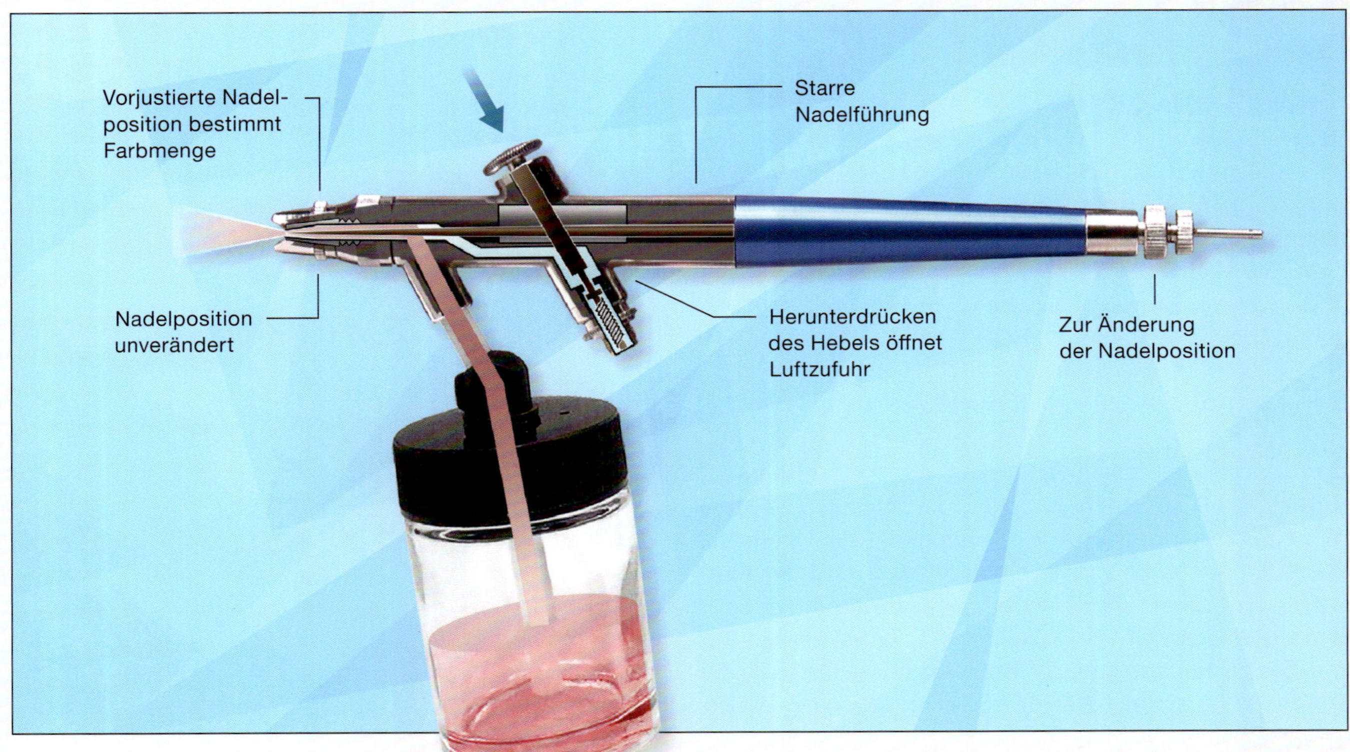

ACHTUNG VERWECHSLUNG:
Single Action vs. Gekoppelte Doppelfunktion

Häufig wird der Begriff „Single Action" von Herstellern auch für eine evtl. „vereinfachte Funktion" benutzt, die im Grunde aber nichts mit dem klassischen Single Action-Gerät zu tun hat. Hier sind z.B. die EFBE Airbrushgeräte zu nennen, die es u.a. als „Single Action"-Varianten zu kaufen gab. Die „Single Action" Ausführung ist aber technisch gesehen ein Spritzapparat mit gekoppelter Doppelfunktion.

Ebenfalls hervorzuheben sind die Geräte für Tortengestalter. Hier werden Geräte häufig so bezeichnet, die ein anderes Ventil eingebaut haben und Dauerluft geben. Erst beim Zurückziehen der Nadel wird die Farbe versprüht, deren Menge sich jedoch durch den Hebelweg regulieren lässt.

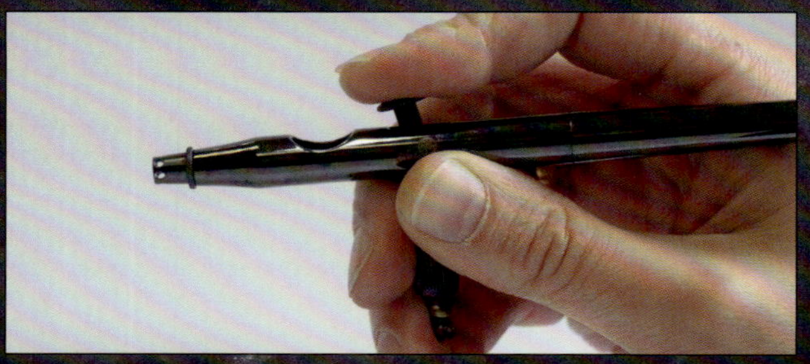

Der einfachste Unterschied von „echten" und „unechten" Single Action-Geräten ist: „Echte" Single Action-Geräte haben einen Hebel zum Herunterdrücken, der das Gerät ein- und ausschalten, aber nicht regulieren kann.

„Unechte" Single Action-Geräte, also z.B. Geräte mit gekoppelter Doppelfunktion oder Dauerluft-Geräte, lassen sich durch Zurückziehen des Hebels nicht nur einschalten, sonder auch regulieren.

// NADELN UND DÜSEN

Unabhängig von den Merkmalen Farbzufuhr und Bedienbarkeit können Sie sich auch noch für unterschiedliche Düsengrößen entscheiden. Hierbei sollten Sie sich diese beiden Fragen stellen:

// Mit welcher Farbsorte arbeite ich in meinem Einsatzgebiet?

// Wieviel Farbe möchte ich versprühen?

Grundsätzlich sind handelsübliche Airbrush-Geräte mit Düsensätzen mit einem Durchmesser zwischen ca. 0,15 und 0,6 mm ausgestattet. Ein Düsensatz besteht aus der Düse, durch die die Farbe versprüht wird, und der dazu passenden Nadel, die die Farbe zur Düse „transportiert" und die Düse öffnet bzw. verschließt. Je kleiner der Düsen- bzw. Nadeldurchmesser ist, desto feiner lässt sich der Sprühstrahl justieren. Dementsprechend kommen kleine Düsensätze bei Details und Feinarbeiten zum Einsatz, große Düsensätzen bei großformatigen und Flächenarbeiten. Je größer die Objekte werden, umso mehr Sinn macht es auch, größere Düsen zu verwenden, damit schneller Farbe aufgetragen werden kann. Hier sind große Custom Painting Objekte, Wandgestaltung und Bodypainting zu nennen.

Doch neben der Motivgröße spielt auch die Farbsorte eine entscheidende Rolle: Feine Düsensätze sind eher empfindlich und können schnell verstopfen. Daher eignen sich „dickere", lösungsmittelhaltige Lacke oder grobpigmentiertere Farben oft nicht so gut für ganz feine Düsen. Feinpigmentierte Airbrush-Farben auf Wasserbasis sind da einfacher zu handhaben. Die größte Anwendungsvielfalt bieten Düsen in der Größe 0,2 / 0,3 mm. Damit lässt sich vieles abdecken: von Fine Art, über Airbrush-Tattoos, Make-Up bis hin zur Tortengestaltung und Motorradtankbemalung. Gestandene Airbrush-Künstler können auch mit größeren Düsen ein recht feines Spritzbild erreichen. Wiederum nutzen Fine Art Künstler oft lieber kleinere Düsen, um möglichst genau und ganz detailliert zu illustrieren.

// WER HAT DEN DREH RAUS? STECK- VS. SCHRAUBDÜSEN

Eher Geschmackssache ist wohl die Frage, ob man Geräte mit Steck- oder mit Schraubdüsen bevorzugt. Geräte, die in den USA oder Deutschland hergestellt werden, haben traditionell eher Steckdüsensysteme eingebaut.

Vorteil: Düsensätze unterschiedlicher Größe und auch defekte Komponenten lassen sich schnell und einfach tauschen. Nachteil: Ist die Saugkappe nicht richtig zugedreht, blubbert es im Farbbehälter.

Geräte aus China, Taiwan und Japan sind in der Regel mit Schraubdüsensystemen ausgeliefert. Hier ist die Düse direkt mit dem Gehäuse verschraubt.

Vorteil: Es gibt weniger Dichtungsproblematiken. Nachteil: Das Ausbauen dauert etwas länger und unerfahrene Benutzer können die Düse durch das Drehen in die falsche Richtung abbrechen.

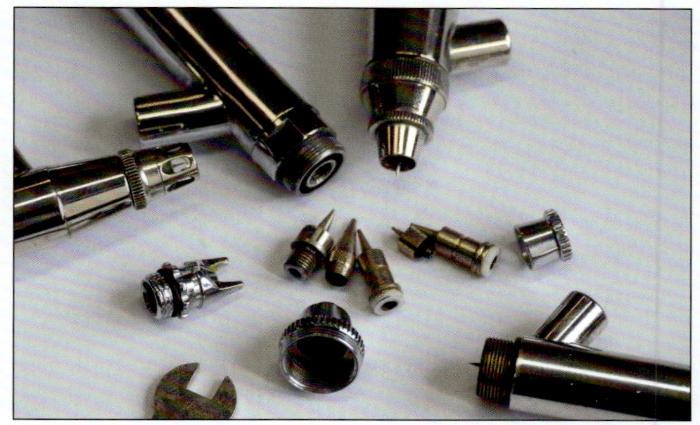

Meistens ist es nicht vorgesehen, bei dieser Produktgattung auf einen Düsensatz anderer Größe umzurüsten. Das bedeutet, man kauft bei unterschiedlichen Anwendungsgebieten meist mehrere Airbrushes mit verschiedenen Düsengrößen und Farbbechergrößen.

// „SCHNÄPPCHEN" VS. MARKENGERÄT

Wie bei vielen anderen Produkten wäre es auch bei Airbrushes zu einfach zu sagen: Teuer ist gut, billig ist Müll. Wobei die Tendenz dabei natürlich stimmt. Hinter der Frage des Preises verbergen sich jedoch eher folgende Merkmale: Verarbeitungsqualität, Verfügbarkeit von Ersatz- und Verbrauchsteilen, verständliche Bedienungsanleitungen und Service.

Auch bei ganz billigen Apparaten kommt sicherlich Farbe raus. In der Regel sind auch diese Airbrushes mit modernsten CNC-Geräten produziert. Um diesen günstigen Preis zu gewährleisten, wird allerdings z.T. minderwertiges Metall verwendet, die Geräte werden nicht fein nachgearbeitet und es gibt keine Qualitätssicherung. Dadurch lassen sich die Komponenten häufig schwierig abschrauben, quietschen oder klemmen. Ist die Nadel am Ende z.B. nicht nachpoliert, kann man sich an der scharfen Kante verletzen. Werden diese Geräte im Werk nicht probegesprüht, kann auch nicht gewährleistet werden, dass Düse und Nadel harmonieren und das Spritzbild in Ordnung ist. Viele Anfänger, die mit so einem Gerät starten, können gar nicht genau einschätzen, ob das schlechte Spritzbild am eigenen Unvermögen liegt oder ob das Gerät einfach nicht so toll funktioniert. Auch verständliche, deutsche Bedienungsanleitungen sucht man in der Regel bei Billiggeräten vergeblich. Wichtig ist auch die Ersatzteilversorgung: Auch ein bei Ebay billig erstandenes Airbrush-Gerät braucht früher oder später einen neuen Düsensatz oder anderes Teil. Deshalb sollte der Anbieter auch diese Produkte mit im Sortiment haben.

Geräte von Markenherstellern haben sich jahrzehntelang am Markt etabliert, meist sogar weltweit. Es gibt immer wieder Überarbeitungen und Verbesserungen an den Modellen und in der Regel treten überhaupt keine Verarbeitungsmängel auf. Insofern kann man sich bei Markengeräten voll und ganz auf die Technik verlassen und sich auf das Gestalten seiner Motive konzentrieren. Und selbst wenn doch mal etwas sein sollte, gewährleisten Fachhändler und Hersteller eine lückenlose Ersatzteilversorgung und Garantieleistung. Man kann mit dem Hersteller direkt oder einem Fachhändler Kontakt aufnehmen, um Fragen zu den Produkten zu klären. Für viele Markengeräte gibt es zusätzliche Bauteile und Features zum Nachrüsten, und auch die Dokumentation erstreckt sich von der mehrsprachigen Bedienungsanleitung bis hin zu ausführlichen Videos auf den Herstellerwebsites.

// EINKAUFEN BEIM FACHMANN

Zu den genannten unterschiedlichen Funktions- und Konstruktionsmerkmalen kommen weitere minimale Nuancen, die design- oder produktionsbedingt sind. Ein Gerät ist silber, das andere schwarz, wiederum ein anderes hat einen roten Griff. Die eine Airbrush fühlt sich leichter an und der Hebel ist einfacher zu bewegen, die andere hat einen stärkeren Zug. Auch der Abstand von Hebel und Becher oder die Form der Fingerauflage kann für den einen Anwender unhandlich, für den anderen gerade perfekt sein. Dann ist es super, wenn man das Airbrushgerät seiner Wahl vorher ausprobieren kann. Dies geht bei einigen Fachhändlern vor Ort, aber auch auf Airbrush-Ausstellungen, Messen und Events. Außerdem besteht häufig die Möglichkeit, bei Seminaren und bei Club- sowie Stammtischtreffs unterschiedliche Geräte auszuprobieren und kennenzulernen.

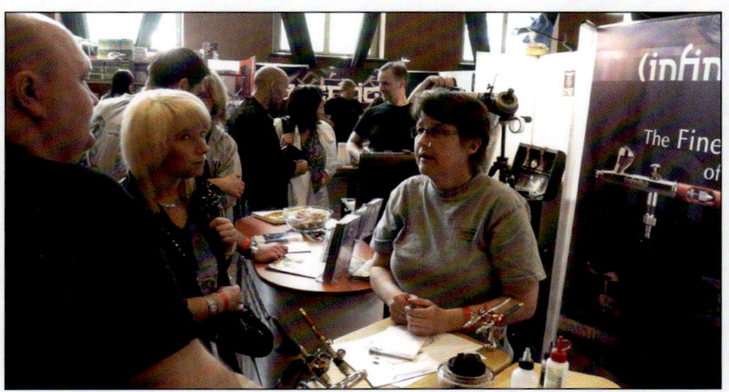

// ERSTE HILFE AN DER AIRBRUSH

Es gibt kein Airbrushgerät, was nur super gut ist und nie Probleme macht. Denn ein Airbrushgerät ist mechanisch und hat auch seine entsprechende - nennen wir es mal - Tagesform. Dies hängt zusammen mit der Abnutzung der Komponenten, der Sauberkeit des Gerätes, aber auch mit der verwendeten Farbe, deren Konsistenz und zu guter Letzt sogar von der Umgebungstemperatur und Luftfeuchtigkeit ab.

Häufig wird mit kurzen Schleifenübungen geschaut, wie das Gerät tickt und ob der Sprühstrahl ein sauberes Bild macht. Ist z.B. die gesprühte Linie unterbrochen, kann das Gerät (meist die Düse) u.a. dreckig sein oder eine Komponente ist defekt.

Oft reicht schon das schnelle Zurückziehen des Hebels, um ganz schnell viel Farbe aus der Düse zu schießen. Dies spült die Nadelspitze von Farbansammlungen frei.

Oder man schraubt das Griffstück ab, löst die Mutter und zieht die Nadel rein und wieder raus und drückt gleichzeitig dabei den Knopf. Auch so kann viel Flüssigkeit Düse und Nadel freispülen und man hat reelle Chancen, dass man gut weitersprühen kann, ohne das Gerät komplett zu reinigen.

// AIRBRUSH-GERÄTE IM ÜBERBLICK

Hier finden Sie einen kleinen, aber bei weitem nicht vollständigen Überblick über aktuelle und beliebte Airbrush-Modelle, sortiert nach Düsengröße, Anwendungsgebiet und Preis. Die Preise sind grobe Angaben und können je nach Angebot, Preisempfehlung und Wechselkurs schwanken. Die meisten Hersteller decken die ganze Bandbreite der Düsengrößen und Anwendungsgebiete ab oder liefern sogar Sets mit unterschiedlichen Komponenten aus. Diese Vielzahl an Optionen können wir somit gar nicht in unserer Grafik abbilden und bitten Sie, sich zusätzlich bei Fachhändlern und Herstellern über das aktuelle Angebot zu informieren.

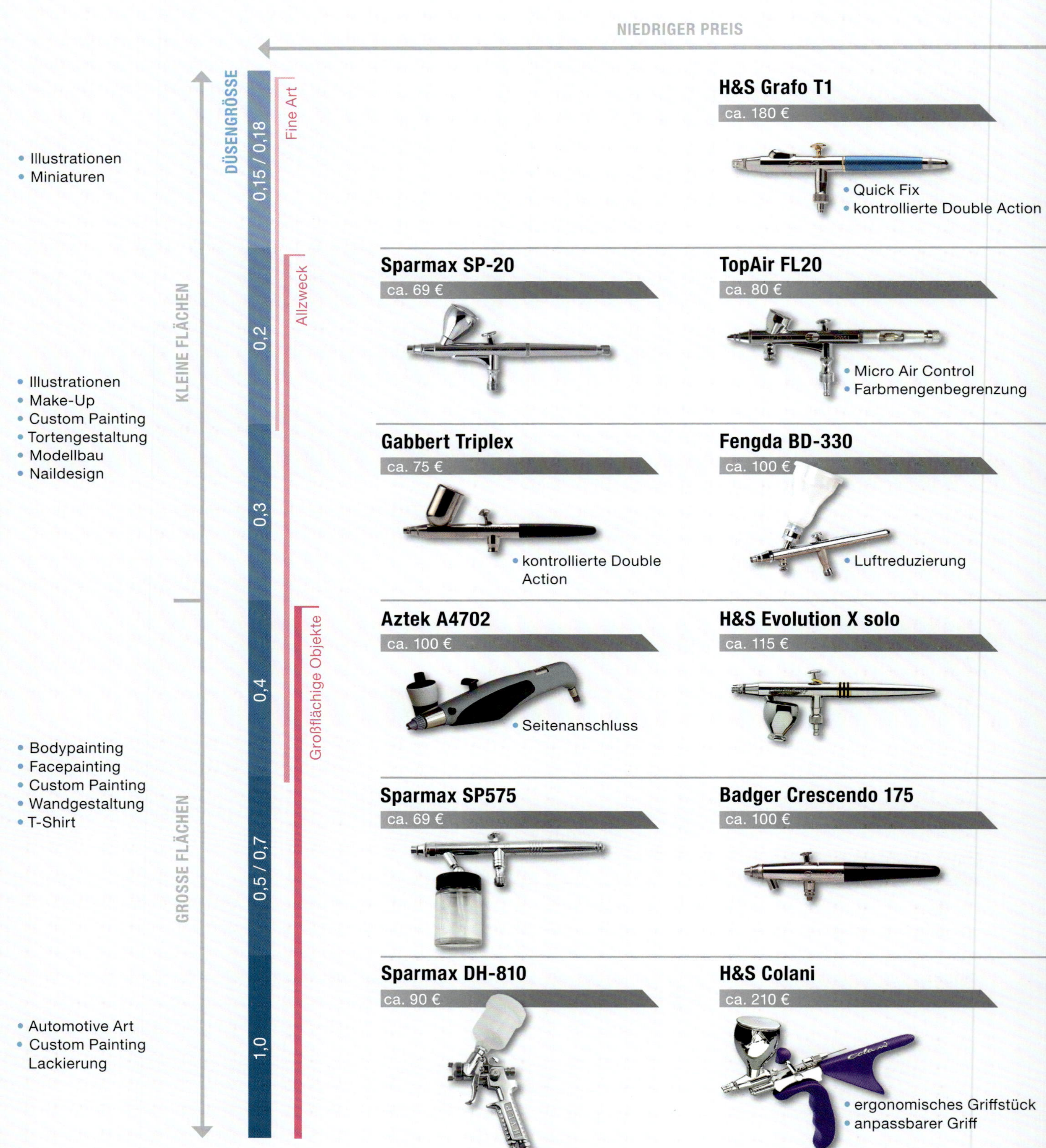

HÖHERER PREIS

H&S Infinity 0,15 mm

ca. 180 €

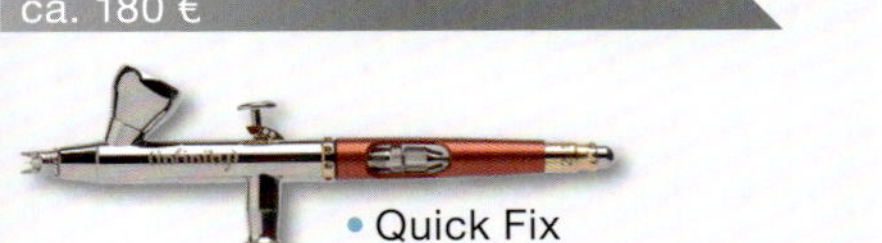

- Quick Fix
- offene Nadelschutzkappe

Badger Sotar 20/20 - 1

ca. 290 €

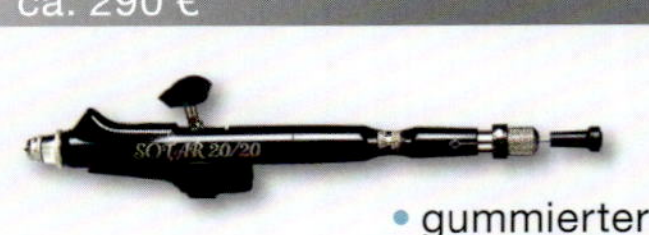

- gummierter Hebel
- Farbmengenregulierung
- offene Nadelschutzklappe

Iwata Custom Micron CM-B2

ca. 420 €

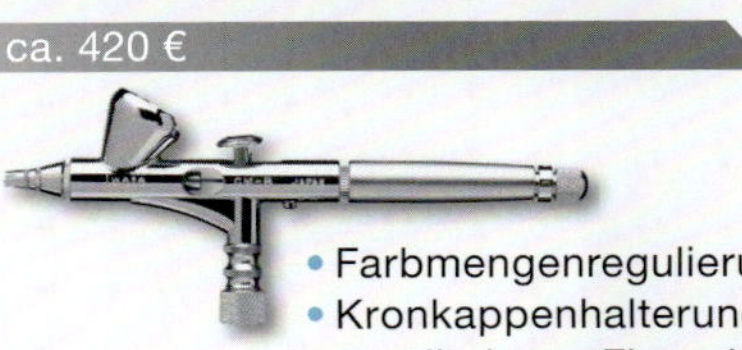

- Farbmengenregulierung
- Kronkappenhalterung
- regulierbarer Fingerhebel-Druck

Evolution Solo

ca. 115 €

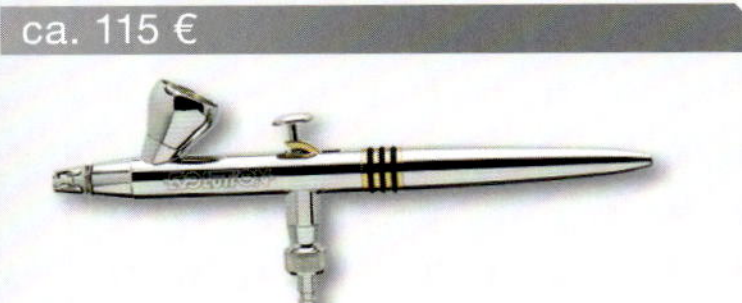

Hansa 281

ca. 122 €

- Farbmengenbegrenzung
- kontrollierte Double Action

Iwata HP BH 200

ca. 295 €

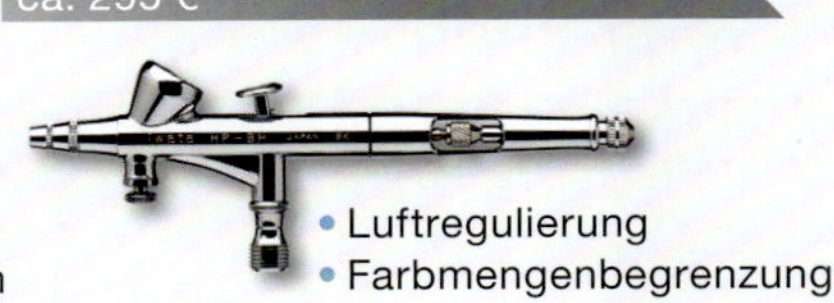

- Luftregulierung
- Farbmengenbegrenzung

Iwata Revolution HP-BR

ca. 120 €

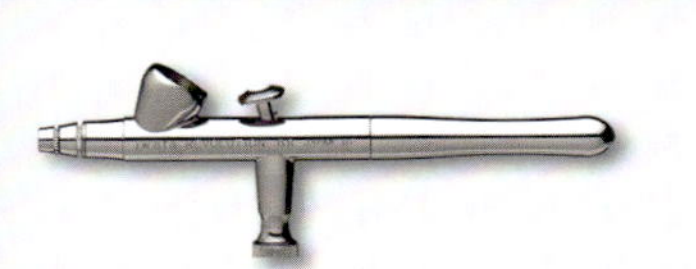

Paasche Talon

ca. 130 €

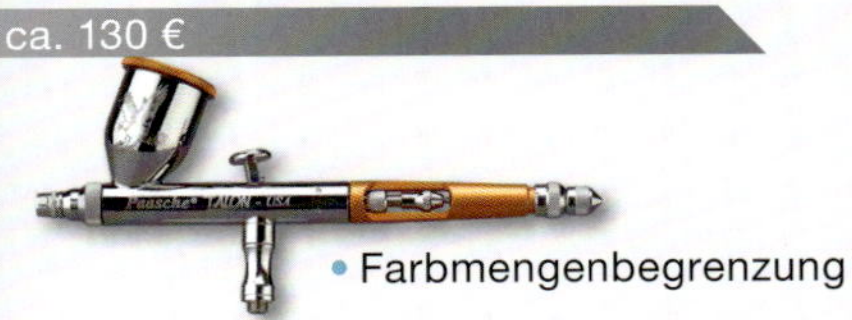

- Farbmengenbegrenzung

H&S Evolution Silverline M

ca. 140 €

- Seitenanschlusssystem
- Farbmengenbegrenzung

Iwata Neo TRN 2

ca. 150 €

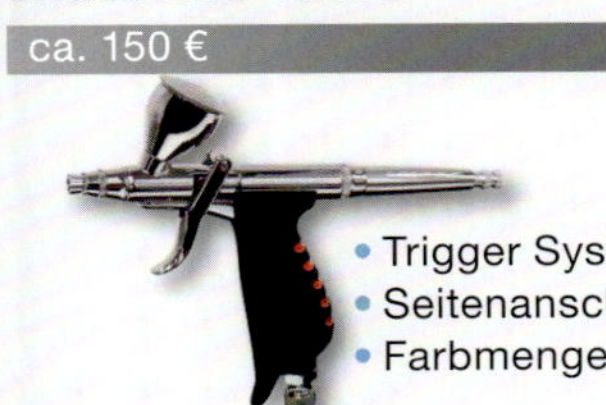

- Trigger System
- Seitenanschluss
- Farbmengenbegrenzung

Haider brush pro

ca. 200 €

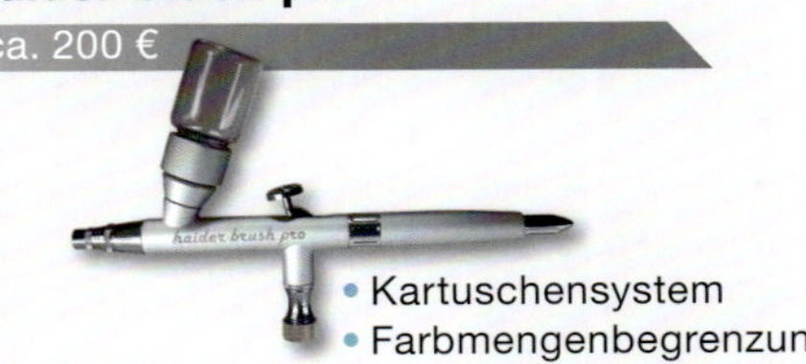

- Kartuschensystem
- Farbmengenbegrenzung

Sata Minijet 4400B HVLP

ca. 350 €

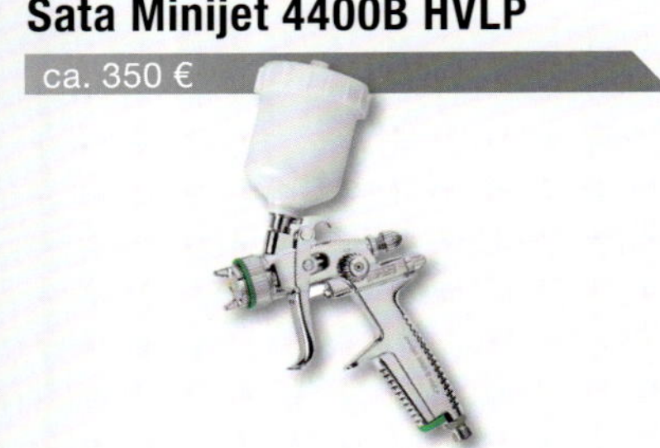

Iwata LPH-400 classic plus

ca. 600 €

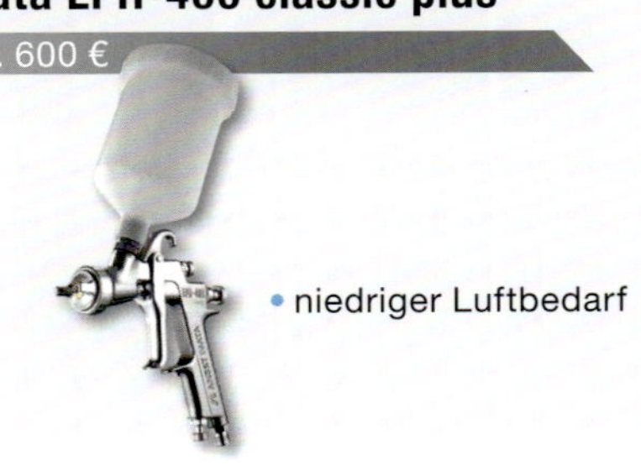

- niedriger Luftbedarf

- besondere Ausstattungs-merkmale

* H&S = Harder & Steenbeck

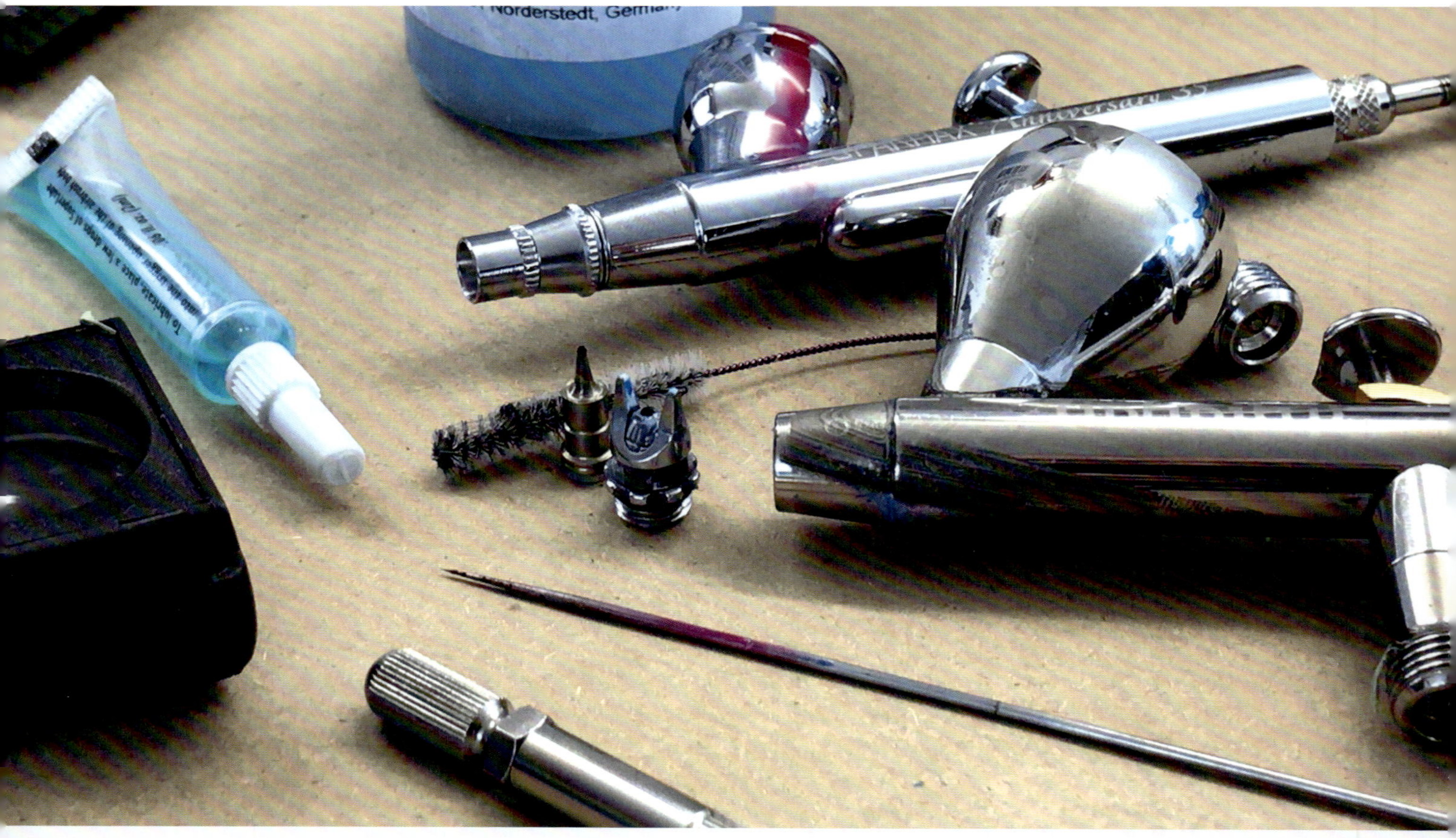

Reinigung

Düse und Nadel, die wichtigsten und auch teuersten Komponenten eines Airbrush-Gerätes, müssen gut gepflegt und gereinigt sein, da sonst das Arbeitsgerät den Dienst versagt oder nicht das gewünschte Ergebnis bringt.

Neben der Reinigung per Hand gibt es noch die Möglichkeit, das Airbrush-Gerät nach einer Grobreinigung in ein Ultraschallreinigungsgerät zu legen. Die Reinigung ist recht zügig und ordentlich. Das Airbrush-Gerät muss nachträglich aber wieder etwas gefettet werden, damit alle Bauteile einwandfrei funktionieren und nicht stocken. Ein gutes Ultraschallgerät kostet um die 50 €.

Schritt für Schritt wird nun dargestellt, wie Sie Ihre Airbrush auseinander nehmen und die wichtigsten Bestandteile reinigen.

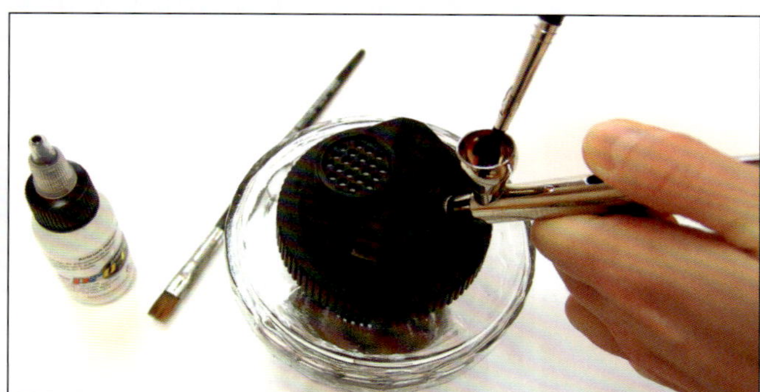

Schritt 1: „Vorwäsche"

Farbe ausspritzen, Reste mit Wasser und/oder geeignetem Reinigungsmittel und Pinsel/Wattestäbchen lösen und ausspritzen. Als Reinigungsmittel gibt es von jedem Farbhersteller eine entsprechende Flüssigkeit, die empfohlen wird.

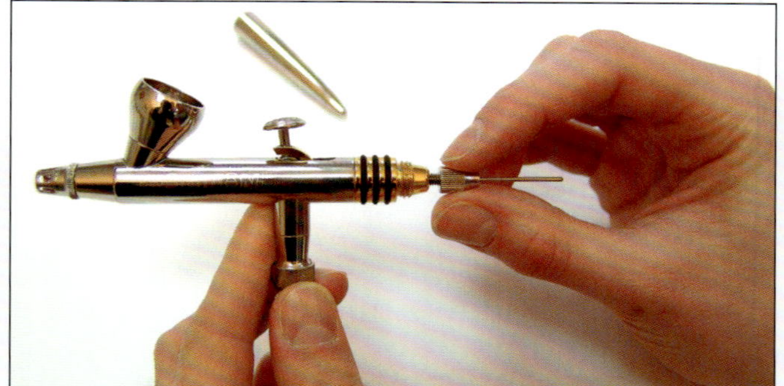

Schritt 2: Gerät öffnen

Ist das Gerät äußerlich sauber, geht es an die innenliegenden Komponenten. Beenden Sie dafür zunächst die Druckluftzufuhr. Schrauben Sie dann das Endstück und die Nadelklemmmutter ab und legen Sie die Teile sorgsam zur Seite.

Schritt 3: Nadel

Die Nadel kann nun vorsichtig nach hinten herausgeschoben werden. Mit einem Tuch, auf dem sich etwas Reiniger befindet, wird die Nadel gereinigt. Nehmen Sie die Nadel dazu am besten zwischen Zeigefinger und Daumen und drehen Sie den Schmutz in eine Richtung ab. Hecktische Hin- und Herbewegungen könnten die Nadelspitze verbiegen. Weitere hartnäckige Farbreste können Sie auch vorsichtig mit dem Fingernagel abkratzen. Überprüfen Sie nach jeder Reinigung die Nadelspitze auf Deformierungen. Ist die Nadel sauber, kommt auch diese sorgsam an die Seite.

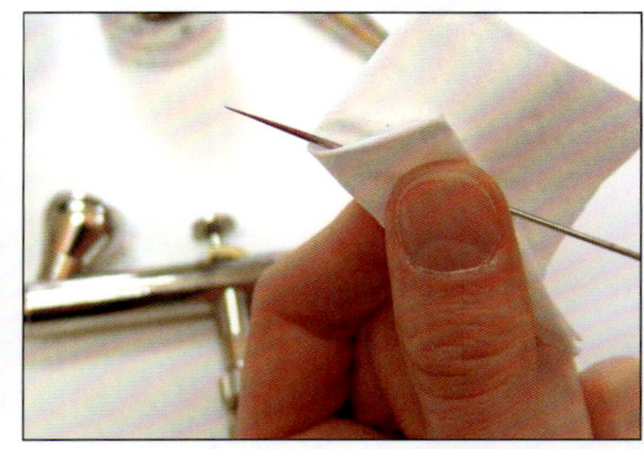

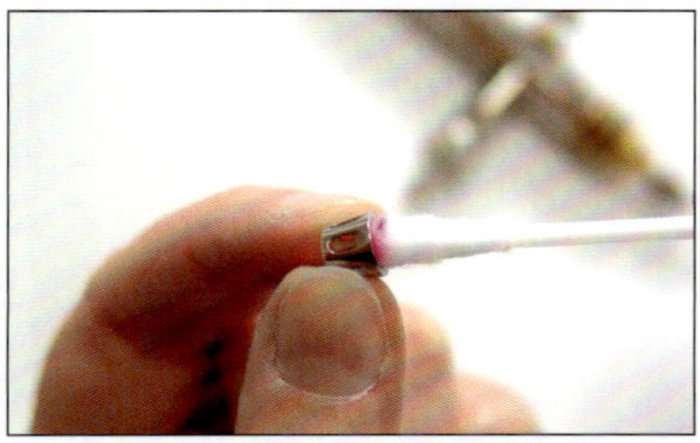

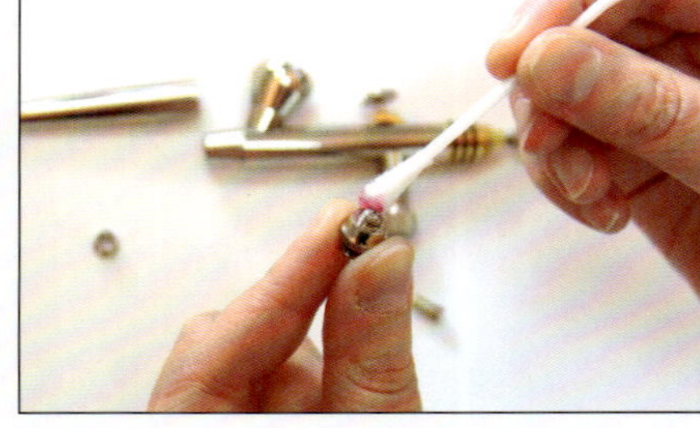

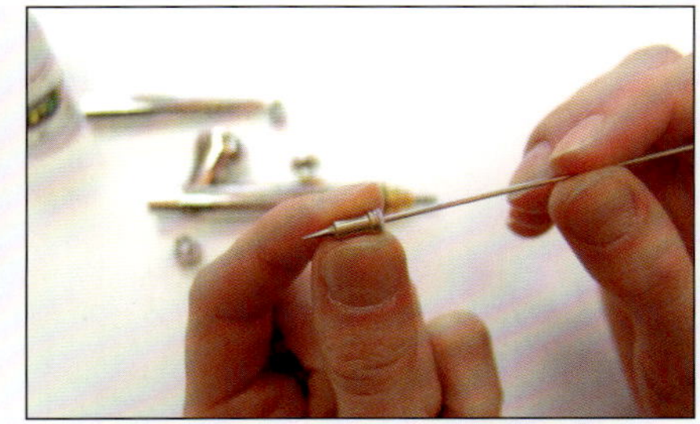

Schritt 4: Nadelkappe

Nadelkappe abschrauben und mit einem Wattestäbchen reinigen.

Schritt 5: Luftkopf

Schrauben Sie nun den Luftkopf ab und reinigen Sie ihn mit einem Wattestäbchen. Achten Sie darauf, dass die Austrittsbohrung für die Nadel komplett rund und sauber bleibt, damit nach dem Zusammenbau der Farbstrahl korrekt versprüht wird.

Schritt 6: Düse

Entnehmen Sie die Düse und schieben Sie mit einem sehr feinen Pinsel oder der Nadel vorsichtig Farbreste aus dem Inneren heraus. Prüfen Sie die Düse und die Dichtung anschließend auf Risse oder Deformationen. Benutzen Sie dafür eine Lupe. Achten Sie darauf, dass Sie die Düsendichtung nicht verlieren, da sonst nach dem Zusammenbau die Farbe im Gerät anfängt zu blubbern.

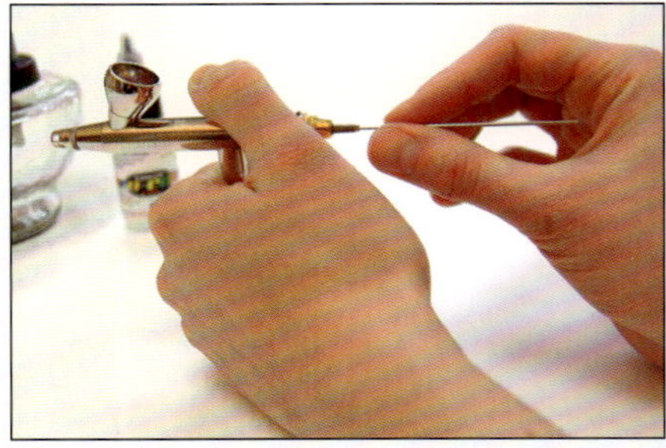

Schritt 7: Zusammenbau

Nun kann die Düse in den Luftkopf eingesetzt und angeschraubt werden. Dafür den Hebel herunterdrücken und die Nadel vorsichtig bis zum Anschlag einführen. Zum Schluss die Nadelklemmmutter und das Endstück aufschrauben und das Gerät ist wieder gebrauchsfertig.

WEITERE WARTUNGSHINWEISE

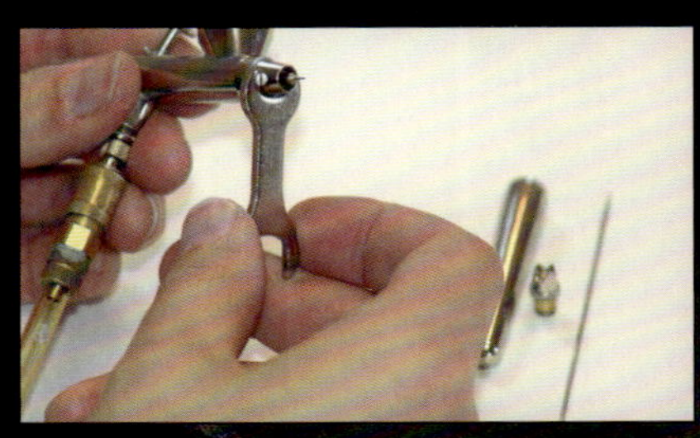

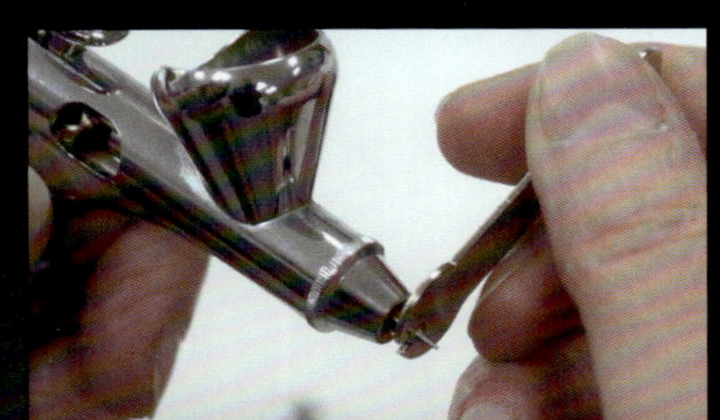

Bei einigen Herstellern werden die Airbrushgeräte mit Schraubdüsen ausgeliefert. Entsprechendes Werkzeug zum Umrüsten wird aber immer mitgeliefert

Legen Sie niemals den ganzen Apparat in Lösemittel. Geben Sie gelegentlich etwas dünnes Öl an die Hebelmechanik. Halten Sie Nadelspitze und Düse frei von Öl und Fett, da es das Spritzbild beeinflussen kann. Nadel, Düse und Dichtungen sind Verschleißteile, die bei Bedarf auszutauschen sind. Düsensätze sowie Fließbecher sind auf verschiedene Größen umrüstbar.

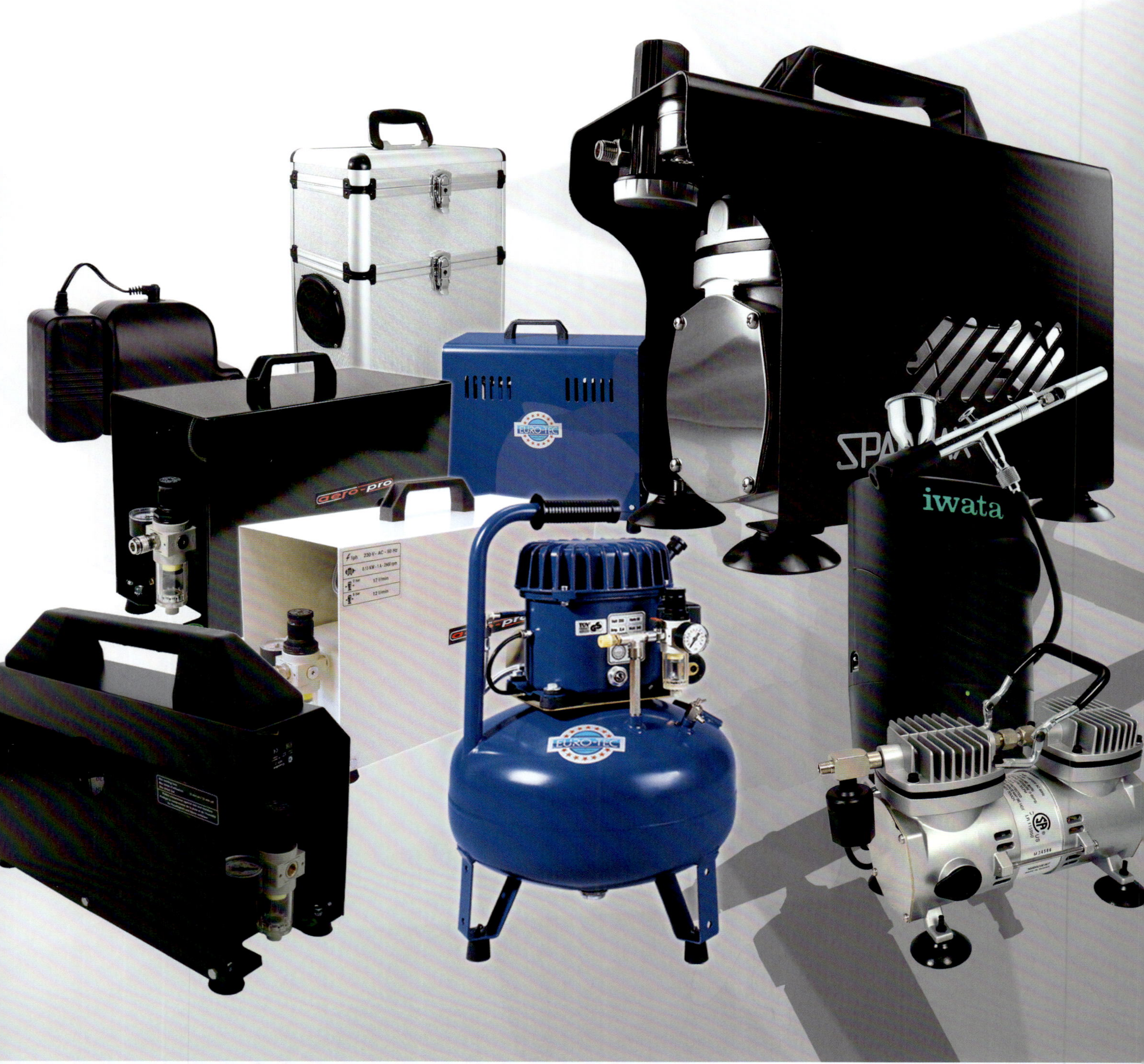

Der richtige Kompressor

Air-Brush – das wichtigste Werkzeug steckt bereits im Namen: Die Luft. Ohne sie geht gar nichts. Deshalb sollte man sein Augenmerk nicht nur auf die Auswahl von Spritzpistole und Farben richten, sondern auch auf die Luftquelle – sprich: den Kompressor.

Wie sollte es anders sein: Das Angebot ist sehr vielfältig. Für einen Anfänger sind die Anschaffungskosten eines Kompressors nicht unerheblich. Ein Kompressor kann ohne Weiteres mehr kosten als alles andere, was er benötigt, um an den Start zu gehen. Deshalb kommt es oft zu einem Kompromiss zwischen dem, was man eigentlich braucht und wieviel man auszugeben bereit ist. Die langlebigen und leistungsfähigen Kompressoren kosten naturgemäß am meisten.

// WER BILLIG KAUFT, KAUFT ZWEIMAL

Am Kompressor nicht zu sparen, ist dennoch die beste Empfehlung, die man einem Anfänger geben kann. Denn eine wirklich zuverlässige Luftquelle kann einem viel Ärger ersparen. Ein nicht eingehaltener Termin wegen eines Kompressorausfalls oder gar ein Wassertropfen auf dem neuen Werk ist das Letzte, was man gebrauchen kann. Viele starten mit Billigkompressoren und merken dann, dass es damit nicht klappt. Erst dann kaufen sie ein besseres Modell. Doch wie unterscheidet man gut und schlecht? Gerade der Airbrush-Neuling kann nicht beurteilen, ob ein schlechtes Spritzbild am Airbrushgerät, dem eigenen

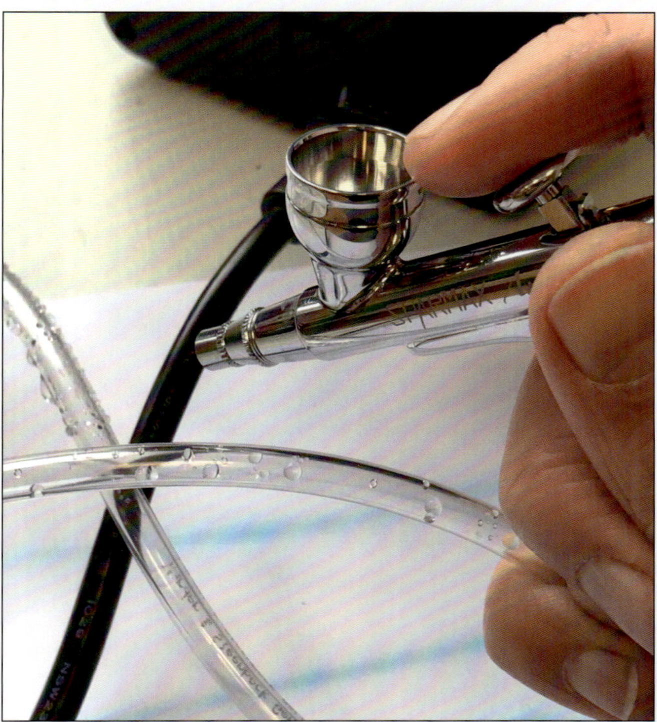

Können oder womöglich am Kompressor liegt: Liefert der Kompressor nicht ausreichend Druck bei entsprechender Düsengröße, kann das Spritzbild grobkörnig sein oder pulsieren. Wird der Kompressor zu heiß, entsteht Kondenswasser im Schlauch. Dieses Wasser wird auf die Illustration gespuckt, den Fingernagel, ins Gesicht oder was sonst gerade bemalt wird.

Je nach Anwendungszweck und Anforderungen kann mancher Kompressor gut funktionieren, stößt aber bei weiteren Anwendungsgebieten schnell an seine Grenzen. Tipp: Holen Sie sich eine zweite Meinung von einem erfahrenen Airbrush-Künstler ein. Nutzen Sie Facebook, Online-Foren, Stammtische oder Messebesuche zur Meinungsbildung. Gutes spricht sich schnell rum.

// KRITERIUM DRUCK

Entscheidendes Kriterium für die Wahl eines Kompressor-Modells ist der benötigte Arbeitsdruck des Airbrush-Gerätes, der zwischen 1,4 und 2 bar liegt. In der Regel wird für die meisten Anwendungen und Farbsorten sowie Gerätetypen ein Druck von 2 bar empfohlen. Dabei beträgt der durchschnittliche Luftverbrauch bei einem Druck von 2 bar ca. 7 bis 15 Liter pro Minute.

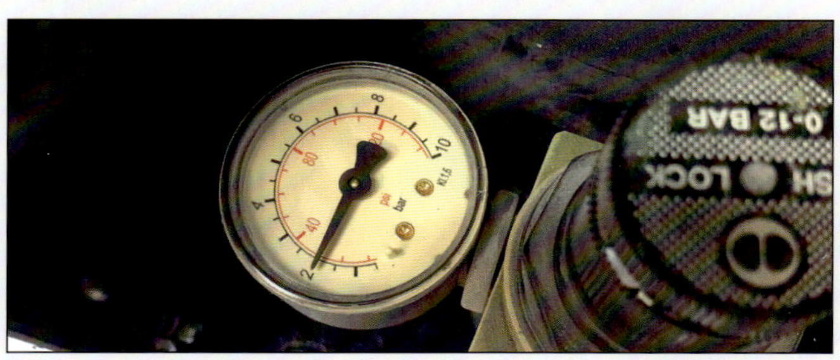

// KRITERIEN DRUCKMINDERER UND WASSERABSCHEIDER

Egal, für welches Modell oder Marke man sich entscheidet, sollte der Kompressor idealerweise einen Druckminderer zum Justieren des Drucks und einen Wasserabscheider zum Sammeln und Zurückhalten von Kondenswasser mitbringen. Fehlt der Wasserabscheider, kann Kondenswasser auf den Malgrund gelangen und das Bild zerstören.

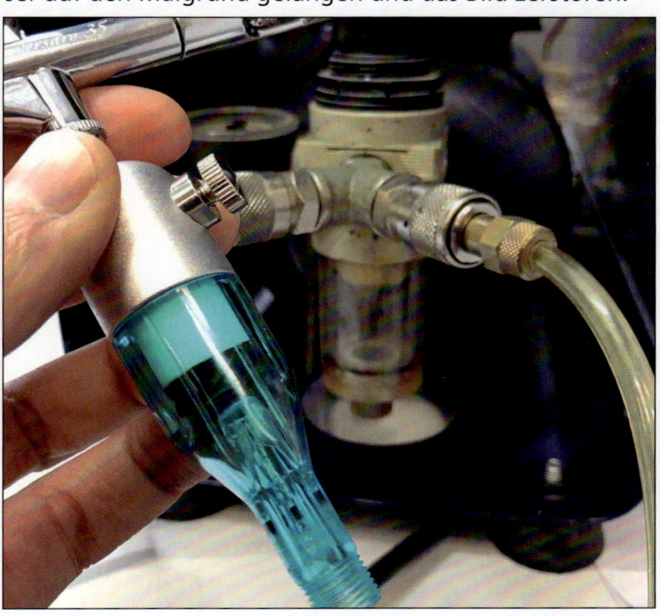

Ein Druckminderer mit Manometer ist praktisch, wenn z.B. die verwendeten Farben mehr Arbeitsdruck benötigen, da diese etwas zähflüssig sind. Sowohl einen Wasserabscheider als auch eine Druckregulierung lässt sich auch nachträglich durch Zubehörkomponenten hinzufügen.

// KRITERIEN ABSCHALTAUTOMATIK UND TANK

Ein weiteres wichtiges Feature ist eine Abschaltautomatik. Sie sorgt dafür, dass der Kompressor nur dann arbeitet, wenn auch Luft verbraucht wird. So läuft das Gerät nicht heiß, spart Strom und vermindert dauernde Arbeitsgeräusche. Verfügt der Kompressor auch noch über einen Tank, produziert er nur solange Luft, bis der Luftdruck im Tank eine bestimmte Höhe erreicht hat.

// KRITERIEN LAUTSTÄRKE UND GEWICHT

Kompressoren können verhältnismäßig laut sein. Einige vibrieren und manche haben sogar die Tendenz, sich hin- und herzubewegen, sobald sie eingeschaltet sind.

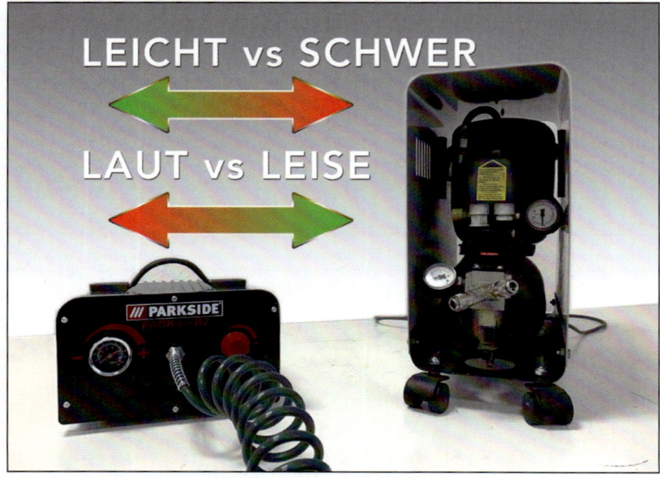

Einige sind auch so laut, dass man diese dem Nachbarn in einem Mietshaus nicht zumuten kann. Kopfschmerzen sind vorprogrammiert. Es gibt aber auch die sogenannten Silent-Kompressoren, die üblicherweise etwas teurer sind, aber dafür auch extrem ruhig.

Ein weiteres Kriterium beim Kompressor-Kauf kann das Gewicht des Kompressors sein. Vor allem, wenn Sie auch zu Ihren Kunden nach Hause fahren, sind Sie mit leichteren Geräten mobil und flexibel.

// EINSTIEGSGERÄTE: ÖLLOSE KOLBEN- UND MEMBRANKOMPRESSOREN

Zum Einstieg in die Technik sind hier öllose Kolbenkompressoren und Membrankompressoren (eher selten anzutreffen) zu nennen. Diese Geräte sind preiswert und ohne Weiteres in der Lage, eine für viele Zwecke ausreichende Luftmenge bereitzustellen. Die Lufterzeugung bei einem Membrankompressor geschieht durch eine Welle, die eine

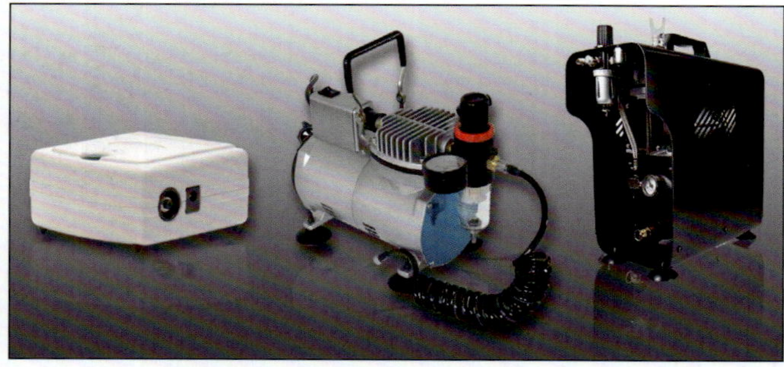

Membran bewegt und dadurch im Zylinder Luft unter Druck bereitstellt. Eine einfache und effiziente Mechanik, die mit einigen wenigen Teilen auskommt. Bei einem Kolbenkompressor geschieht dies durch einen Kolben – ähnlich dem eines Automotors.

Membran- und Kolbenkompressoren gibt es in allen Preislagen und in unterschiedlichem Ausstattungsumfang. Mit steigendem Preis und Größe steigt auch die Wahrscheinlichkeit, dass die Geräte über Merkmale wie Druckminderer, Abschaltautomatik oder sogar Tank verfügen. Aufgrund ihrer Bauweise gibt es diese Kompressoren in sehr kompakten und leichten Ausführungen. Sie sind daher ideal für den mobilen Einsatz. Mit 40 bis 55 Dezibel haben sie in der Regel noch eine erträgliche Lautstärke, sind aber lauter als z.B. ein professioneller Öl-Kolbenkompressor der Silent-Reihe.

Achtet man auf die angeführten Kriterien, ist ein Membran- oder Kolbenkompressor durchaus das richtige Gerät für den Einstieg. Aufgrund der Modellvielfalt gibt es auch für erfahrene Airbrush-Künstler und luftintensive Anwendungen passende öllose Kolbenkompressoren mit Drucklufttank, Wasserabscheider, Druckminderer und Abschaltautomatik. Einige haben auch gleich mehrere Anschlüsse, um z.B. mit zwei Geräten gleichzeitig zu arbeiten, oder sind in einem Koffer zum leichten Transport integriert.

// DIE PROFIKLASSE: ÖL-KOLBENKOMPRESSOREN

Wer vor allem im Studio arbeitet, sehr lange und häufig brusht, große Flächen bemalt oder zähflüssigere Farben

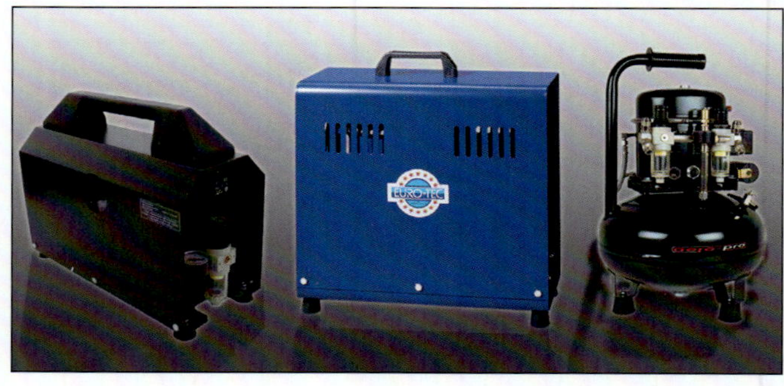

verwendet, der greift zum Öl-Kolbenkompressor. Im Unterschied zum öllosen Kolbenkompressor wird der druckerzeugende Kolben wie beim Auto mit Öl geschmiert. Dadurch ist dieser Kompressortyp erheblich effizienter, sehr leistungsstark, langlebig und stellt einen höheren Druck bereit. Sie können sogar zwei Airbrushgeräte gleichzeitig mit diesem Kompressor betreiben. Der Kompressor wird bei Inbetriebnahme mit beiliegendem Öl versorgt, das nur bei extremer Belastung gelegentlich mal aufgefüllt werden sollte.

Mit Luftvorratstank, Druckminderer und Wasserabscheider bringen Öl-Kolbenkompressoren alle Features für das Arbeiten rund um die Uhr mit. Ein besonders großer Vorteil des Silent-Kompressors ist natürlich auch das extrem ruhige Betriebsgeräusch, das nur 38 Dezibel beträgt. Das Geräusch entspricht dem eines Kühlschrank-Verdichters und stört nicht im Umgang mit den Kunden, Kollegen oder Nachbarn.

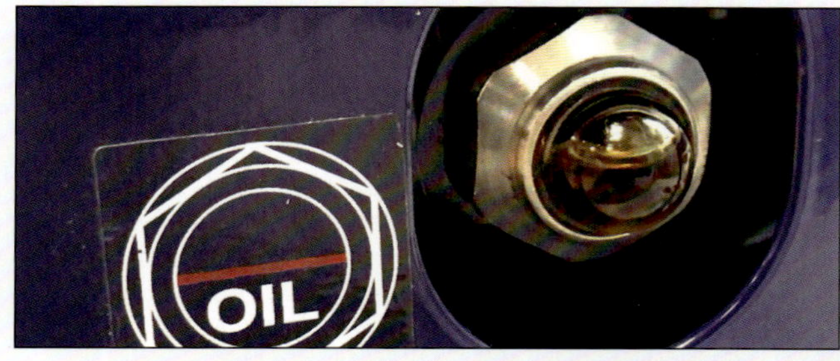

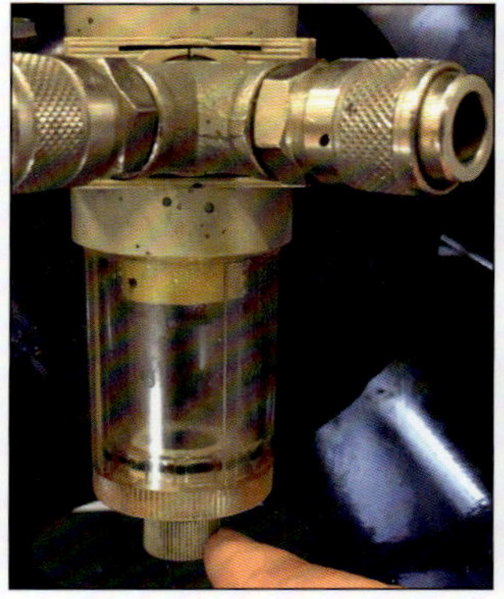

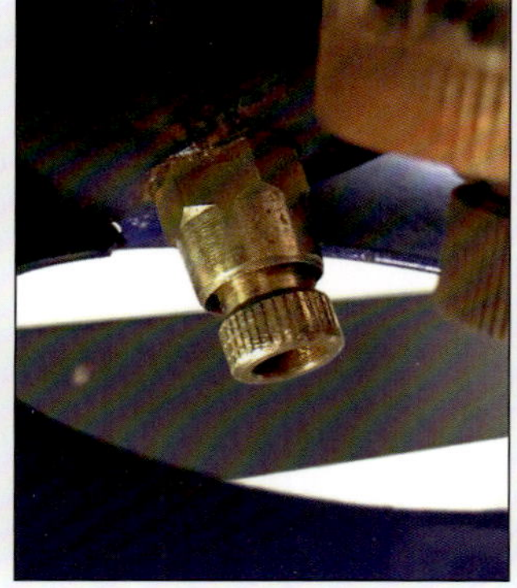

WARTUNGSTIPPS:

Grundsätzlich sollte man sich bei jedem Kompressor an die Anweisungen des Herstellers in der Bedienungsanleitung halten. Dort sind regelmäßige Pausen vorgeschrieben, in denen das Gerät abkühlen kann. Dann erreicht das Gerät eine lange Lebensdauer.

Bei Öl-Kolbenkompressoren empfiehlt es sich, den Ölstand in regelmäßigen Abständen zu überprüfen, um den Motor in einem guten Zustand zu belassen.

Bei Geräten mit Drucklufttank sollte man überprüfen, ob sich dort Kondenswasser angesammelt hat, damit der Tank nicht durchrostet. Ein Wasserablass befindet sich in Form eines kleinen Hahns an der Oberseite des Drucktanks oder an der Tankunterseite als Schraube. Gerade bei langen und intensiven Airbrush-Sessions, bei denen der Kompressor regelrecht ins Schwitzen kommt, sollte dies kontrolliert werden.

// DER BELIEBTESTE KOMPRESSOR

Der am meisten genutzte Kompressor bei Airbrush-Künstlern in der ganzen Welt ist der Öl-Kolbenkompressor Silent-Air 20a. Auf der Suche nach diesem Kompressorenmodell stoßen Sie sicherlich bei einigen Händlern auf

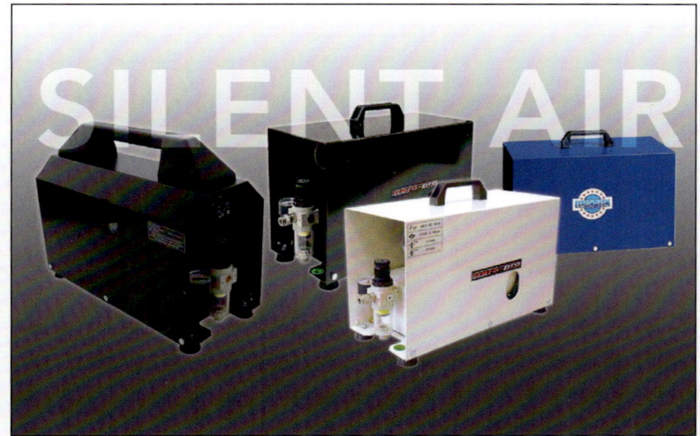

ähnliche Produktbezeichnungen wie z.B. Sil-Air 20a, Eurotech 20A, HANSA HTC 20A. Alle diese Kompressoren sind ähnlich und unterscheiden sich nur in wenigen Details wie Farbe und kleineren bautechnischen Veränderungen. Mit diesem Gerät können die meisten Airbrush-Anwendungen realisiert werden. Langlebigkeit, viel Power und sehr geringe Lautstärke machen dieses Gerät zum Optimum für den Airbrush-Künstler. Einzig Preis und Gewicht sind deutlich höher im Vergleich zu öllosen Einstiegsgeräte.

// NEU ODER GEBRAUCHT

Während öllose Kolbenkompressoren problemlos verschickt werden können, sind Öl-Kolbenkompressoren mit dem normalen Paketdienst eher schwierig zu transportieren – zumindest im befüllten Zustand. Möchte man einen Öl-Kolbenkompressor versenden, muss das Öl abgelassen werden. Das ist aufgrund des Gewichts und der Bauart aber nicht so einfach möglich. Denn das Öl muss aus dem Schauglas geschüttet werden. Wird das Öl nicht abgelassen, kann es beim Transport herauslaufen und das ganze Paket sowie die umliegenden Pakete beschmieren. Alternativ kann der Kompressor auf einer Palette per Spedition versendet werden. Aber das würde einen Gebrauchtpreis fast auf einen Neupreis anheben. Also abholen, anschauen und testen ist die beste Methode bei einem Gebrauchtkauf.

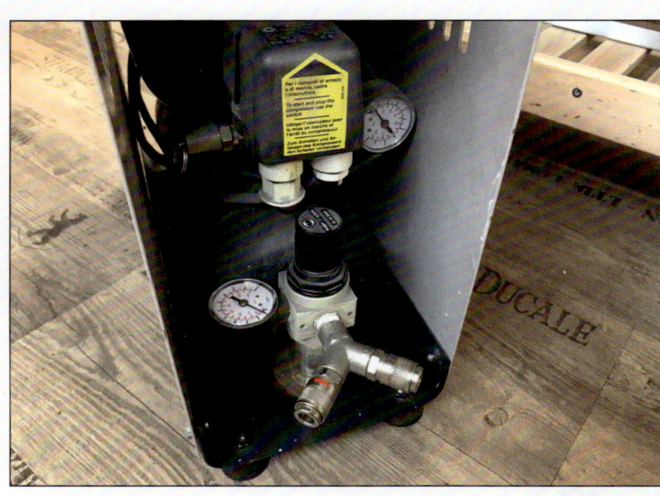

// AIRBRUSH-KOMPRESSOREN IM ÜBERBLICK

Hier finden Sie einen kleinen, aber bei weitem nicht vollständigen Überblick über aktuelle und beliebte Airbrush-Kompressoren, sortiert nach Luftliterleistung, Größe, Anwendungsgebiete und Preis. Die Preise sind grobe Angaben und können je nach Angebot, Preisempfehlung und Wechselkurs schwanken. Die meisten Marken-Hersteller decken die ganze Bandbreite der Anwendungsgebiete ab. Darüber hinaus gibt es noch eine Vielzahl ähnlicher Geräte, die wir hier in der Grafik gar nicht komplett abbilden. Wir bitten Sie, sich zusätzlich bei Fachhändlern und Herstellern über das aktuelle Angebot zu informieren. Wiederholende Komponenten und Technologien sowie besondere Ausstattungsmerkmale haben wir farblich markiert.

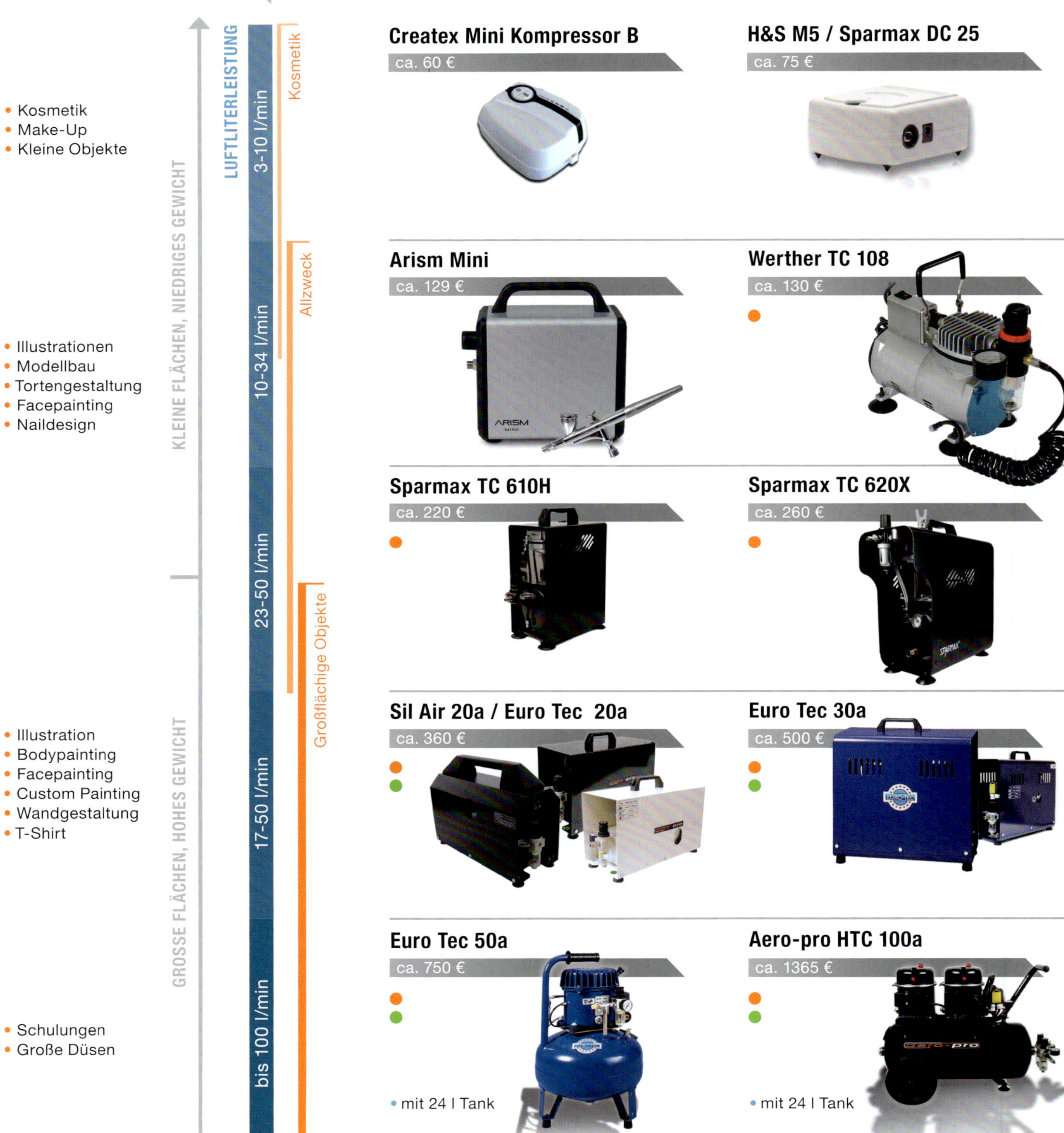

HÖHERER PREIS (MEHR LEISTUNG ODER FEATURES)

Sparmax DC-25 XT

ca. 140 €

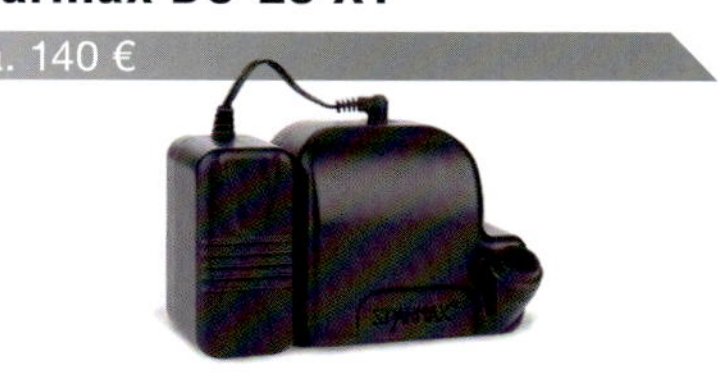

- mit Akku-Set

Mini Kompressor Top Air MC

ca. 225 €

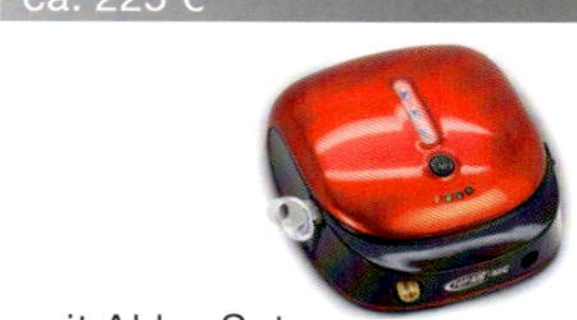

- mit Akku-Set
- regulierbarer Druck

Iwata Freestyle Air

ca. 380 €

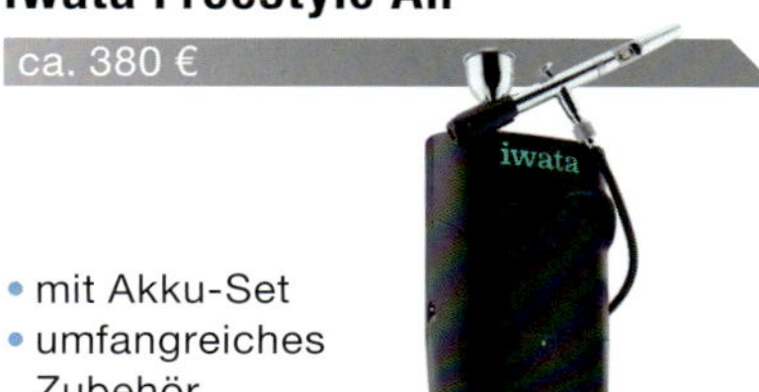

- mit Akku-Set
- umfangreiches Zubehör
- regulierbarer Druck

Sparmax TC-501N

ca. 170 €

●

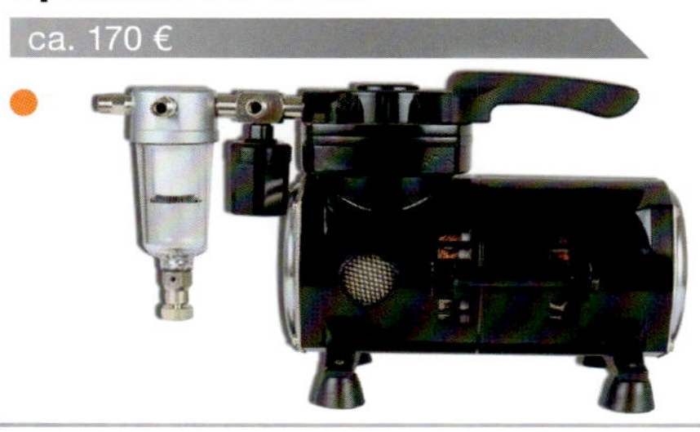

Top Air Ventus V1.2

ca. 196 €

●

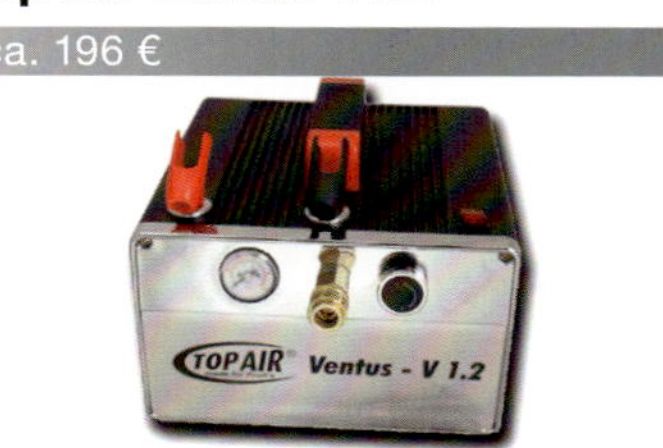

Iwata IS 925 Power Jet Light

ca. 395 €

●

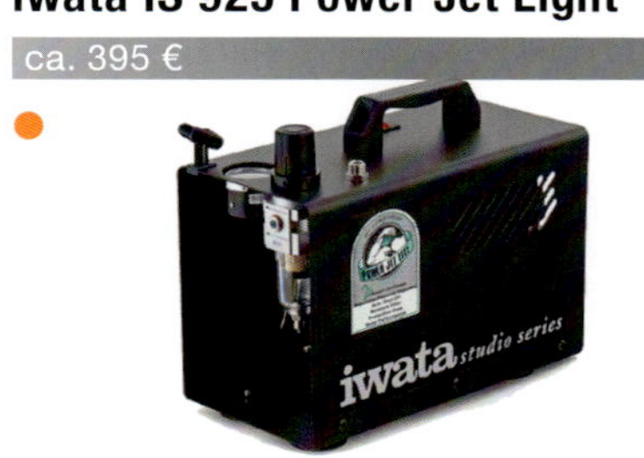

Sparmax MB 620

ca. 390 €

●

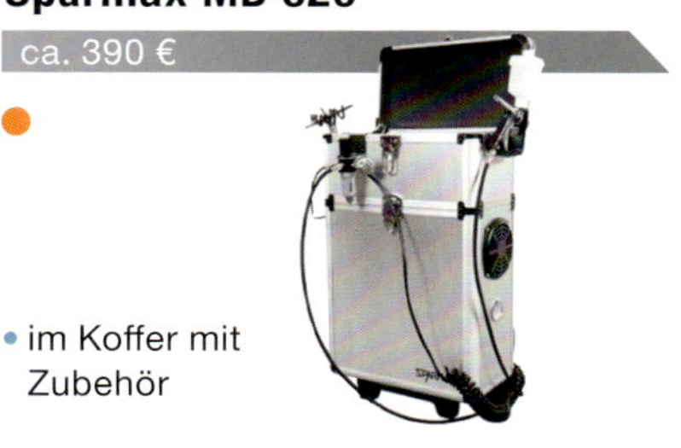

- im Koffer mit Zubehör

Iwata IS-975 Power Jet Pro

ca. 570 €

●

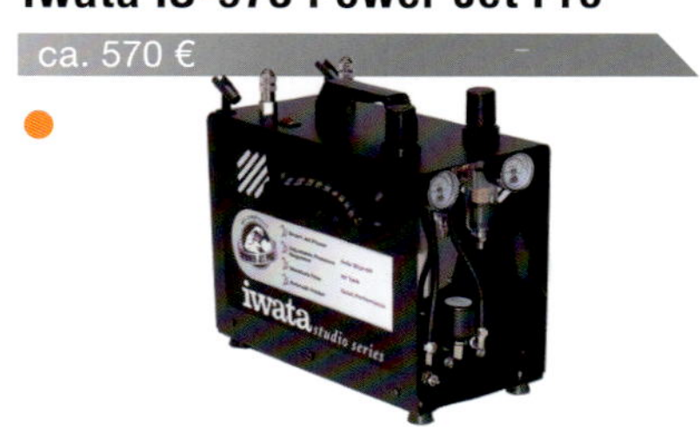

Sil Air 50/9

ca. 580 €

● ●

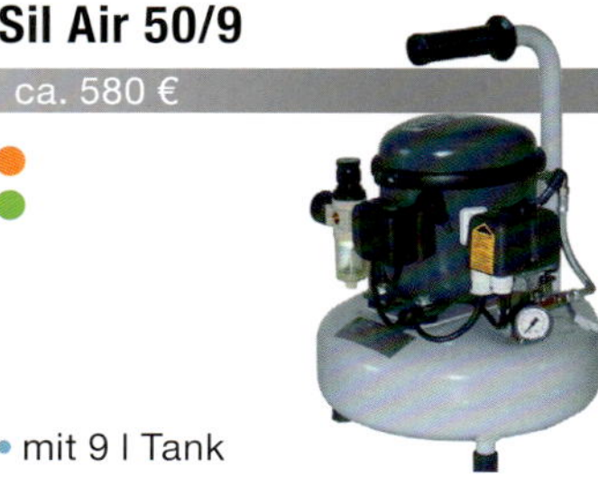

- mit 9 l Tank

Aero-pro HTC 50a

ca. 690 €

● ●

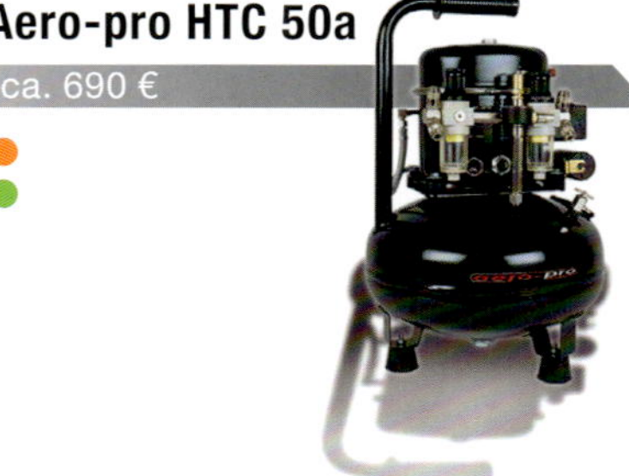

- Wasserabscheider, Druckminderer, Abschaltautomatik (orange)
- Öl-Kolbenkompressor mit Silent Air Technologie (grün)
- besondere Ausstattungsmerkmale (blau)

// INBETRIEBNAHME KOLBENKOMPRESSOR

Beispiel:
Euro-Tec 10a
Sparmax TC501N

Die Inbetriebnahme dieses öllosen Kolbenkompressors ist ganz einfach.

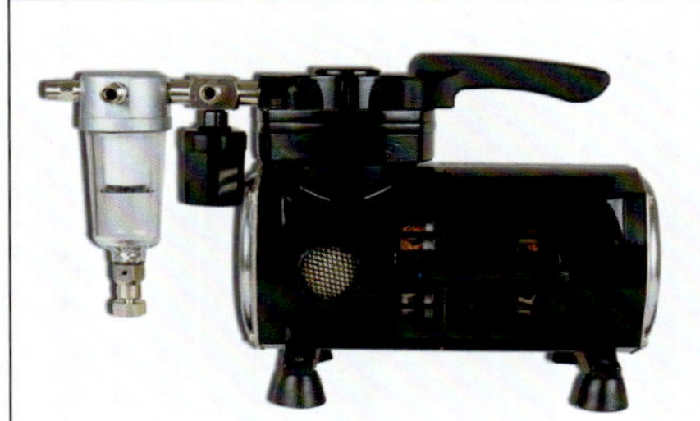

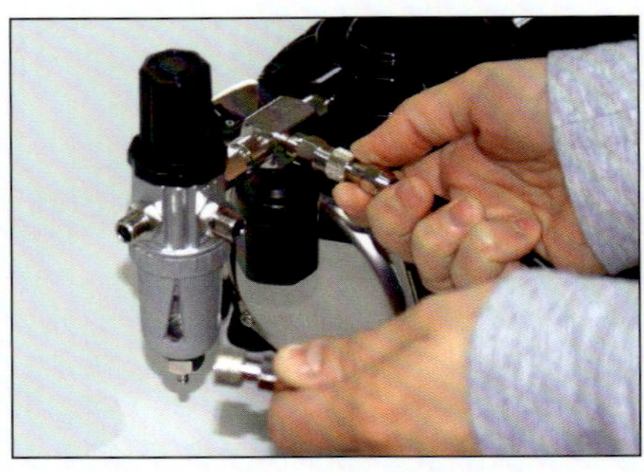

Schritt 1: Zuerst verschraubt man den schwarzen Schlauch zwischen Wasserabscheider und Druckschalter.

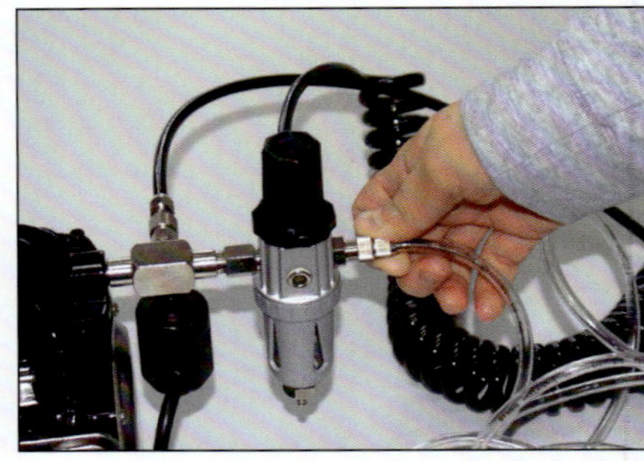

Schritt 2: Als Nächstes wird der Airbrush-Anschluss an den Wasserabscheider geschraubt.

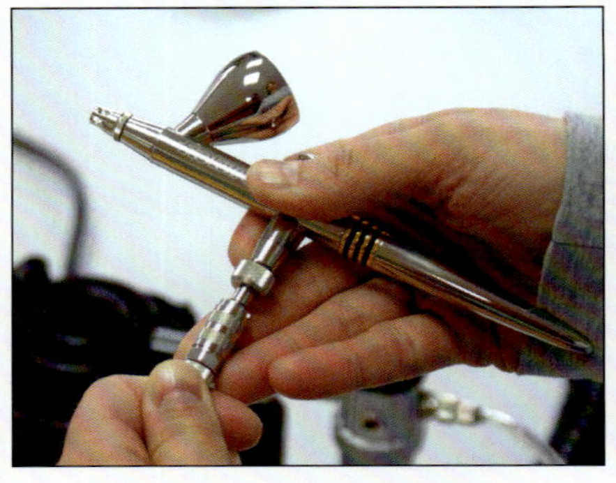

Schritt 3: Am Ende des Schlauches ist eine Schnellkupplung angebracht, mit der das Airbrushgerät schnell und vor allem komfortabel verbunden werden kann. Einfach das Gerät darauf stecken und ruckzuck ist die Verbindung hergestellt.

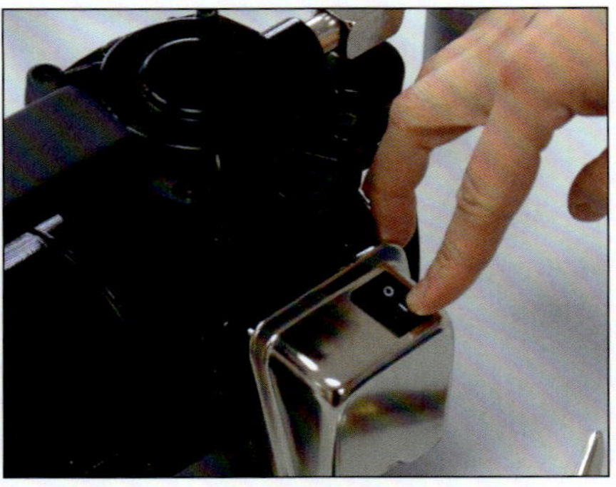

Schritt 4: Der Kompressor wird an eine Stromquelle angeschlossen und mit dem an der Seite angebrachten Schalter eingeschaltet.

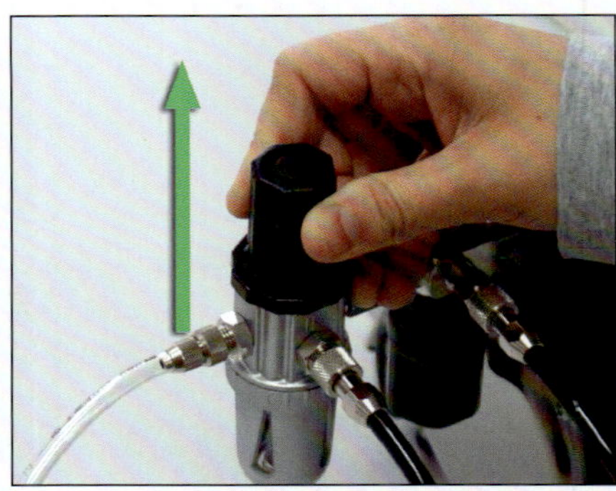

Schritt 5: Den Druck regulieren Sie, indem Sie zunächst den Drehknopf nach oben ziehen.

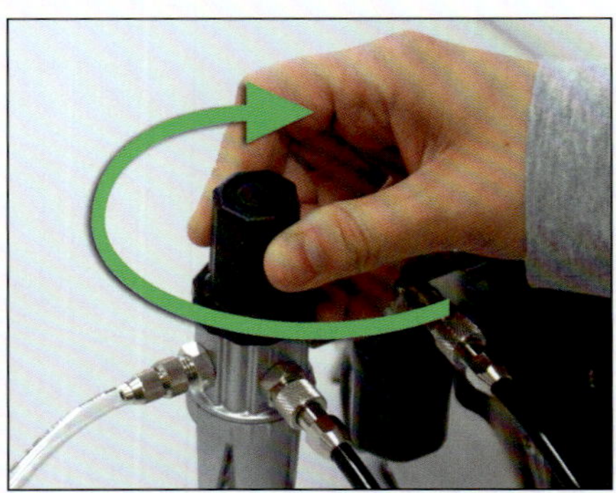

Schritt 6: Um den Druck zu erhöhen, drehen Sie den Drehknopf im Uhrzeigersinn.

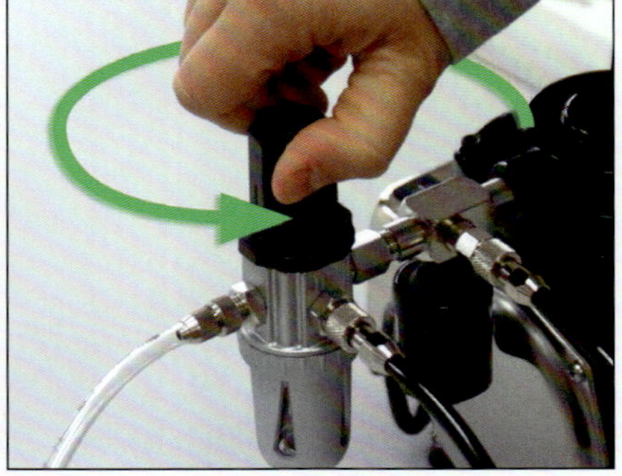

Schritt 7: Möchten Sie den Druck vermindern, um z.B. Farbe oder Make-up im Gesicht aufzutragen, dann drehen Sie den Knopf gegen den Uhrzeigersinn. Ist der Arbeitsdruck eingestellt, drücken Sie den Drehknopf wieder nach unten.

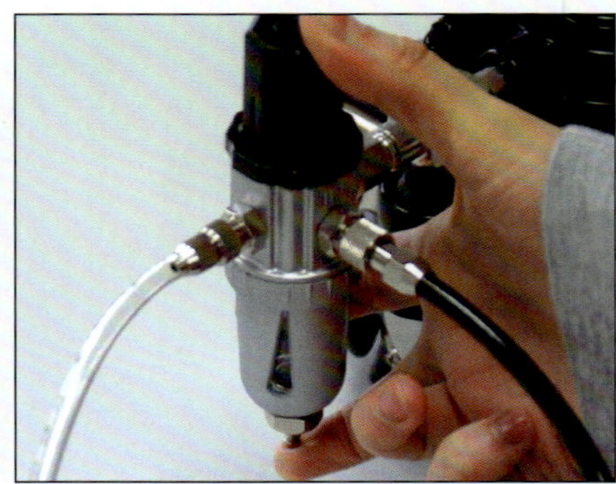

Schritt 8: Um das Kondenswasser aus dem Wasserabscheider zu lassen, drücken Sie den Ablass-Hebel unter dem Wasserabscheider mit dem Finger nach oben, bis das Wasser entwichen ist. Wenn Sie den Ablass-Hebel wieder loslassen, schließt er automatisch.

// INBETRIEBNAHME ÖL-KOLBENKOMPRESSOR

Beispiel: Sil Air 20a

Die erste Inbetriebnahme eines Öl-Kolbenkompressors ist ebenfalls recht einfach und schnell vorzunehmen. Je nach Hersteller werden unterschiedliche Anschlussmöglichkeiten für den Kompressor schon mitgeliefert. In der Regel muss aber noch das Öl eingefüllt und der Filter aufgesteckt werden, bevor der Kompressor an die Stromquelle angeschlossen werden kann.

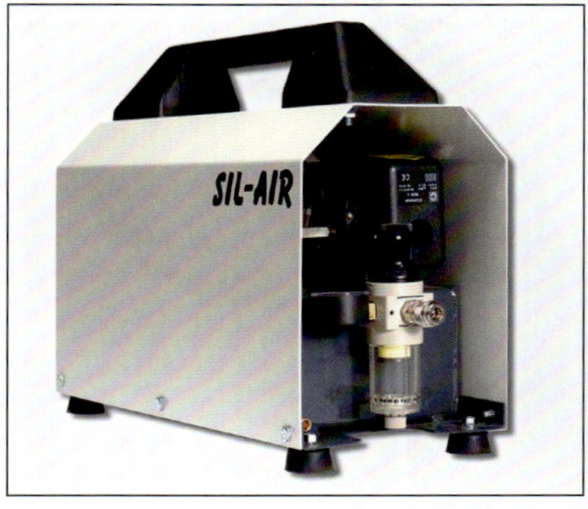

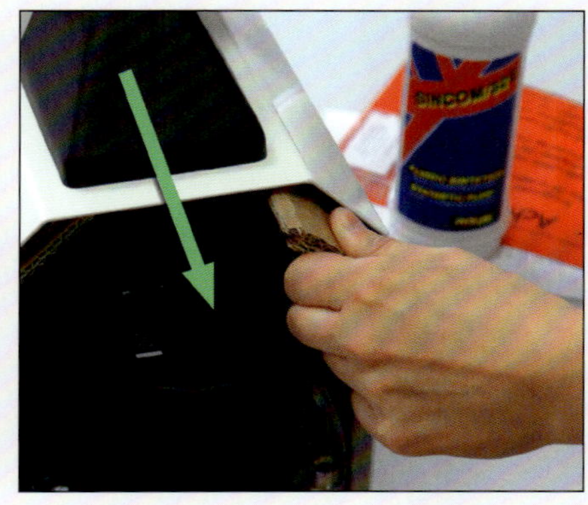

Schritt 1: Transportsicherung
Entfernen Sie die Transportsicherung aus Pappe. Einfach herausziehen.

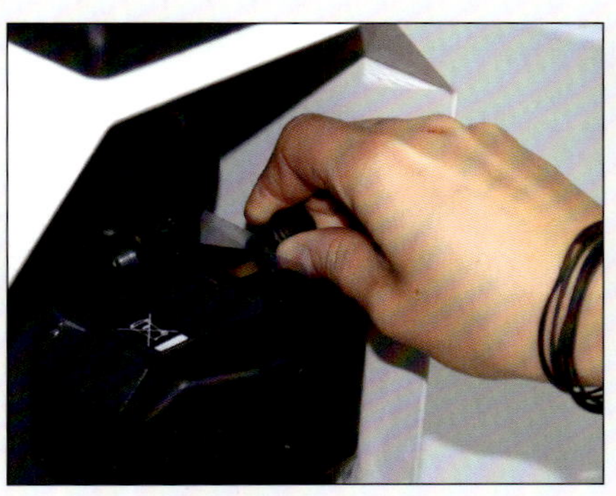

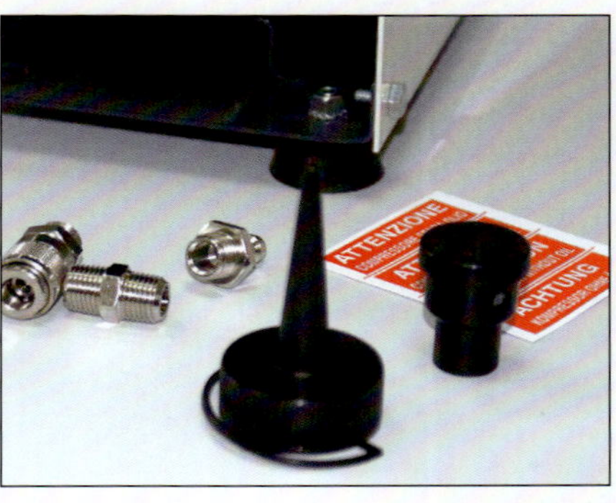

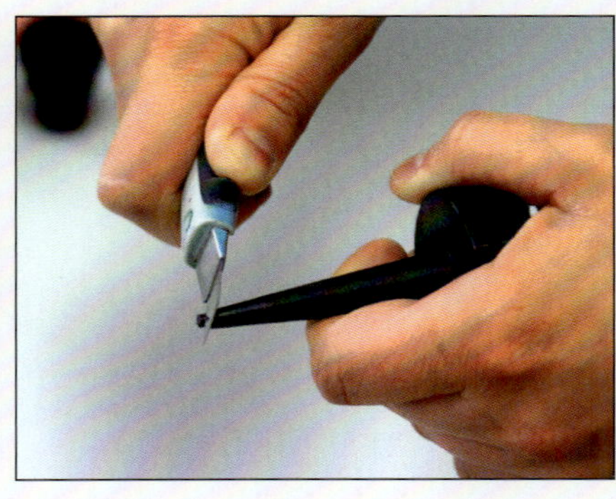

Schritt 2: Einfüllstöpsel
Ziehen Sie den Öl-Einfüllstöpsel ab und bewahren Sie diesen für evtl. spätere Transporte auf.

Schritt 3: Entnehmen Sie das Zubehör aus der Plastiktüte. Je nach Anbieter finden Sie unterschiedliche Teile vor. In diesem Fall: Luftfilter, Einfülltülle für die Ölflasche, Schnellkupplung, Stecknippel, Doppelnippel (wird aber meistens nicht benötigt).

Schritt 4: Einfülltülle
Schneiden Sie die Öffnung der Einfülltülle mit einem Cutter oder einer Schere oben ab. Öffnen Sie die Ölflasche und entfernen Sie die Schutzfolie. Dann können Sie die Einfülltülle auf die Ölflasche schrauben.

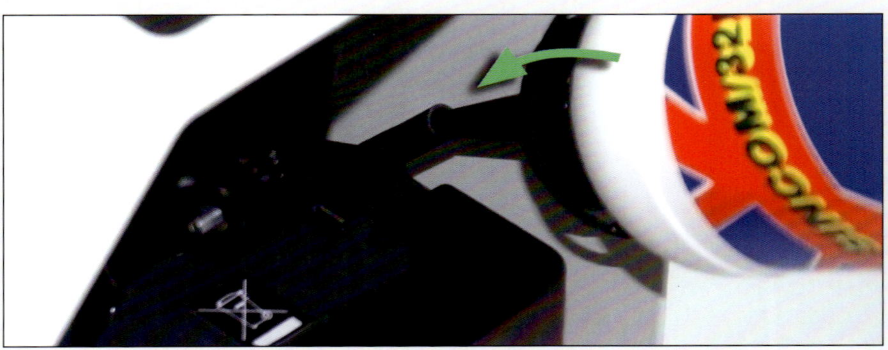

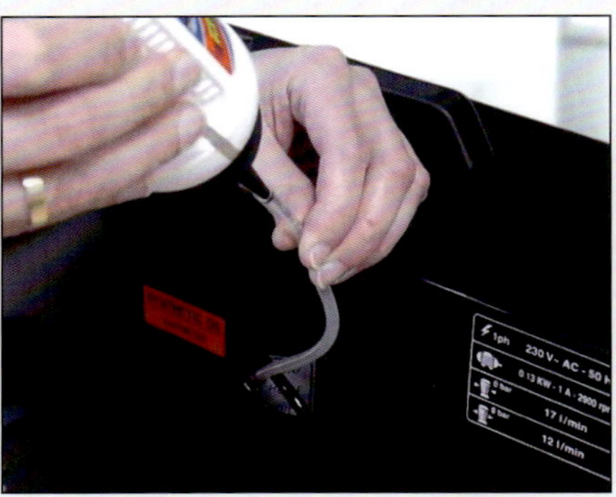

Schritt 5: Öl einfüllen
Füllen Sie nun das Öl in den Einfüllstutzen am Kompressor. In der Regel müssen Sie die komplette Flasche einfüllen. Lesen Sie hier nochmal genau in der Bedienungsanleitung des Herstellers.

Hinweis: Bei aktuellen Modellen ist der Öleinfüllstutzen seitlich angebracht. Ein zusätzliches Einfüllröhrchen zur Verlängerung der Flaschentülle liegt bei.

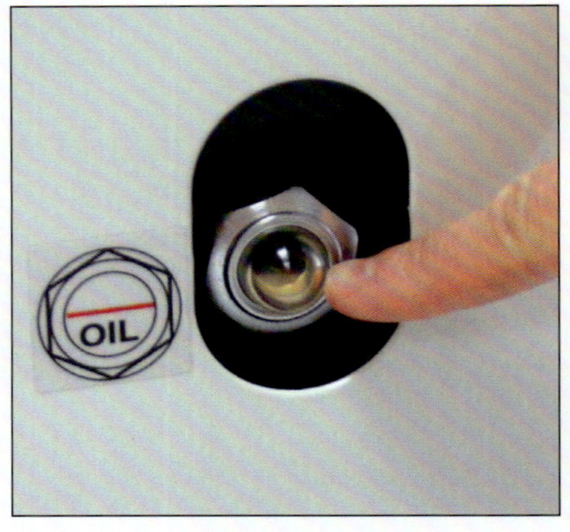

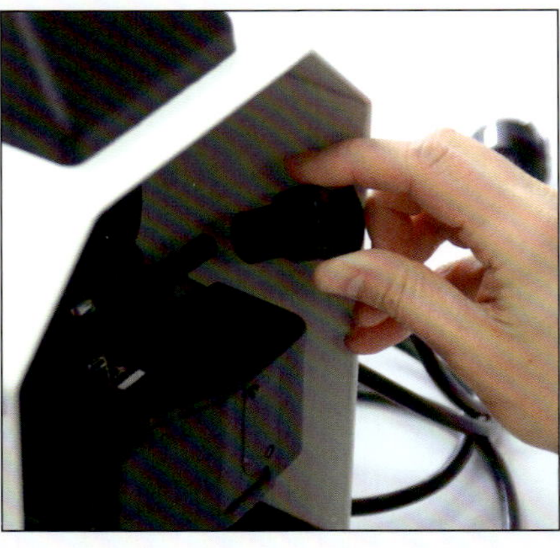

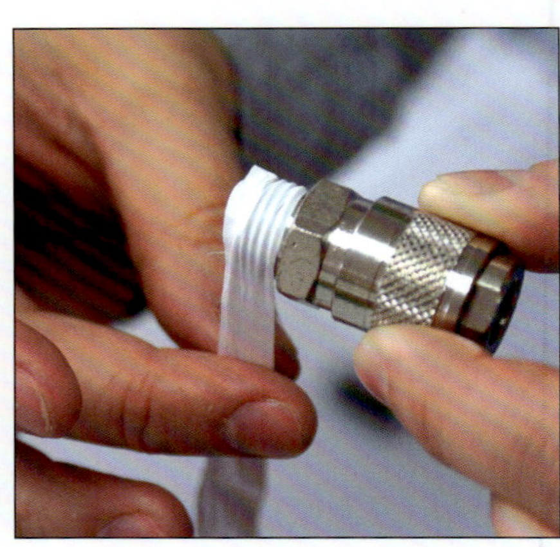

Schritt 6: Ölstand

Überprüfen Sie nach einigen Minuten die Füllhöhe. Evtl. können Sie dann den Ölstand noch korrigieren.

Schritt 7: Luftfilter

Stecken Sie den Luftfilter auf den Einfüllstutzen.

Schritt 8: Abdichten

Haben Sie ein Gerät, bei dem die Schnellkupplung noch nicht installiert ist, wickeln Sie das beiliegende Teflonband um das Gewinde. Das Teflonband sorgt dafür, dass die Verbindung absolut luftdicht ist.

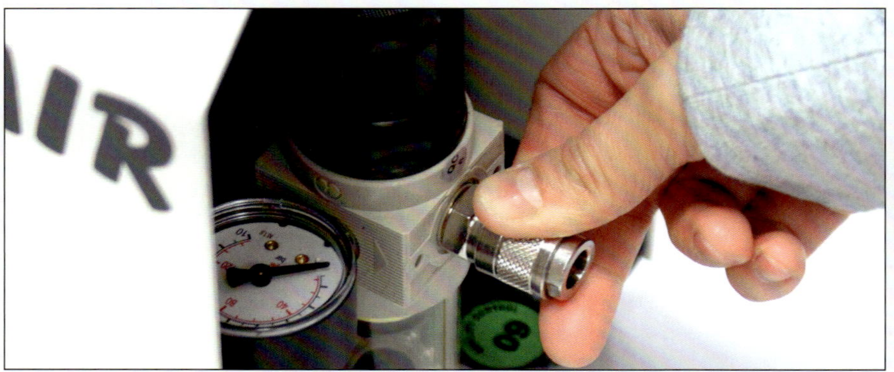

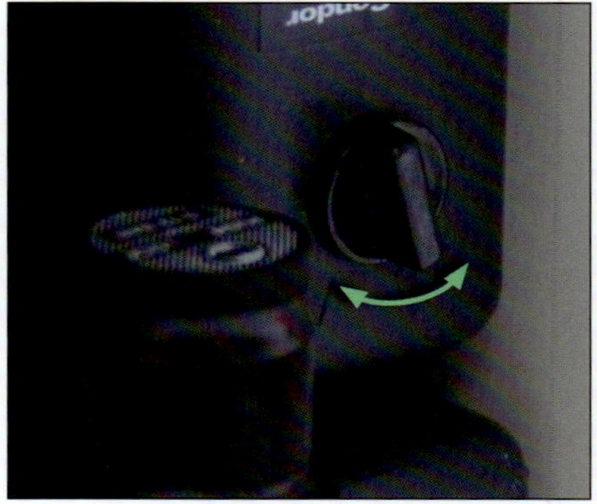

Schritt 9: Schnellkupplung

Schrauben Sie dann die Schnellkupplung in den Kompressor. Nun können Sie einen Schlauch anschließen, den Kompressor mit dem Stromnetz verbinden und ihn einschalten. Achten Sie darauf, dass keine Luft an den Kupplungen entweicht. Sie merken das entweder an einem Zischgeräusch oder wenn der Arbeitsdruck (später abzulesen an der Druckanzeige) absinkt. Falls das der Fall ist, überprüfen Sie nochmal die Abdichtungen und Gewinde.

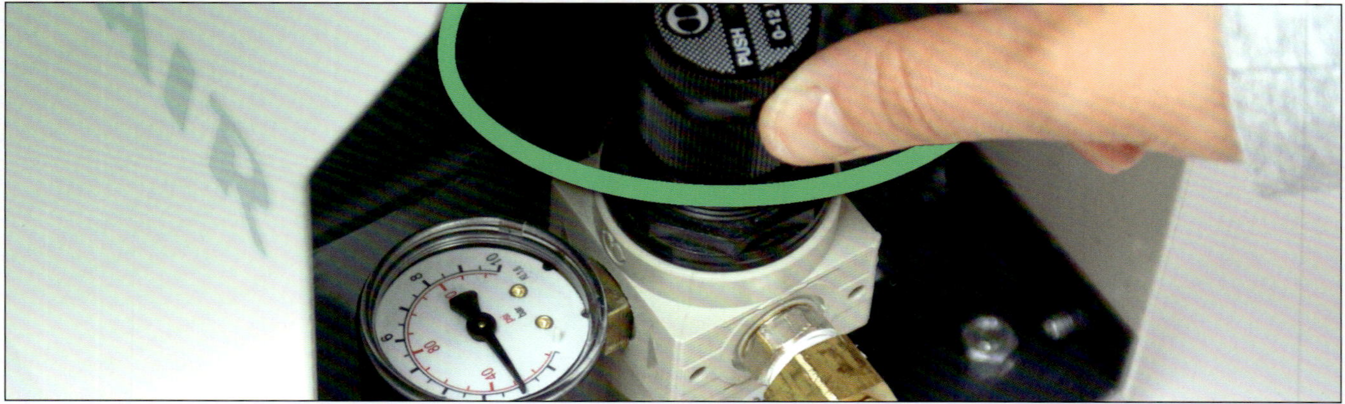

Schritt 10: Arbeitsdruck

Stellen Sie dann den gewünschten Arbeitsdruck (in der Abbildung 2 bar) ein, indem Sie den Knopf nach oben ziehen und im Uhrzeigersinn drehen, bis der gewünschte Druck angezeigt wird. Idealerweise schließen Sie ein Airbrushgerät beim Einstellen des Arbeitsdrucks an und betätigen den Hebel dabei. Nur so sehen Sie den tatsächlich eingestellten Arbeitsdruck, der sonst um ca. 0,2 bar variieren kann.

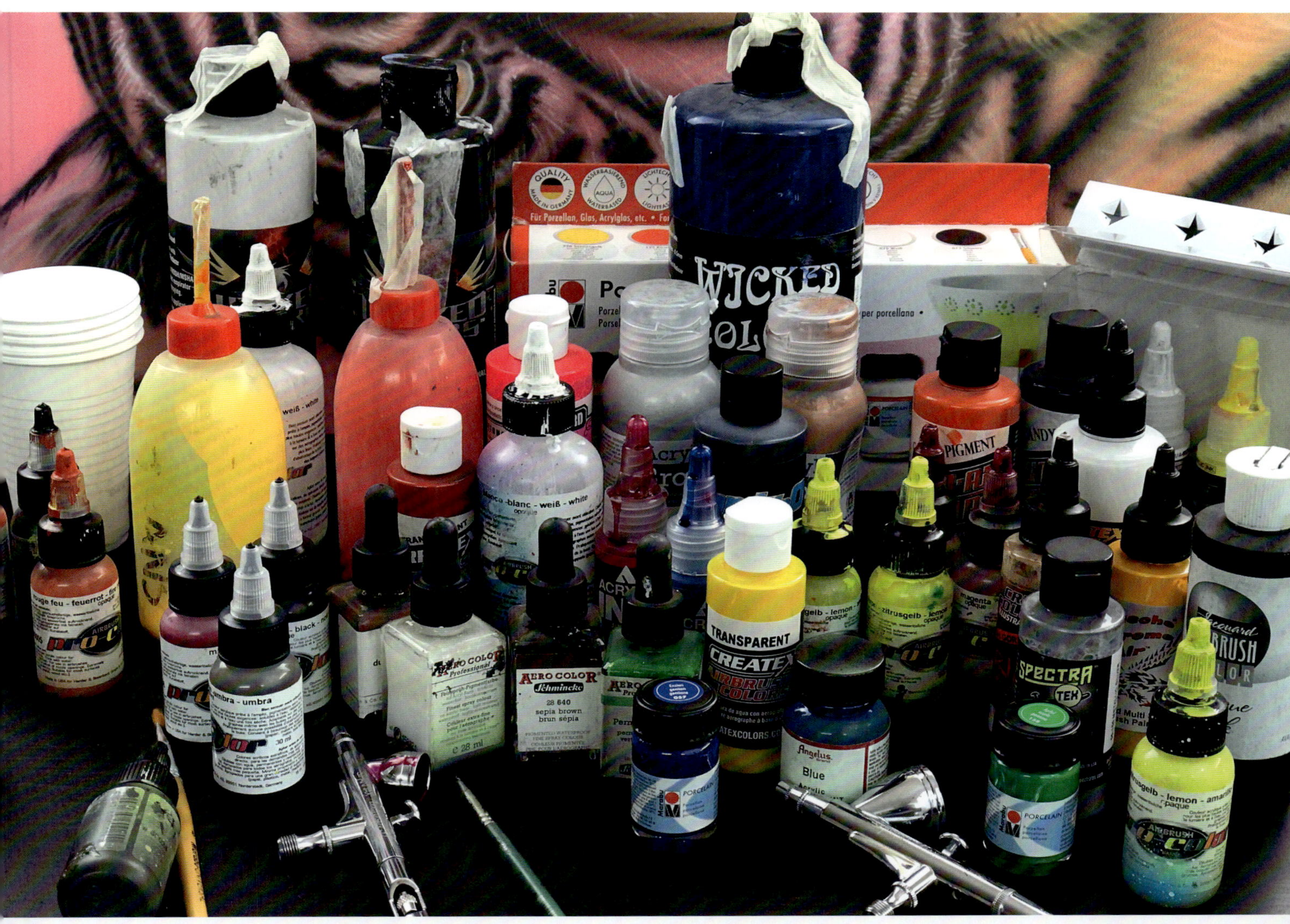

Farben für die Airbrush-Technik

Eine weitere wichtige Komponente beim Airbrushen sind die verwendeten Farben. Gerade für Einsteiger können hier die ersten größeren Probleme auftreten und die Freude am neuen Hobby stören. Im Grunde kann alles, was in einen flüssigen bzw. milchigen Zustand gebracht werden kann, versprüht werden. Der Anwender sollte dabei die Farbsorte je nach zu bemalendem Untergrund, Anwendungsgebiet und Düsengröße aussuchen.

// AIRBRUSH-ACRYLFARBEN

Am häufigsten werden spezielle Airbrush-Acrylfarben eingesetzt, die schon hinsichtlich der Pigmentgröße für das Versprühen mit kleinen Düsen optimiert sind. Die meisten Airbrush-Acrylfarben sind sprühfertig – also direkt mit dem Airbrush-Gerät zu verarbeiten. Sie können mit passenden Medien oder häufig auch mit Wasser verdünnt werden, um ein feineres Spritzbild zu erzielen, die Transparenz zu erhöhen oder um die Sprüheigenschaften zu verbessern. Airbrush-Acrylfarben werden vor allem auf Papier, Karton und Leinwand eingesetzt, eignen sich aber überwiegend auch für Plastik, Metall und Textilien. Daher haben sie sich auch in Bereichen wie dem Modellbau und auch bei der Fahrzeugbemalung durchgesetzt.

Über mehrere Jahrzehnte haben sich drei große Marken herauskristallisiert, die man bei jedem Airbrush-Fachhändler bestellen kann und die bereits viele Anwendungsgebiete und Untergründe abdecken: Schmincke Aero Color, Hansa pro-color sowie die Farben von Createx. Aufgrund ihrer hohen Akzeptanz und Verfügbarkeit wird auf diese Produkte im Folgenden etwas näher eingegangen. Natürlich gibt es noch zahlreiche weitere Airbrush-Acryl-Farben mit ähnlichen spezialisierten Eigenschaften von Herstellern aus der ganzen Welt. Zu nennen sind darunter z.B. Marken wie Etac, Holbein, Lukas Illu-Color, Iwata Medea Com-Art, Liquitex, Golden oder Vallejo. Die Airbrush-Fachhändler bieten hier ein breites Spektrum an. Vergleichen und Ausprobieren lohnt sich für den fortgeschrittenen Airbrush-Anwender, um seine passende Farbsorte zu finden.

// SCHMINCKE AERO COLOR PROFESSIONAL

Die Aero Color Professional haben eine lange Tradition in Deutschland. Mit den Schmincke Aero Color Professional kann sehr gut auf Airbrush-Papier, Leinwand und Reinzeichenkarton gemalt werden. Aber auch Plastik und Metall sowie weitere Untergründe, die sauber, trocken und fettfrei sind, können mit den Farben bemalt werden. Die Aero Color Farben können auch mit Pinsel, Marker, Tuschefüller oder Ziehfeder aufgetragen werden. Werden die Farben mit Wasser verdünnt aufgetragen, lassen sich diese auch hervorragend radieren und schaben, um zusätzliche Strukturen zu ermöglichen.

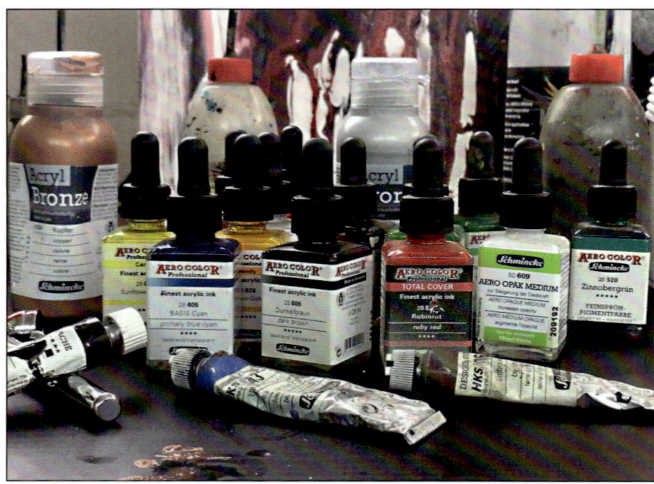

Das Sortiment umfasst derzeit 36 feine, höchst brillante Buntfarben, 12 brillante Total Cover Farbtöne (deckend auf dunklen Untergründen), 24 Effektfarben sowie 9 Candy-Farbtöne. Eine Vielzahl der Bunttöne sind lasierend, so dass sich auch noch in Kombination untereinander eine Vielzahl brillanter Zwischentöne ergeben. Die Aero Color Professional Farben sind in standfesten Glas-Pipettenflaschen à 28 ml erhältlich. 24 Farbtöne gibt es auch in 250 ml- und 5 Töne in 1000-ml-Kunststoffflaschen.

// HANSA PRO-COLOR

Ebenfalls sehr populär sind die pro-color Airbrush-Acrylfarben. Auch diese sind bestens für Airbrush-Papier, Reinzeichenkarton und Leinwand geeignet. Sie haften aber ebenso hervorragend auf Kunststoff und Metall. Die pro-color Farben lassen sich problemlos durch alle Düsengrößen versprühen, auch mit 0,15 mm Düsen. Speziell das Weiß ist auf dunklen Untergründen sehr gut deckend und hat keine Verstopfungsprobleme. Durch die Verdünnung mit Wasser können die Farben auch gut radiert und geschabt werden.

Das Sortiment umfasst 26 deckende Farbtöne, 10 transparente Farbtöne, 4 Neonfarben sowie 4 Metallicfarben. Die meisten deckenden Farben sind allerdings eher semi-opak und erzielen keine hundertprozentige Deckung auf dunklen Untergründen.

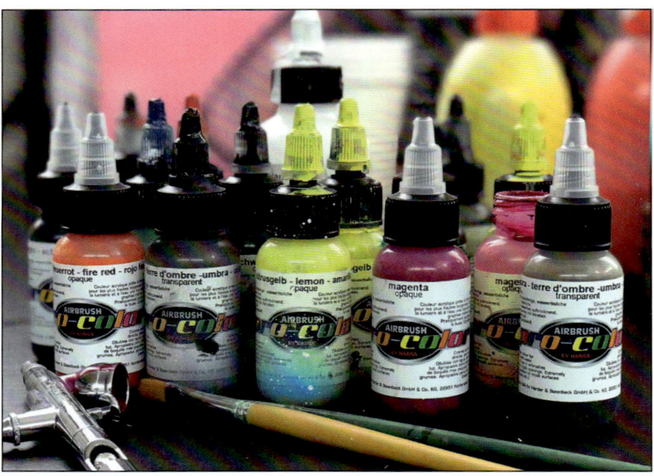

Die 30-ml-Flaschen haben einen Quick-Turn-Verschluss und können sogar im geöffneten Zustand nicht komplett auslaufen, falls sie mal umkippen. Einige Basisfarben sind auch in 125-ml-Farbflaschen erhältlich. Die enthaltene Kugel ermöglich das zwingend notwendige Aufschütteln der Pigmente, um ein professionelles Spritzergebnis zu bekommen.

// CREATEX

Der Farbhersteller Createx aus den USA ist spezialisiert auf Airbrush-Farben. Da es in der Airbrush-Kunst so viele unterschiedliche Anwendungsbereiche und Anforderungen gibt, hat Createx unterschiedliche Farbmarken im Programm. Es gibt Farben für den Custom Painting Bereich,

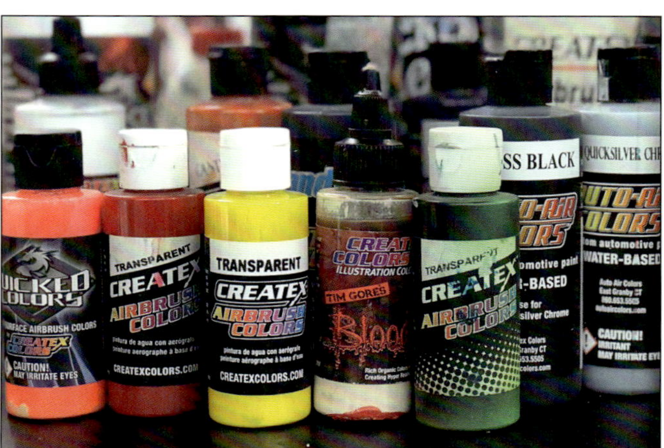

für Textilien und für klassische Illustrationen. Alle Createx Farben sind wasserbasiert und lassen sich ohne Probleme (chemische Reaktionen) mit Klarlack versiegeln.

Createx Airbrush Colors

Die Createx Airbrush Colors eignen sich besonders gut für Textilien und Leder, haften aber auch auf Holz, Plastik, Metall Keramik, Kork und vielem mehr. Wird die Farbe mit Hitze fixiert, sind diese waschfest. Alle professionellen T-Shirt-Painter nutzen diese Marke. Es gibt zahlreiche transparente und auch deckende Farbtöne in unterschied-

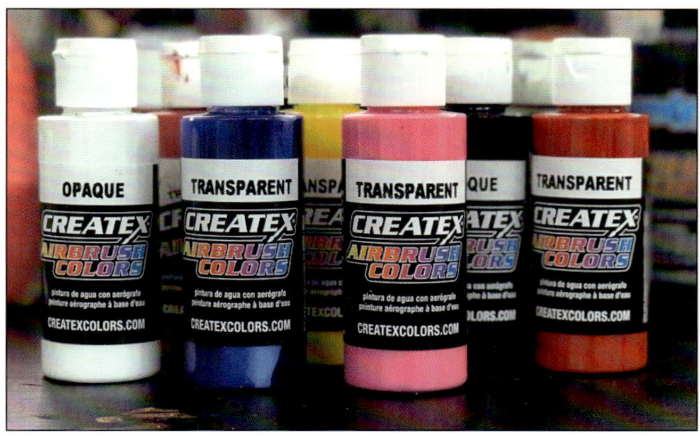

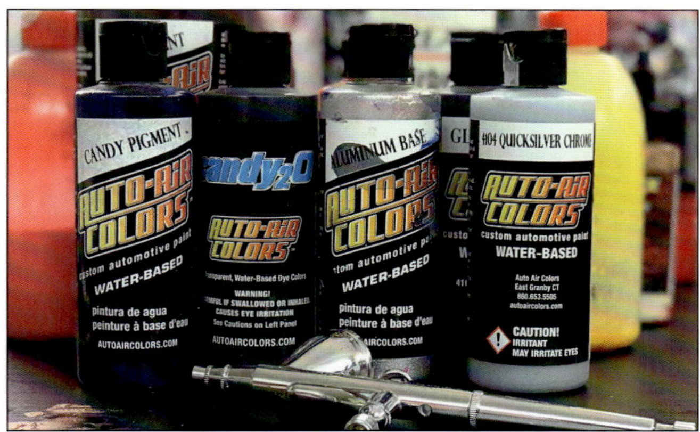

lichen Gebinden von 60-ml-Flaschen bis zum 3,8-l-Kanister. Aber auch Effektfarben wie perlisierende, fluoreszierende und irisierende Farbtöne.

Wicked Colors

Die Wicked Colors lassen sich ebenfalls universell einsetzen und eignen sich durch die guten Fließeigenschaften auch für Anfänger. Die Wicked-Farben gibt es in transparent, opak, perlisierend und fluoreszierend, ebenfalls in 60-ml-Flaschen bis hin zum 3,8-l-Kanister.

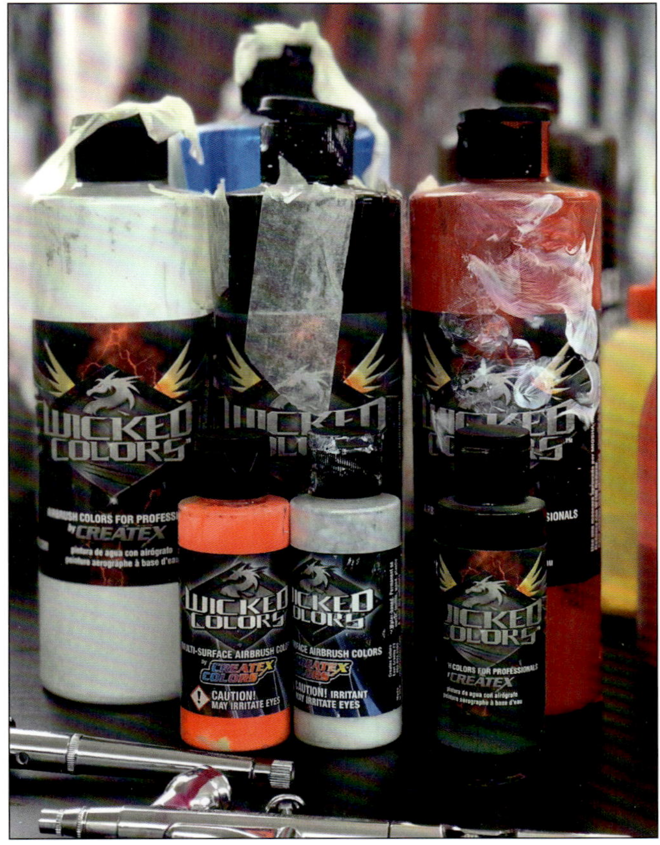

Auto Air Colors

Geht es vor allem um kunstvolle Fahrzeuggestaltung, dann ist die Farbserie Auto Air Colors die passende Marke. Zahlreiche Grundierungen, Effektfarben und Basisfarbtöne ermöglichen brillante Farberlebnisse. Die Auto Air Colors werden stetig nach dem neuesten Stand der Technik weiterentwickelt. Einige der Effektfarben wie Metallic Colors oder die Pearl Flakes Colors benötigen jedoch große Düsengrößen oder eine Lackierpistole.

Createx Illustration Colors

Geht es um detailreiche Illustrationen, in denen Mischtechniken wie Radieren und Schaben angewendet werden, ist man bei der Createx Illustration Colors Serie am besten aufgehoben. Auch bei niedrigem Arbeitsdruck lassen sich diese noch durch die feinste Düsengröße versprühen. Durch Hinzufügen eines Additivs wandelt man die Createx Illustration Farbe zu einer Acryl-Urethan-Farbe und erhält somit auch eine starke Haftung auf harten Untergründen. Es gibt deckende, transparente und semi-opake Farbtöne in 30-ml-, 60-ml- und 240-ml-Flaschen.

// ACRYLFARBE AUS DER TUBE

Die bekannteste Darreichungsform der Acrylfarbe für Künstler im Allgemeinen ist die Tube. Die pastösen Tuben-

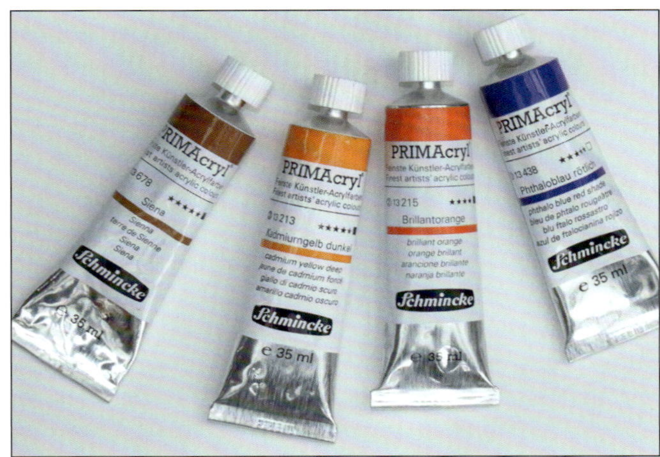

farben, die normalerweise mit dem Pinsel aufgetragen werden, lassen sich ebenfalls versprühen. Allerdings müssen diese mit Wasser gelöst bzw. verdünnt werden, damit sie spritzfähig werden. Aufgrund der Pigmentgröße sollte man allerdings bedenken, dass es beim Versprühen der Farben schneller zu Verstopfungen in kleinen Düsen kommen kann. In der Regel können Acrylfarben unterschiedlicher Hersteller und auch mit den speziellen Airbrush-Acrylfarben gemischt werden. Dennoch sollte es vorher kurz ausprobiert werden, damit keine Probleme beim Malen des Motivs auftreten.

// TEMPERA/GOUACHE/TINTEN/WASSERFARBEN

Zum Üben und auch für spezielle Mischtechniken lassen sich Tempera und Gouache Farben auch für die Airbrush-Technik verwenden. Mit Wasser verdünnt können diese auch ohne Probleme versprüht werden. Je nach Zusammensetzung der Farbsorte kann diese wieder mit Wasser vom Malgrund gelöst werden und ermöglicht so spezielle Effekt- und Strukturmöglichkeiten. Die Tubenfarben sind verdünnt sehr ergiebig und bieten somit einen preis-

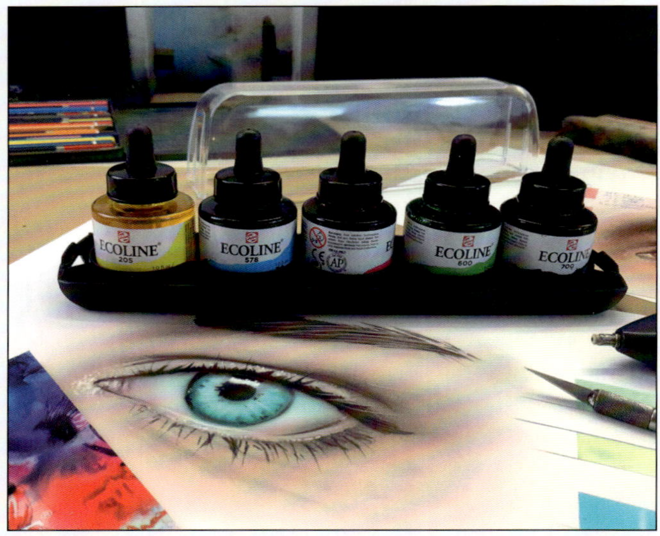

günstigen Einstieg. Tempera und Gouache eigenen sich hervorragend für Airbrush-Papier und Reinzeichenkarton. Tinten und flüssige Wasserfarben haben ebenfalls die Option, mit dem Airbrush-Gerät verarbeitet zu werden. Diese zeichnen sich vor allem durch ihre Brillanz und Transparenz aus.

// LÖSEMITTELHALTIGE LACKE

Im Bereich des Custom Paintings und Automobilbemalung werden auch lösemittelhaltige Lacke und Effektfarben verwendet. Die Vorteile sind Beständigkeit und Haftung sowie Farbeffektmöglichkeiten. Man muss aber darauf achten, dass diese Farben in einem entsprechend präparierten Raum (Absaugung) und unter Absicherung der eigenen Gesundheit (Atemmaske) verarbeitet werden. Außerdem gilt es zu bedenken, dass das verwendete Airbrush-Gerät bzw. die eingebauten Dichtungen lösemittelresistent sind, da sich diese sonst zersetzen. Für ihr breites Spektrum aus Effektlacken ist vor allem die Marke House of Kolor bekannt. Es gibt aber auch kleinere, in Deutschland ansässige Marken wie Herterich Custom Design Colors oder Starpaint. Ebenso lassen sich auch klassische Autolacke z.B. von Mipa, Standox, Spies Hecker, Dupont oder PPG verwenden.

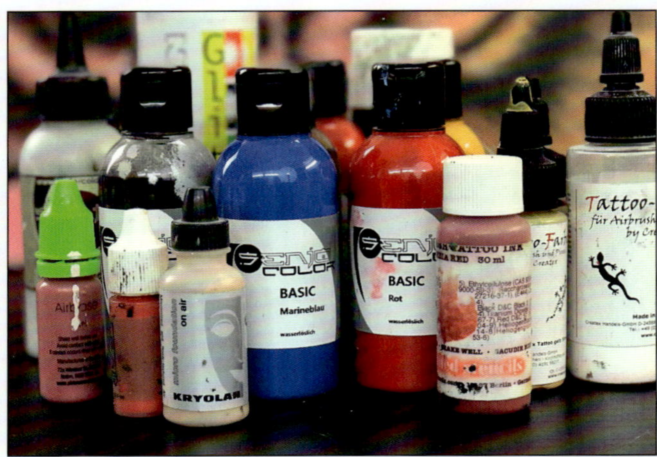

// KÖRPERFARBEN

Möchte man auf den menschlichen Körper sprühen, werden dermatologisch getestete Bodypainting-Farben verwendet. Diese lassen sich mit Wasser und Seife wieder einfach vom Körper entfernen. Aktuelle Bodypainting-Farben wie z.B. Senjo Colors lassen sich sogar mit 0,15 mm Düsen verarbeiten. Im Gegensatz zu den Bodypainting-Farben sollen Airbrush-Tattoo-Farben möglich lange auf der Körperoberfläche halten. In der Regel haften diese 2-3 Tage. Auch Airbrush-Make-up Farben auf Alkohol- oder Silikonbasis können versprüht werden und für Tages-Make-up, Fotoshooting, Film und Fernsehen genutzt werden. Sogenannte Airbrush-Tanning-Lotions auf Zuckerrohrbasis ermöglichen am Körper eine Bräunung für bis zu 10 Tage.

// LEBENSMITTELFARBEN

Auch Torten und Schokolade lassen sich bemalen. Hier werden flüssige Lebensmittelfarben verwendet. Ob auf Rollfondant, Marzipan oder Schokolade – hiermit kann das Motiv später gegessen werden. Die Farben sind sehr

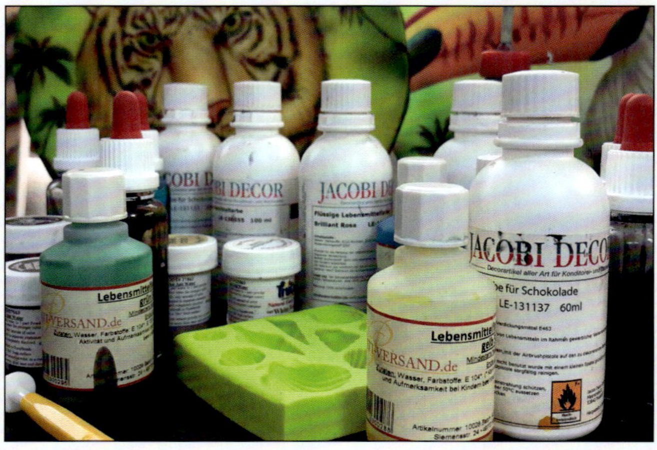

dünnflüssig wie Tinten und haben eine brillante, transparente Optik. Es gibt in der Regel keine Düsenverstopfungen und die Reinigung ist mit Wasser oder speziellem Lebensmittelreiniger möglich.

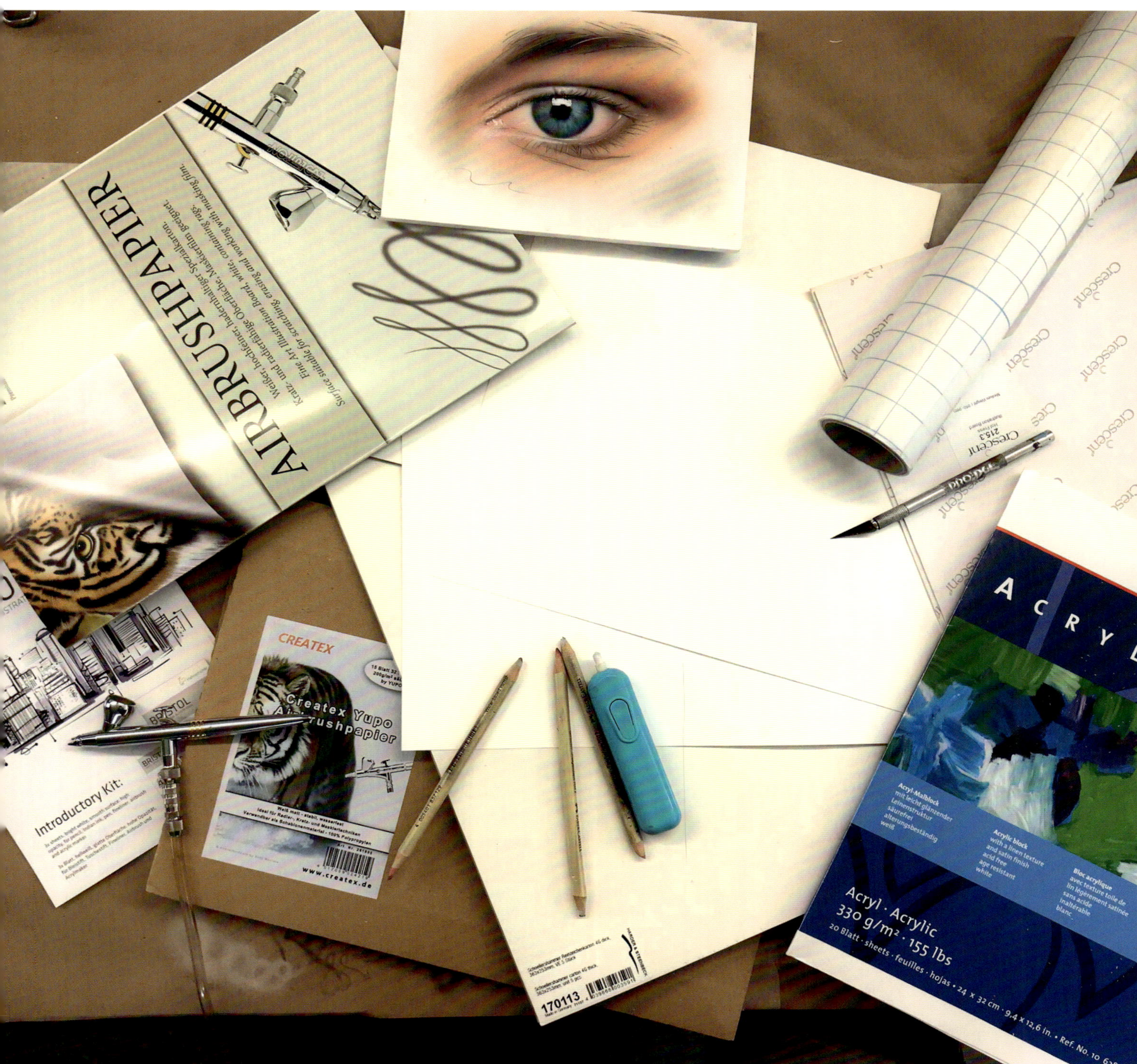

Airbrush-Malgründe

Es gibt wohl kaum eine andere Maltechnik, bei der es so viele unterschiedliche Maluntergründe gibt. Denn durch das Aufsprühen der Farbpigmente und die Verwendung von Schablonen lassen sich auch „schwierige" Untergründe – z.B. mit starker Strukturierung, extrem glatt oder sehr weich, gebogen oder empfindlich – bemalen. Der Einsteiger verwendet in der Regel kostengünstiges Airbrush-Papier, Fortgeschrittene greifen am häufigsten zu Reinzeichenkarton, Leinwand und Metalluntergrund.

Im folgenden Kapitel geben wir Ihnen einen Überblick über die Möglichkeiten verschiedener Malgründe und ihre Unterschiede. Aber Ihrer Fantasie hinsichtlich weiterer beairbrushbarer Materialien sind natürlich keine Grenzen gesetzt. Experimentieren lohnt sich immer!

// PAPIERE UND KARTONS

Man sagt ja, Papier ist geduldig - für den Fine-Art Airbrushkünstler ist Papier und Karton noch immer der wichtigste Malgrund. Der leicht saugende Untergrund ermöglicht nämlich Mischtechniken und das Arbeiten mit Skalpell und Radierstiften. Je nach Sorte kann hier detailliert auch mit leichtklebendem Airbrush-Maskierfilm gearbeitet werden, ohne die Papierstruktur zu zerstören. Karton und Papiere sind glatt und flach und lassen sich in idealerweise in einem Glasrahmen präsentieren.

Airbrush-Papier

Airbrush-Papier besteht aus chlorfrei gebleichtem Zellstoff und Hadern und ist eine der kostengünstigen Option, sein Motiv unter Verwendung einer Vielzahl von Misch- und Maltechniken einzusetzen.

Mit einer Papierstärke von 250 g/m^2 ist das Papier ausreichend dick, um mehrere Schichten Farbe aufzunehmen, aber auch mal Effekte wie das Herausschaben oder Radieren von Details zu ermöglichen. Ein typisches Merkmal ist die glatte Oberfläche des Papiers, welches auch das Nutzen des Airbrush-Maskierfilms ermöglicht, um scharfe Kanten im Motiv zu erzeugen. Das Papier wird in der Regel in Form eines Blocks verkauft. Im Handel sind die Größen 35 x 25 cm, 50 x 35 cm sowie 50 x 70 cm erhältlich. Preislich liegt der Block je nach Größe und Bogenanzahl zwischen14 bis 50 Euro. Das Papier kann von beiden Seiten genutzt werden, da es doppelt spezialgeleimt (Oberfläche und Zwischenlage) ist. Die Bandbreite an Airbrush-Papier ist aus meist wirtschaftlichen Gründen seitens der Papierhersteller stark gesunken. Hahnemühle hat sein Airbrush-Papier leider nach Jahrzehnten im Frühjahr 2018 aus dem Programm genommen. Am bekanntesten und im Fachhandel meist erhältlich ist das Airbrush-Papier No. 4 von Schoellershammer sowie das Airbrush-Papier von Harder & Steenbeck.

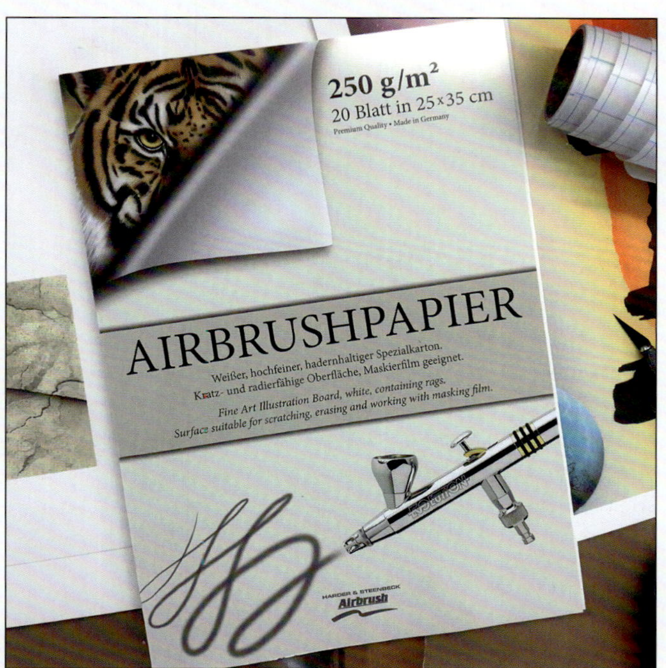

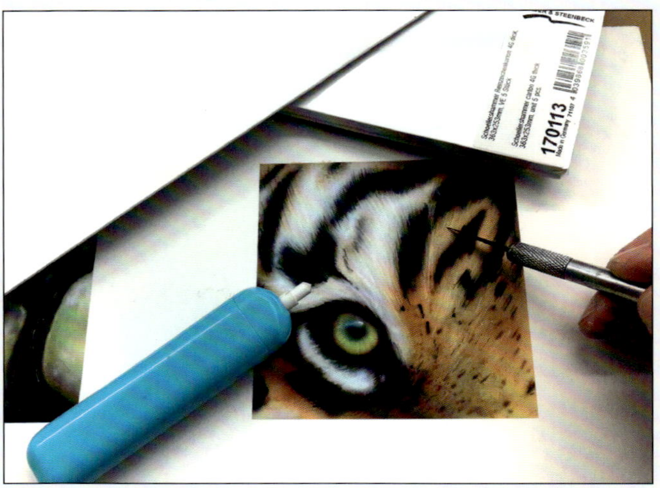

Reinzeichenkarton

Wer große illustrative Kunstwerke erzeugen möchte, greift in der Regel auf den Schoellershammer Reinzeichenkarton 4G dick zurück. Im Grunde hat er die ähnlichen Eigenschaften von Airbrush-Papier, ist also ebenfalls aus chlorfrei gebleichtem Zellstoff und Hadern, sowie doppelt spezialgeleimt. Allerdings ist er mit seinen 1360 g/m^2 (1,5 mm Stärke) deutlich stabiler, so dass auch Nass-in-Nass-Techniken verwendet werden können.

Der Reinzeichenkarton hat schon eine lange Historie und es gab ihn in unterschiedlichen Rezepturen. Wie auch das Airbrush-Papier No. 4 wird der Reinzeichenkarton seit 2016 nicht mehr von der Papierfabrik Schoellershammer selbst, sondern vom ebenfalls in Düren ansässigen Papierhersteller Reflex hergestellt. Andere deutsche Hersteller gibt es in diesem Segment nicht mehr. Mittlerweile gibt es den Karton auch in unterschiedlichen Größen, angefangen von 25,3 x 18 cm bis 73 x 102 cm. Die am häufigsten verwendete Größe ist 51 x 73 cm. Der Preis liegt bei ca. 8 Euro pro Bogen. Einige Fachhändler bieten darüber hinaus das günstigere Crescent Illustrationboard an. Dieser stammt aus den USA und gehört dort zu den gängigen Airbrush-Untergründen. Er ist aber deutlich weicher als der Schoellershammer Reinzeichenkarton, so dass es vor allem Probleme beim Arbeiten mit Maskierfilm gibt. Einige Airbrushkünstler versiegeln und härten die Oberfläche noch mal zusätzlich vorab, z.B. mit dem Schmincke Aero Grund. Hierbei sind aber individuelle Vortests empfohlen.

Passepartout-Karton

Einige Kartonsorten können für den illustrativen Einsatz auch zweckentfremdet werden. Recht günstig und ausreichend fest ist da z.B. der Dorée Grafikkarton. Mit einer Stärke von 1,4 mm im Format 50 x 70 cm ist dieser ebenfalls spezialgeleimt, glatt, radierfest und klebebandfest. Erhältlich ist dieser im Zeichenbedarfsfachhandel. Es lohnt sich also immer mal wieder die Augen offen zu halten und im Zeichenbedarfsladen haptisch die Kartons auf Airbrushfähigkeit zu prüfen.

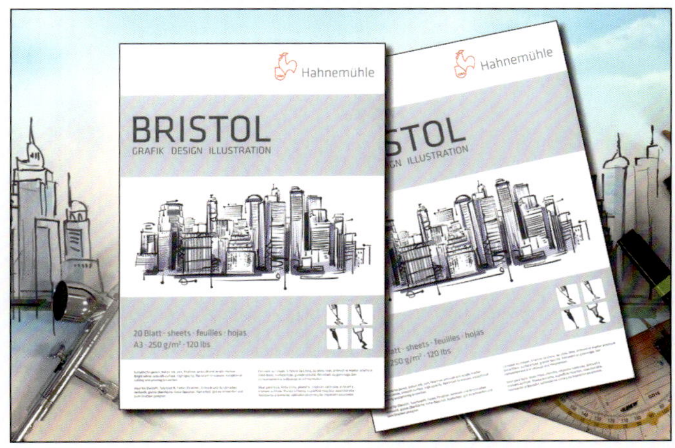

Bristol Papier und Karton

Wer nicht mit Maskierfilm maskieren muss, kann auch auf den weicheren Bristol Karton bzw. Papier sprühen. Die Farben haben hier eine gute Optik und man kann auch mit anderen Mischtechniken wie z.B. Marker und Buntstiften arbeiten. Kratzen und Radieren ist hier aber nur bedingt möglich. Das Bristol-Papier von Canson z.B. ist mit 180 g/m² etwas dünner als klassisches Airbrush-Papier, aber dafür ist es hellweiß, hat eine glatte Oberfläche sowie eine hohe Lichtundurchlässigkeit (Opazität). Das Papier kann in Form von Blöcken in A4 oder A3 mit 50 Blatt ab 7,50 Euro erworben werden. Den Bristol-Karton gibt es in verschiedenen Grammaturen von 0,3 mm bis 1,0 mm Stärke. Die Kartonpreise starten in 50 x 70 cm ab 1,25 Euro. Somit sind auch für Freihandübungen bestens geeignet.

Synthetikpapier

Recht neu am Markt ist das sogenannte Synthetikpapier, was im Grunde gar kein echtes Papier ist, sondern aus Polypropylen besteht. Dafür hat es einzigartige Eigenschaften: Es ist reißfest, wasserfest, ideal für Kratz- und Radiertechniken und es kann in einem großen Materialmix genutzt werden. Man kann z.B. mit Bleistift und Marker starten, dann mit Aquarellfarbe übermalen und mit Airbrush-Acrylfarbe übernebeln. Mit dem Radierstift oder Skalpell kann man dann wieder bis zum Malgrund durcharbeiten, um Highlights zu setzen oder Korrekturen vorzunehmen. Das Synthetikpapier ist sicherlich eines der besten Medien, fotorealistisch und detailliert zu arbeiten. Aufgrund der Papierstärke (in der Regel 200 g/m²) hat es aber eine nicht so hohe Wertigkeit wie ein Reinzeichenkarton oder eine Leinwand. Die Präsentation erfolgt dann meist im Glasrahmen. Synthetikpapier gibt es in Einzelbögen und in Blockform in verschiedenen Formaten ab 32 x 22,5 cm. Der Grundpreis für einen einzelnen Bogen startet ab ca. 0,80 Euro. Wer einen stabileren Malgrund benötigt, kann auch auf Leichtschaumplatten von Airplac zurückgreifen, die mit synthetischem Papier kaschiert sind. Diese starten ab einem Bogenpreis in 50 x 70 cm von 8 Euro.

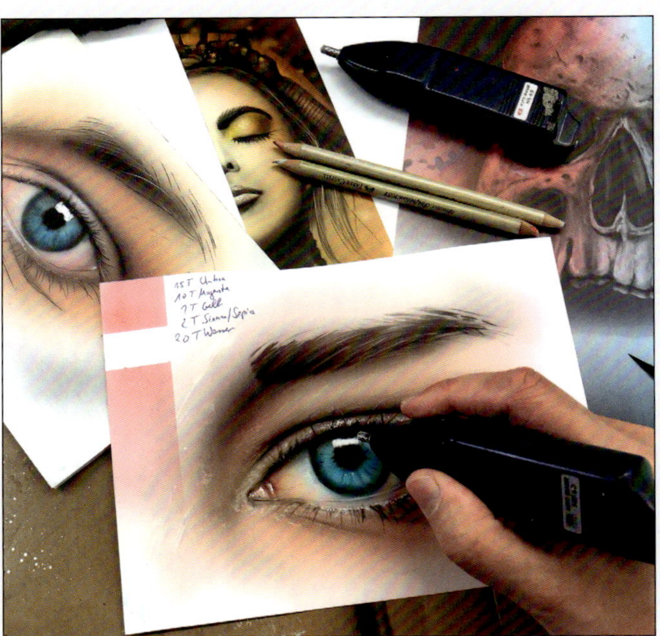

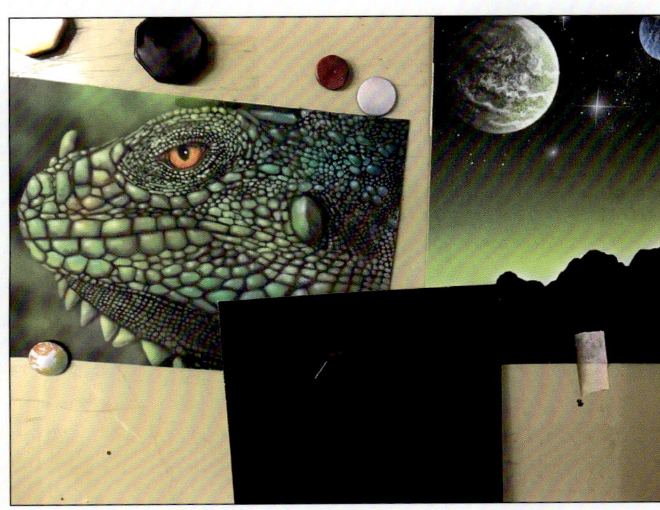

Plakatkarton

Der normalerweise für handschriftliche Plakate und Bastelproduktionen eingesetzte Karton kann ebenfalls für Airbrush genutzt werden. Vor allem der schwarze Plakatkarton hat eine einseitige schwarze matte Beschichtung und kann hervorragend mit Airbrush-Acrylfarben bemalt und sogar mit leichtklebenden Maskierfilm bearbeitet werden. Die 380 g/m² schweren Kartons können einzeln oder im 10er Pack in der Größe 50 x 70 cm ab einen Bogenpreis von ca. 1 Euro erworben werden.

Weitere Papiersorten

Es gibt zahlreiche weitere Feinstpapiere, die mit der Airbrush und Acrylfarben bemalt werden können. Einige sind strukturiert (wie z.B. Acrylmalpapier oder Aquarellpapier), haben dünnere Grammaturen oder werden für andere Einsatzzwecke (Marker) beworben. Hier gilt es: ausprobieren, ausprobieren, ausprobieren.... Allerdings ist das volle Spektrum der Airbrush-Mischtechniken in der Regel nur auf den klassischen Papier- und Kartonsorten möglich. Wer aber nur freihand oder mit losen Schablonen agiert, findet hier weitere Optionen, um seine Motive zu realisieren.

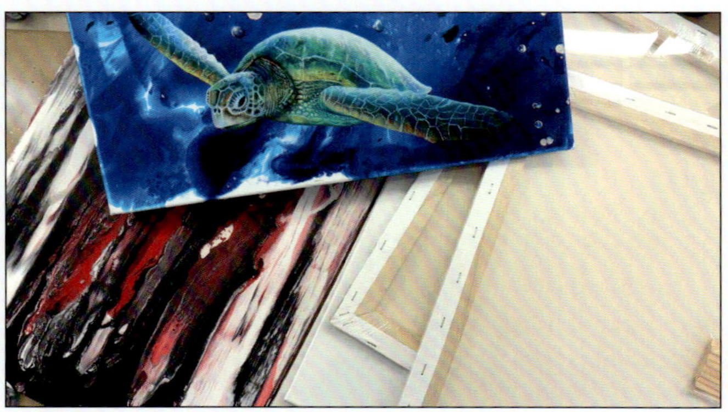

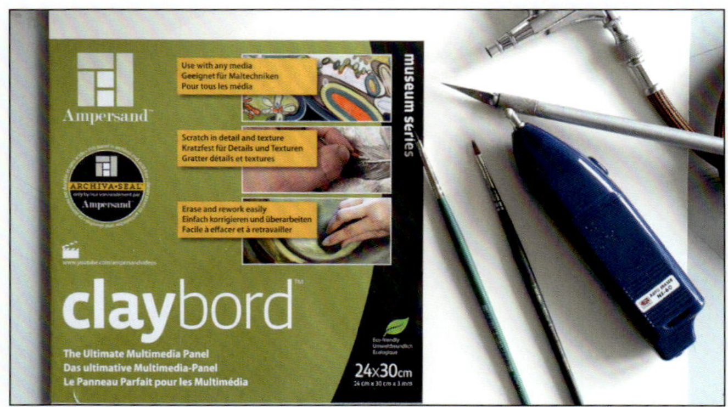

// LEINWÄNDE UND BOARDS

Hochwertige Optik und Präsentation in beliebigen Größen ermöglichen die klassischen Leinwände. Nicht jeder Künstler mag sie, da die strukturierte Oberfläche nicht Jedermanns Sache ist.

Leinwand

Eine Leinwand ist ein Gewebe aus Leinen, das in der Regel auf einen Keilrahmen aufgespannt ist. Die Leinwand dient zahlreichen Maltechniken wie der Öl- und Acrylmalerei als Untergrund. Mittlerweile gibt es unterschiedliche Stoffe wie Hanf und Baumwolle, die zum Einsatz kommen. Bei eigenen Wunschgrößen und -maßen lässt sich die Leinwand auch selber bespannen, im Fachgeschäft bespannen lassen oder schon direkt bespannt kaufen. Leinwände in den unterschiedlichsten Größen und Qualitäten sind mittlerweile nicht nur im Künstlerfachgeschäft, sondern auch im Baumarkt, Supermarkt oder im Geschenke- und 1-Euro-Laden erhältlich.

Für Airbrush-Werke kann die Leinwand entweder direkt verwendet oder bei Bedarf auch vorher grundiert werden. Sollte die Struktur zu stark sein, hat man die Möglichkeit, Gesso aufzutragen und die Oberfläche zu schleifen, bis eine glattere weiche Oberfläche entsteht. Porträt-Leinwände sind in der Regel fein strukturiert und eignen sich besonders für den Airbrush-Auftrag. Mit einem Skalpell schaben und mit Radierstift/Elektroradierer radieren funktioniert je nach Beschaffenheit nur bedingt.

Leinwände können gerahmt werden, können aber auch direkt auf einen Nagel an der Wand gehängt werden, was sehr praktisch ist. Leinwände sind sehr preiswert und haben beim Kunden eine hohe Wertigkeit. Es kann in Airbrush-Mischtechnik mit Pinsel oder auch Spraydose gemalt werden. Der klassische Airbrush-Maskierfilm hält aufgrund der strukturierten Beschaffenheit nicht so gut, daher wird häufig freihand oder mit losen Schablonen auf Leinwand gearbeitet. Neben klassischen weißen Leinwänden sind auch mittlerweile schwarze im Fachhandel erhältlich, die einem die schwarze Grundierung schon abnehmen. Leinwandmalpappen – also auf Pappe geklebte Leinwand – sind ebenfalls recht günstig und bieten einen stabilen Untergrund auf dem Tisch.

Clayboard

Ebenfalls noch recht neu am Markt ist das ClayBoard. Seine Besonderheiten sind der 2,2 cm starke und stabile Untergrund sowie die sehr feine Oberfläche mit samtweicher Verarbeitung, die sich für nahezu alle Anwendungen eignet. Daher kann auch hier sehr gut in Airbrush-Mischtechnik gearbeitet werden. Insbesondere das Herausschaben von feinsten Strukturen bei Haaren und Fell sind die Stärken dieses Malgrunds. Es gibt Größen von 13 x 18 cm bis 50 x 70 cm. Die edele Oberfläche hat allerdings ihren Preis. In der beliebten Standardgröße 50 x 70 cm kostet ein Clayboard ca. 60 Euro.

// METALL

Von der Motorhaube, über die Kühlschranktür, dem Motorradtank bis hin zur Milchkanne – Metalluntergründe sind vielfältig im Haushalt oder in der Garage, einfach im alltäglichen Leben vorhanden. In der Regel geht es um die Individualisierung der Objekte für sich oder für den Kunden.

Motorhauben, Motorradtanks und ähnliche Oberflächen

Um auf Metall zu arbeiten und sein Motiv umzusetzen, sind häufig Vorarbeiten notwendig. Die Oberfläche muss meistens angeschliffen, grundiert und gesäubert werden, damit die nachfolgende Airbrush-Farbe optimal hält und verarbeitet werden kann. Zum Schutz und für die Optik wird dann die Oberfläche mit einem Klarlack versiegelt.

In der Regel können alle Airbrush-Acrylfarben auf Metall gesprüht werden. Einige Sorten haften besser, ande-

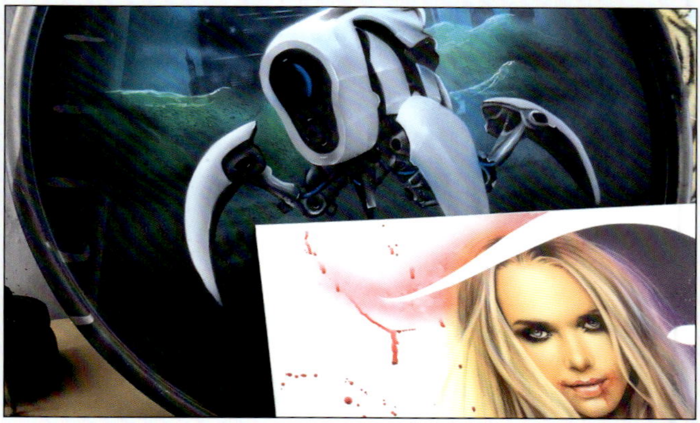

re sind vorsichtiger zu versprühen. Je nach Grundierung kann trotzdem mit Kratz- und Radiertechniken gearbeitet werden. Bei glatten Untergründen kann Maskierfilm benutzt werden, bei gekrümmten Objekten kommt Automotive-Tape und ähnliche Malerkrepp-ähnliche Abklebemittel zum Einsatz. Im Airbrush-Fachhandel gibt es geformte Metalluntergründe wie Kreuze, Minimotorhauben oder Ölfassdeckel als Übungsuntergründe.

Detaillierte Informationen zum Umgang mit Metalluntergründen finden Sie auch in unserem Buch „Custom Painting, Übungsbuch für Einsteiger", ISBN: 978-3-941656-42-0.

Alu-Dibond-Platte

Die Aluminium-Verbundplatten sind perfekt für den Custom Painting Einsteiger. Es gibt sie mit drei verschiedenen Oberflächen – weiß, schwarz und Alu-gebürstet. Für den Airbrush-Künstler gibt es die Platten im Airbrush-Fachhandel schon vorgeschnitten in den Größen 20 x 30, 30 x 40 und 40 x 60 cm. Ein Quadratmeter liegt preislich je nach Ausführung und Farbe bei ca. 60 Euro.

// PLASTIK

Ein weiterer häufig genutzter Untergrund sind Plastikobjekte. Ob Modellbautruck, Lokomotive, Hubschrauber, künstlicher Fingernagel, Handyschale oder 3D-Druck-Objekt – alle bestehen aus unterschiedlichen Kunststoffverbindungen und lassen sich häufig auch mit Airbrush bemalen. Auch hier gilt es, die Oberfläche so zu optimieren, dass die Airbrush-Farbe bestmöglich haftet. Auch eine Klarlackversiegelung ist in den meisten Fällen notwendig. Ob sich die Oberfläche mit der gewählten Airbrush-Farbe verträgt – dies idealerweise vorab einmal testen.

// TEXTILIEN UND BEKLEIDUNG

In den USA kennt man Airbrush neben der Motorrad-Gestaltung vor allem vom Malen auf T-Shirts. Die Airbrush-Technik ist ideal für das Bemalen unterschiedlichster Textilgründe. Ob Jeans, Baumwolle, Leder oder Seide - die Airbrush-Technik macht durch den berührungslosen Malstil eine gute Figur. Ein altes T-Shirt oder Jeans hat man immer im Schrank hängen und kann sofort loslegen, diesen Malgrund mal auszuprobieren. Häufig wird auf den stark saugenden Textilien mit höherem Druck und speziellen Airbrush-Textilfarben gearbeitet. Alternativ gibt es auch Airbrush-Acrylfarben, die sich mittels eines Mediums zur Textilfarbe umfunktionieren lassen. Eine Fixierung geht mit Heißpresse, Bügeleisen oder Föhn. Professionelle T-Shirt-Gestalter arbeiten senkrecht auf einer Staffelei mit einem Airbrush-Saugsystem, um schnell die Farben zu wechseln.

Ein Trendthema in den letzten Jahren ist das Bemalen von Schuhen, genauer gesagt von Sneakers. Man sieht: Es bleibt kein Untergrund verschont.

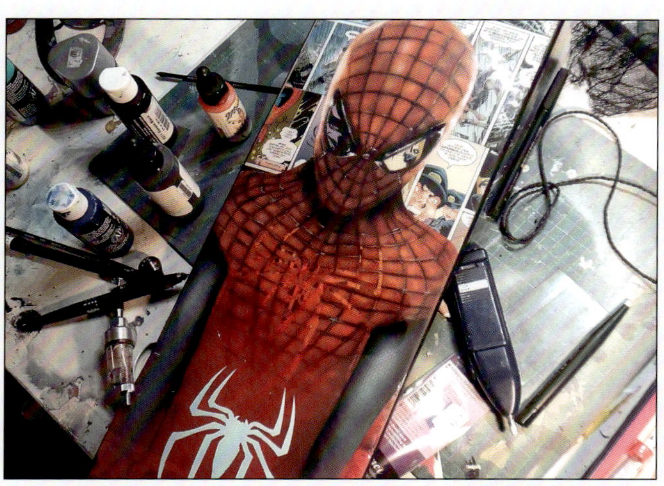

// HOLZ

Ein Werkstoff, der nicht ganz so häufig mit Airbrush veredelt wird, ist Holz. Holz gibt es in unterschiedlicher Beschaffenheit und Sorten. Es kann sowohl unbehandelt als auch im lackierten Zustand bemalt werden. Hier gilt es häufig auszuprobieren, um eigene Erfahrungen zu sammeln. Insofern lässt sich eine Holztischplatte genauso gut bebrushen wie ein Bilderrahmen oder Skateboard. Es lassen sich nicht immer alle Mischtechniken realisieren, aber mit Hilfe der richtigen Vorbehandlung ist auch auf diesem Malgrund einiges möglich.

// KÖRPER

Das Bemalen mit Airbrush macht auch vor dem menschlichen Körper nicht halt. Ob Airbrush-Tattoo, Make-Up oder Bodypainting – Airbrush ist die ideale Art, auch auf dem Körper mit Schablonen und feinen Farbverläufen zu arbeiten. So werden Motive schnell realistisch. Ob Haut, Haare oder Fingernagel - Je nach Anwendungen kommen unterschiedliche, idealerweise dermatologisch getestete Produkte zum Einsatz.

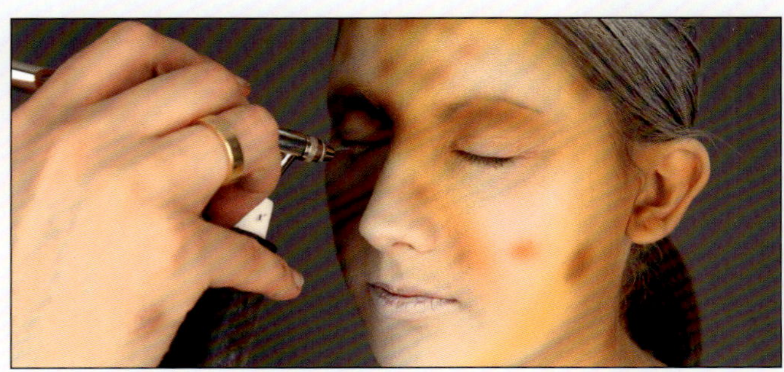

// WEITERE MÖGLICHKEITEN

Die oben aufgezählten Untergründe gehören sicherlich zu den wichtigsten. Darüber hinaus gibt es aber eine Vielzahl an weiteren Möglichkeiten. Wie wäre es mit der Hauswand, der Raufasertapete, LKW-Plane, Glas, Keramik, Kork, Straußenei oder Silikon.... Die Optionen sind vielfältig – sicherlich nicht immer so einfach wie auf Airbrush-Papier – aber möglich. Wenn es irgendwie zu bemalen ist – dann mit der Airbrush-Technik!

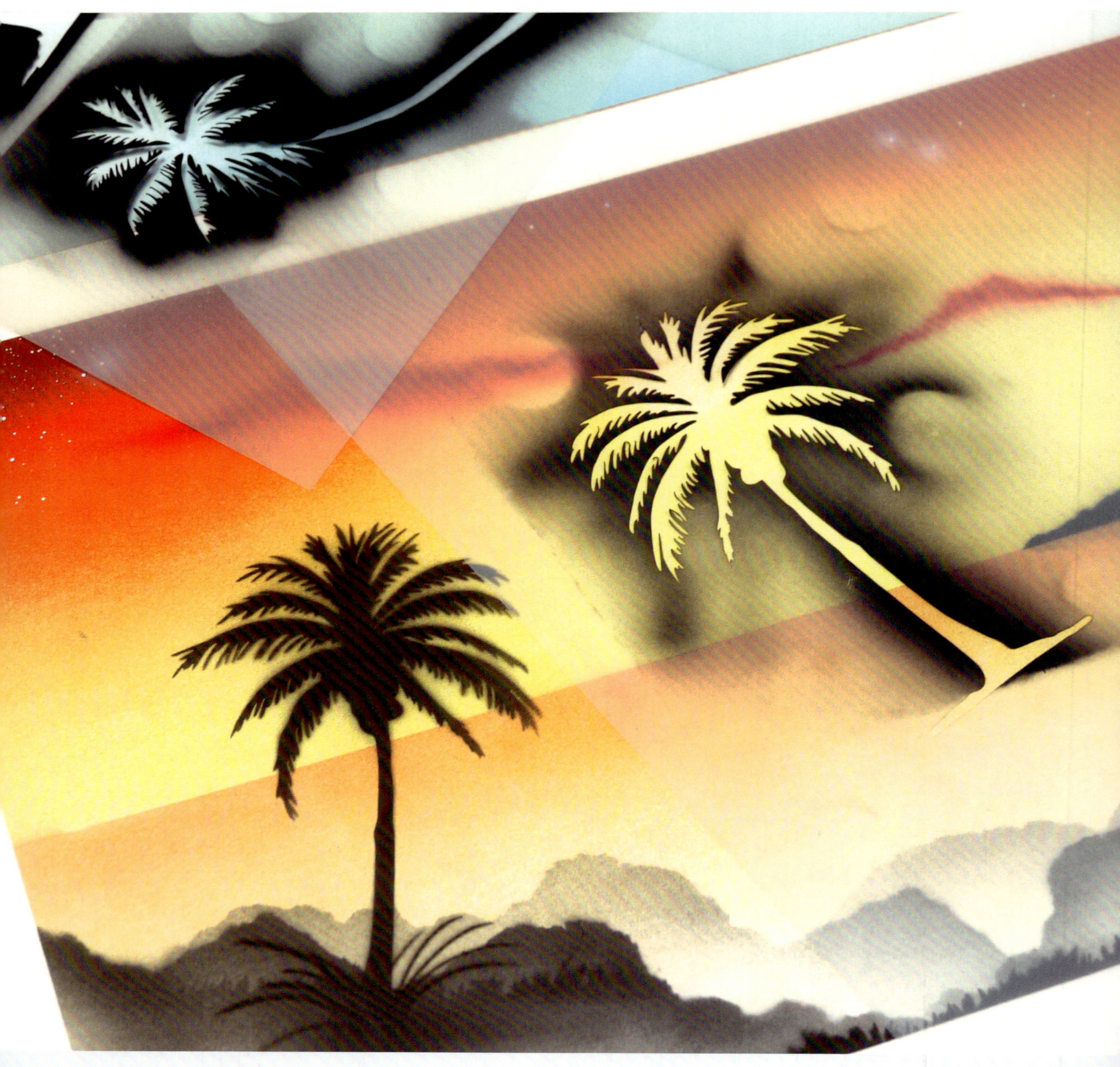

Masken und Schablonen

Mit dem Airbrushgerät arbeitet man, ohne den Malgrund zu berühren. Durch die Zerstäubung der Farbe wird ein feiner, gleichmäßiger Farbauftrag mit seichten Übergängen erreicht. Für große Flächen und sanfte Verläufe ein Segen – gleichzeitig aber auch ein Fluch: Die fliegenden Farbtröpfchen bewegen sich im näheren Umkreis ungehindert überall hin – ob gewollt oder nicht. Hier kommt die Maskierung ins Spiel. Großflächig betrachtet schützt sie Motivbereiche vor unerwünschtem Farbnebel, im Detail gesehen schafft sie eine genaue Abgrenzung von Linien und Flächen, von der einen Farbe zu einer anderen. Durch die Abgrenzung bestehen für den Betrachter Formen. Was ein Pinsel also quasi durch die Farbverteilung seiner Borsten schafft, erreicht die Maskierung durch „Abschirmung". Flexibel und vielfältig angewendet entstehen dadurch unzählige Gestaltungsmöglichkeiten für Kanten, Strukturen und ganze Motive. Grundlegend werden zwei Arten der Maskierung unterschieden: Die lose Schablonentechnik und das Arbeiten mit klebender Maskierung, die sich in vielen Fällen auch sehr gut kombinieren lassen.

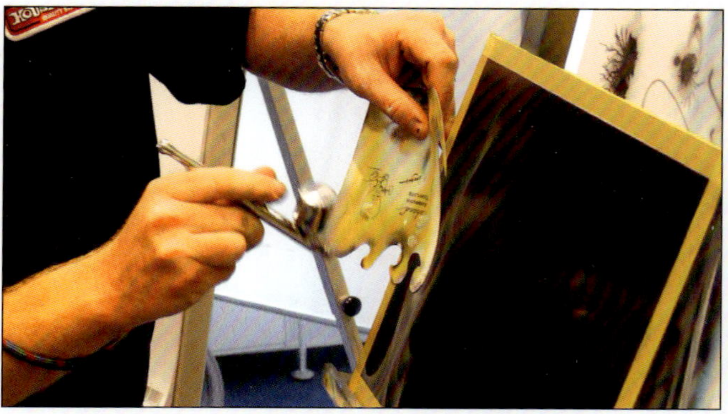

// DIE LOSE SCHABLONENTECHNIK

Eine lose Schablone kann ein normales Stück Papier sein, eine spezielle nichtklebende Folie wie z. B. Mylar oder auch einfach nur ein Gegenstand, den man auf den Malgrund setzt.

Vorteile

Der Vorteil der losen Schablonentechnik ist die hohe Geschwindigkeit, in der sie angewendet werden kann, und ihre Flexibilität. Lose Schablonen ermöglichen schnelle Positionswechsel – sogar während des Sprühprozesses, um z.B Strukturen zu erzeugen. Vor allem aber lässt sich je nach Nähe der Schablone zum Untergrund die Schärfe der Kante bestimmen: Eine angedrückte Schablone ergibt eine scharfe Kante, eine leicht angehobene/entfernte Schablone schafft eine weichere Kante, da noch ein wenig Farbe unter die Schablone gelangen kann.

Nachteile

Im Gegensatz zum Arbeiten mit klebenden Maskierungen muss der Anwender schon gut aufpassen, dass die lose Schablone nicht verrutscht, wenn ein scharfkantiger Abdruck erwünscht wird. Auch die Gefahr, dass Farbe unter die Schablone läuft, ist erheblich größer.

Anwendung

Die Anwendungsbereiche von losen Schablonen liegen vor allem im Erzeugen von Strukturen oder einfachen Grundformen wie z. B. Flammen oder Bergen. Aber auch bei der Wiederholung von grafischen Elementen und Mustern eignen sich lose Schablonen gut, da sie in der Regel mehrfach verwendet werden können. Wo klebende Materialien nur schlecht befestigt werden können, z. B. auf Textilien oder auf der Haut (beim Bodypainting), sind lose Materialien die bessere Alternative. Durch das schnelle Auflegen und Abnehmen der Schablonen, die Dreh- und Wendemöglichkeiten sowie ihre Wiederverwendbarkeit werden lose Maskierungen vor allem dort angewendet, wo es schnell gehen muss, wie z. B. beim Custom-, T-Shirt- oder Bodypainting. Aber auch lose Schablonen lassen sich je nach Untergrund mit Gewichten, Magneten oder auch mit Klebefilm fixieren. Wird die Rückseite z. B. mit Sprühkleber eingenebelt, kann eine lose Schablone auch in eine leicht klebende umgewandelt werden. Ist die Schablone jedoch sehr feinteilig oder der Untergrund stark gebogen, ist eine Anwendung aber auch manchmal gar nicht möglich.

// ARTEN UND MATERIALIEN

Fertige Schablonen aus dem Fachhandel

Im Airbrush-Fachhandel sind zahlreiche vorgefertigte Schablonen im Angebot. Diese lassen sich unterscheiden in:

• Schritt-für-Schritt-Schablonen, die dem Airbrush-Anfänger die Realisierung vorgegebener Motive vereinfachen und meist aus mehreren Teilen bestehen.

• Motivschablonen: Einfache „Scherenschnitt-Motive" werden mithilfe der Schablonen meist als Airbrush-Tattoos oder Airbrush Nail Art aufgesprüht.

• Strukturschablonen dienen Airbrush-Künstlern zum schnellen Erzeugen von Strukturen wie Holz, Planetenoberflächen oder Wasserblasen, aber auch Motivmustern (Biomechanik, Schädel, Steampunk o. ä.)

• Freihandschablonen wie Kurven- oder Kreisschablonen sind flexibel einsetzbar und dienen zur schnellen Kantenerzeugung, z. B. bei Portraits oder Flammen.

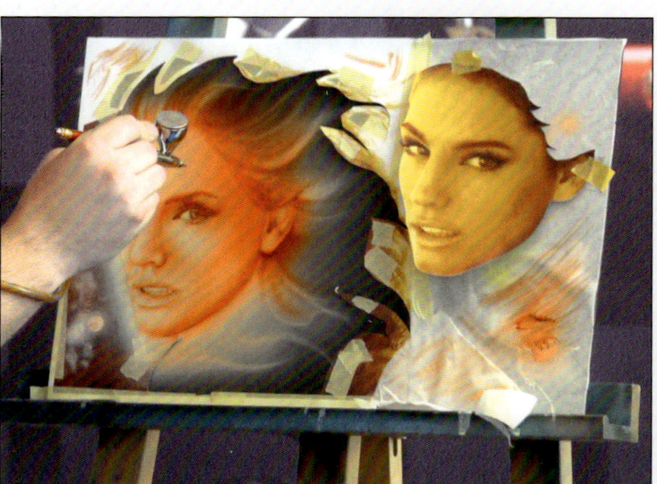

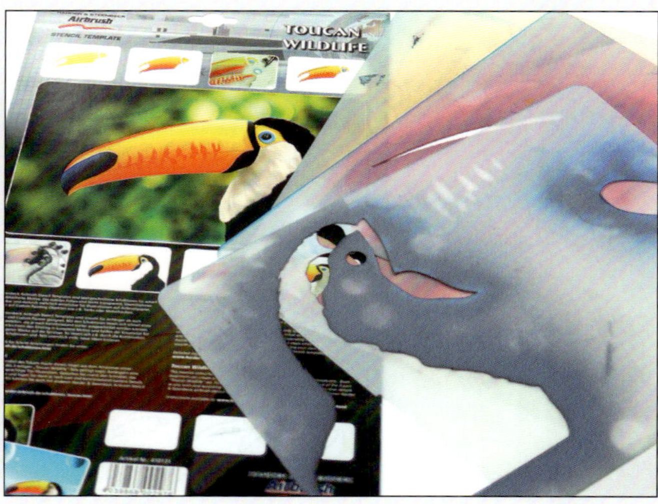

Papier

Ein Blatt Papier findet sich in jedem Haushalt. Fast alle Papiere haben eine gerade Seitenkante und können dem Künstler beim Aufsprühen von geraden Linien helfen. Wird ein Stück Papier zerrissen, ergibt sich eine interessante Kontur, z. B. für Bergstrukturen, Erdboden o. ä. Da man auf Papier auch schnell und einfach Motive zeichnen kann und es sich einfach schneiden lässt, lassen sich daraus auch sehr gut eigene Motivschablonen herstellen. Der Nachteil ist, dass so ein Bogen normales Papier recht schnell Farbe aufsaugt und durchweicht. Außerdem ist das Material nicht durchsichtig und erschwert dadurch die akkurate Positionierung der Schablone.

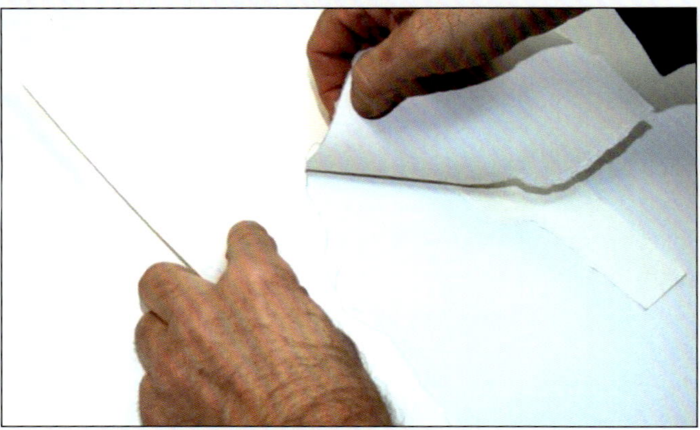

Pappe

Dünne Pappen haben ähnliche Vor- und Nachteile wie Papier. Durch die Stabilität kann diese aber öfter benutzt werden. Auch flattert das Material im Luftstrom nicht so schnell wie ein Stück Papier. Wollen Sie also Motive längerfristig anwenden, ist Pappe ein preisgünstiges Material.

Transparentpapier

Wie aus Papier und Pappe lässt sich auch aus Transparentpapier schnell und einfach eine Schablone schneiden. Der Vorteil ist zudem, dass das Motiv durch die Maskierung zu erkennen bleibt und so Konturen einfach auf das Papier zu übertragen sind. Allerdings kann auch Transparentpapier schnell die Farbe aufsaugen, sich wellen oder vom Luftstrom hochgeblasen werden – insbesondere wenn es sich um sehr dünnes Material handelt.

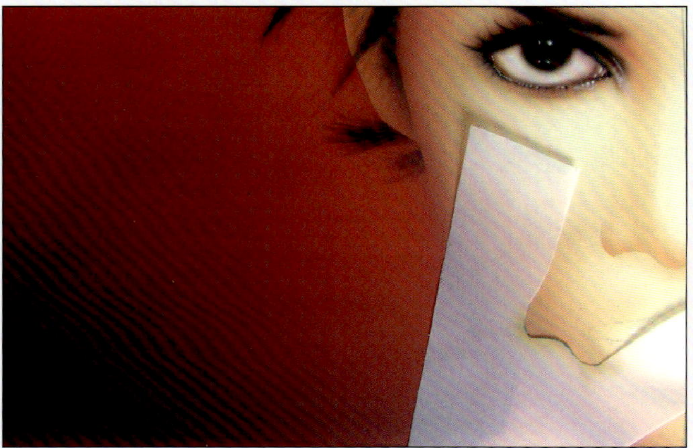

Polyester-, Acetat-, PVC- oder Mylar-Folie

Durchsichtige Folien haben den Vorteil, dass die Schablone transparent, abwaschbar, häufig wiederverwendbar und in den meisten Fällen auch lösemittelresistent ist. Im Fachhandel gibt es Transparentfolien aus verschiedenen Materialien als Bogenware im A4- oder A3-Format. Um Motive vorzuzeichnen, benutzen Sie einen permanenten Filzstift oder legen Sie beim Schneiden einfach die Konturzeichnung oder Vorlage darunter. Folien lassen sich am besten mit einem sog. Stencil Burner schneiden, einem lötkolbenähnlichen Gerät, das saubere Schnittkanten hinterlässt. Acetat kann z. B. auch nur oberflächlich mit dem Skalpell angeritzt werden und dann sauber gebrochen werden. Außerdem lassen sich Schablonen aus Folien mit einem Lasergerät oder kostengünstigen Schneidplotter herstellen. Fast alle im Handel erhältlichen Fertig-Schablonen sind aus Polyesterfolie oder dem sog. Mylar geschnitten. Neben den vielen Vorteilen haben Folien jedoch bei gekrümmten Objekten den Nachteil, dass sie sich meist nicht so gut anschmiegen und dadurch keine scharfe Maskierung bieten. Dieses Phänomen tritt z. B. häufig bei großflächigen, aber detailreichen Tattoo-Schablonen auf.

Gardinen, Bordüren, Netze, Schwämme und andere Textilien

Ungewöhnliche Strukturen erfordern ungewöhnliche Maskierungen. Oftmals liegt die Imitation der Struktur gar nicht so weit vom Original entfernt. So können Spitzen oder Textilmaschen zur Simulation entsprechender Strukturen dienen. Aber auch Omas alte Bordüren, Gardinen oder Torten-Spitzenpapier können für eigene Kreationen zweckentfremdet werden. Netze von Kartoffeln und Orangen werden häufig zur Simulation von Schuppenmustern benutzt. Der Vorteil ist, dass diese Materialien oft recht flexibel sind und sich dem Objekt anschmiegen. Darüber hinaus sind sie überall erhältlich und kosten fast nichts – außer ein bisschen Kreativität und Experimentierfreude.

Blätter, Federn, Watte, Tücher

Wollen Sie einen „Blätterwald" arrangieren, denken Sie einfach an Ihre Kindheit zurück: Draußen Laub sammeln und nicht mit der Zahnbürste, sondern mit dem Airbrushgerät herumsprühen. Ebenso funktioniert es z. B. auch mit Federn. Watte oder Zellstofftücher können dagegen z. B. genutzt werden, um weiche Kanten wie z. B. bei Wolkenkonturen zu erzeugen.

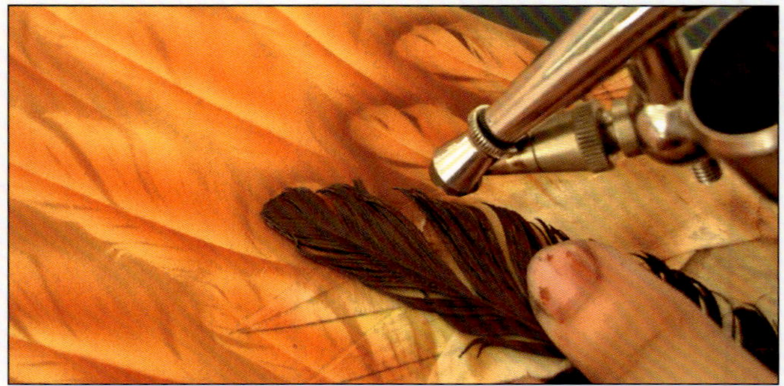

Lineale

Natürlich liegt auch die Verwendung von Linealen als Schablone nahe. Der Vorteil ist, dass diese meist schon recht gut auf einem glatten Untergrund aufliegen und in vielen Fällen recht preiswert sind. Es gibt gerade Lineale aus Metall und Plastik, Kurvenlineale (z. B. die bekannten Burmester-Lineale oder auch biegbare Kurvenlineale), Kreislineale, Geodreiecke und vieles mehr.

Andere Materialien und Formen

Neben den schon aufgelisteten Materialien können Sie natürlich alles heranziehen, was nicht niet- und nagelfest ist. Machen Sie aus Omas altem Schnapsglas oder einer alten Klebebandrolle eine Maskierung für Sonnen und Planeten, den eigenen Daumen oder einen Löffel zur Mini-Kurvenschablone.

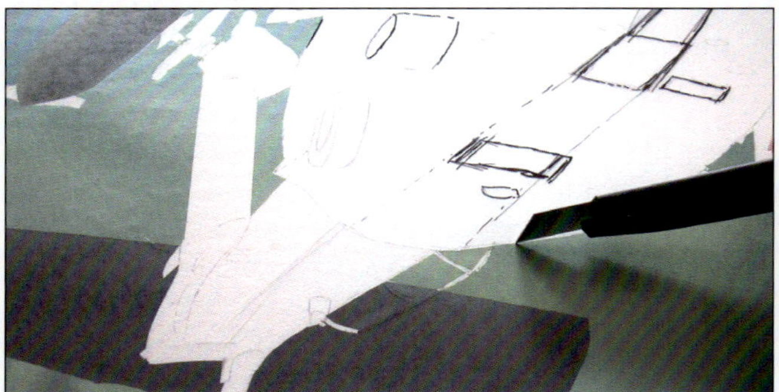

// DAS ARBEITEN MIT KLEBENDEN MASKIERUNGEN

Anders als bei losen Schablonen greift man bei klebenden Maskierungen in der Regel auf die dafür vorgesehenen Spezialprodukte aus dem Fachhandel zurück. Dort gibt es klebende Materialien in diversen Formen und mit unterschiedlicher Haftkraft.

Vorteile

Vor allem bei großen Flächen und komplexen Motiven ermöglicht die klebende Maskierung volle Bewegungsfreiheit und zwei freie Hände zum Brushen. Klebende Maskierungen können nicht verrutschen und ermöglichen auch längeres Arbeiten bei gleichbleibender Maskierung. Vor allem Details lassen sich mit klebender Maskierung sehr genau maskieren und herausarbeiten. Auf gebogenen Objekten garantiert die klebende Maskierung ein besseres Anschmiegen an den Untergrund.

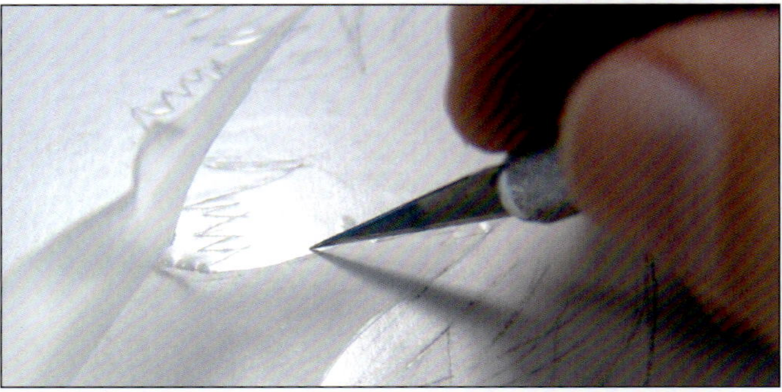

Nachteile

Je nach verwendeter Maskiersorte und Maluntergrund besteht die Gefahr, dass die klebende Maskierung die Farbe wieder anhebt oder – im Fall von Papier – sogar den Untergrund zerstört. Daher ist es in einigen Fällen ratsam, vorher erst einmal auszuprobieren, ob die Klebkraft für das jeweilige Vorhaben ggf. zu stark bzw. der Untergrund für eine klebende Maskierung geeignet ist. Farbschichten sollten dünn und nicht zu nass aufgetragen werden, da sich sonst die Farbe an den Kanten des Maskierfilms sammeln kann, darunter gesogen wird und zu Flecken und Verklebungen führt.

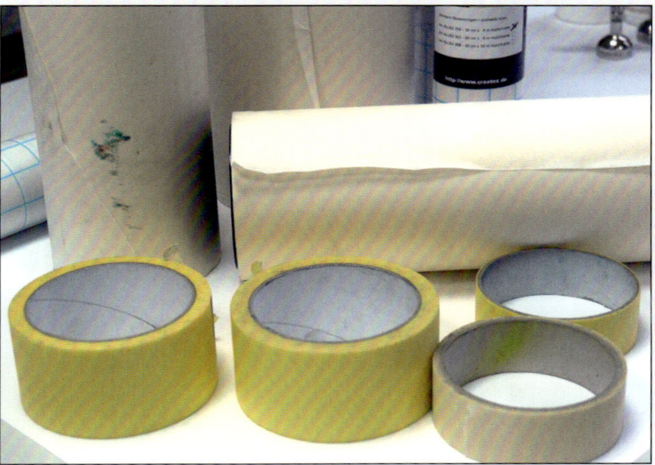

Anwendung

Klebende Maskierungen eignen sich vor allem für das Erstellen von scharfen Kanten, da sie direkt am Untergrund anliegen, sowie für den dauerhaften Einsatz von Maskiermitteln. Bei Schriftzügen kommt man um klebende Schablonen gar nicht herum – denn die Buchstabeninnenräume wären sonst gar nicht realisierbar.

// ARTEN UND MATERIALIEN

Maskierfilm

Maskierfilm ist wohl das am meisten verwendete Maskiermaterial im Airbrushbereich und wird in der Regel als Rollen- oder Bogenware angeboten. Der Maskierfilm besteht aus zwei Schichten: dem eigentlichen Maskierfilm aus einem flexiblen, meist transparenten Plastikmaterial mit einer leicht klebenden Beschichtung und der Trägerschicht, oftmals aus einem Papiergemisch mit einem farbigen Rasteraufdruck. Manche Hersteller bieten auch verschiedene Haftungsstärken sowie matte oder glänzende Ausführungen an. Im Idealfall lässt sich der Maskierfilm rückstandslos und ohne Anheben von Farbe vom Malgrund abziehen. Sowohl auf der Maskierfilmseite als auch auf der Trägerschicht kann mit einem weichen Bleistift, Kugelschreiber oder permanenten Filzstift skizziert werden. Das Skizzieren auf der Maskierfilmseite ist deutlich einfacher, da es kein spiegelverkehrtes Ergebnis gibt. Bei einigen Motiven ist es auch notwendig, zunächst die Maskierfolie auf den Malgrund zu bringen und dann darauf die Skizze zu zeichnen und zu schneiden. Dies erfordert ein wenig Übung, vor allem wenn man die Malfläche nicht zerstören möchte. Maskierfilm lässt sich am besten mit einem Skalpell schneiden, aber auch mit einem Schneidplotter verarbeiten.

Transferfolie / Application Tape (REGUPac / REGUsign)

Die aus der Fahrzeugbeschriftung bekannte Transferfolie eignet sich sehr gut für großflächiges Maskieren. Transferfolien werden meist in Rollenform geliefert, sind in verschiedenen Maßen, Stärken und je nach Material (Papier/PVC) wahlweise mit oder ohne Trägerfolie erhältlich. Vor allem auf gewölbten, festen Untergründen ist sie flexibler als Maskierfilm. Weitere Vorteile sind die beschreibbare Oberfläche und der – verglichen mit Maskierfilm – günstige Preis. Allerdings ist das Material nicht durchsichtig.

Abdeckband

Vor allem im Bereich des Custom Paintings wird häufig mit Abdeckband (oder Malerkrepp) gearbeitet. Diese Klebeband-Art gibt es in unterschiedlichen Breiten (meist wenige Zentimeter), Zusammensetzungen und mit verschiedenen Haftungseigenschaften. Es ist ideal zum Abdecken von Karosserieteilen, aber auch zum normalen Illustrieren auf Metallflächen. Passepartout-Ränder können damit sehr schnell kreiert werden. In Verbindung mit Abdeckpapier lassen sich große Flächen z. B. auch bei der Wandgestaltung zügig maskieren. Bei der Auswahl ist darauf zu achten, dass sich das verwendete Abdeckband ohne Klebespuren wieder ablösen lässt.

Linierbänder

Professionelle Feinlinierbänder eignen sich zum scharfkantigen Maskieren bei engen Radien wie z. B. bei Hot-Rod-Flames. Im Unterschied zum Abdeckband sind Linierbänder nur wenige Millimeter breit und aus einem noch flexibleren PVC-Material. Technisch gesehen bietet das Linierband oft die Basis für grafische Linienmuster oder den Randverlauf weiterer Maskierungen mit breiteren Abdeckbändern oder Abdeckpapier.

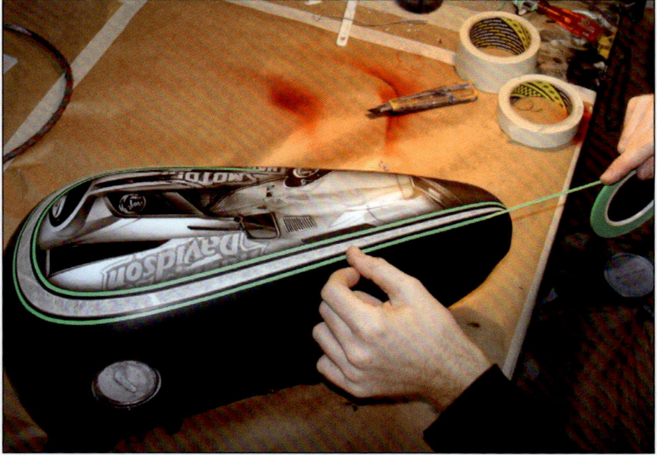

Flüssigmaskierfilm

Der auch als „Rubbelkrepp" bezeichnete Flüssigmaskierfilm ist eine farblose Maskierflüssigkeit, der sich mit Pinsel, Holzstäbchen und ähnlichem auftragen lässt. Die Maskierung trocknet gummiartig auf und sollte erst nach vollständiger Trocknung mit Farbe überarbeitet werden. Nach dem Malen der jeweiligen Bereiche lässt sich die Masse wieder abziehen, indem man sie mit dem Finger oder Radiergummi abrubbelt. Flüssigmaskierfilm ist besonders geeignet für kleine Details (z. B. Reflexionen), die man mit dem Maskierfilm nur schwer ausschneiden kann. Aber auch zum Abkleben an schwer zugänglichen Stellen (wie z. B. im Modellbau) ist er empfehlenswert. Einige Flüssigmaskierfilme können auch aufgesprüht werden; außerdem gibt es eingefärbte Sorten, damit die maskierte Stelle besser wiederzuerkennen ist.

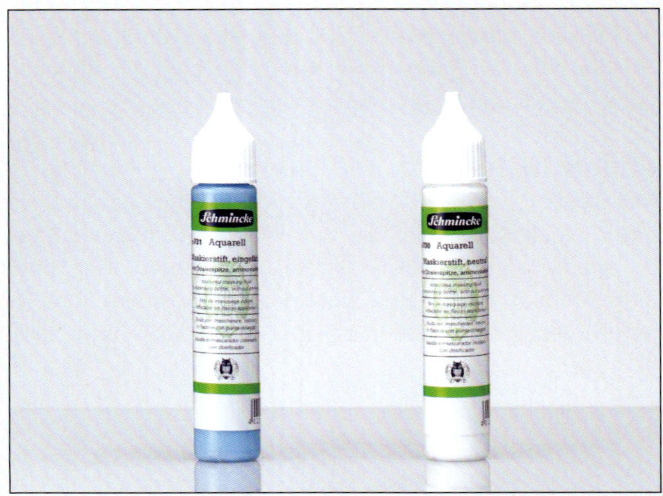

Fertige Schablonen aus dem Fachhandel

Vorgefertigte, klebende Maskierungen sind nur in den Bereichen Nail Art und Tattoo zu finden. Gelaserte Motive werden dabei wie kleine Aufkleber auf einer Trägerfolie ausgeliefert. Solche klebenden Schablonen sind eher schwach klebend und lassen sich daher nach Angaben der Hersteller durchaus auch mehrfach verwenden.

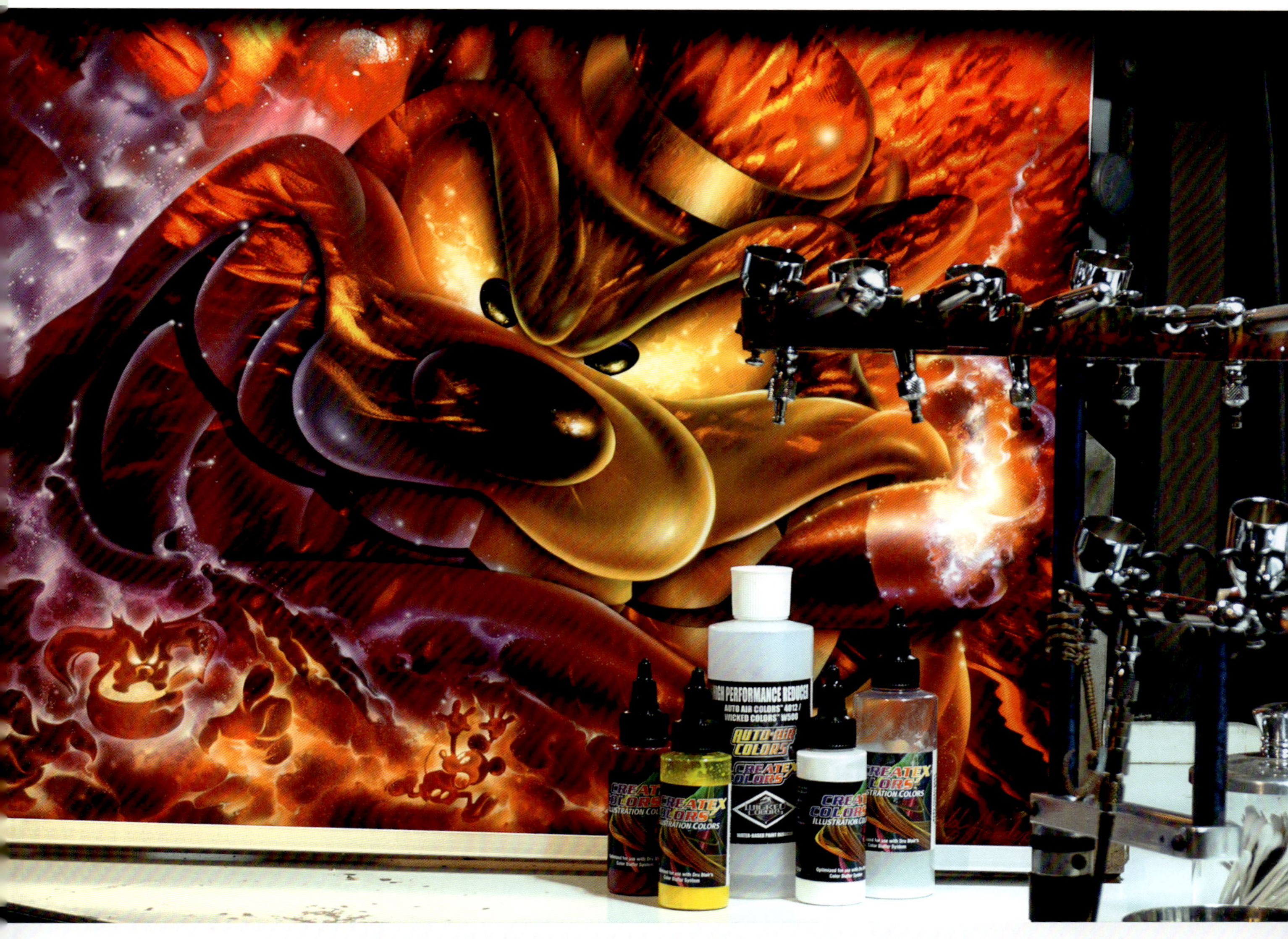

Der perfekte Arbeitsplatz zum Airbrushen

Egal, ob Sie Airbrush als Hobby betreiben oder ein professioneller Künstler sind: Die Anforderungen für das Anwenden der Airbrush-Kunst sind hoch. Eine Statistik des Airbrush Step by Step Magazins hat gezeigt, dass in großen Städten mit ggf. weniger Platz in der Mietwohnung deutlich weniger gesprüht wird als im ländlichen Raum, wo das Einfamilienhaus z. B. über Hobbyraum oder Garage verfügt. Je nach dem, welcher Airbrushdisziplin Sie nachgehen – ob nun Fine Art, Custom Painting, Modellbau oder Nail Design, können die Anforderungen an das „Airbrush-Atelier" natürlich variieren. Die Rüstzeit, um Airbrush in Betrieb zu nehmen, ist umfangreich, daher sollte auch das Einrichten des Arbeitsplatzes gut überlegt sein. Dabei gilt es auch, Unterbrechungen im Airbrushprozess zu bedenken, wenn man z. B. sein Motiv mal einige Tage liegen lassen möchte. Es geht aber auch um die richtige Beleuchtung, Luftversorgung bis hin zur Abluft.

// RAUM UND PLATZBEDARF

Unabhängig von der Raumgröße sollte der eigentliche Arbeitsplatz ausreichend Raum für das verwendete Airbrush-Equipment, Tisch, Kompressor und ggf. Staffelei haben. Überlegen Sie, welche Motivgrößen Sie bearbeiten möchten. Arbeiten Sie eher auf Motorhauben, brauchen Sie natürlich mehr Platz und Abstellflächen, als wenn Sie auf einem kleinen Reinzeichenkarton oder ein RC-Modell sprühen. Ist das Zimmer zu klein, kann es bei großen Farbverläufen zu unangenehmem Farbnebel kommen. Daher sind Fenster zur Belüftung trotz evtl. verwendeter Luftabsauganlage und Atemmasken unabdingbar. Bedenken Sie auch, dass sich der feine Farbnebel im Raum niederlegt und ggf. zu Verschmutzungen führt.

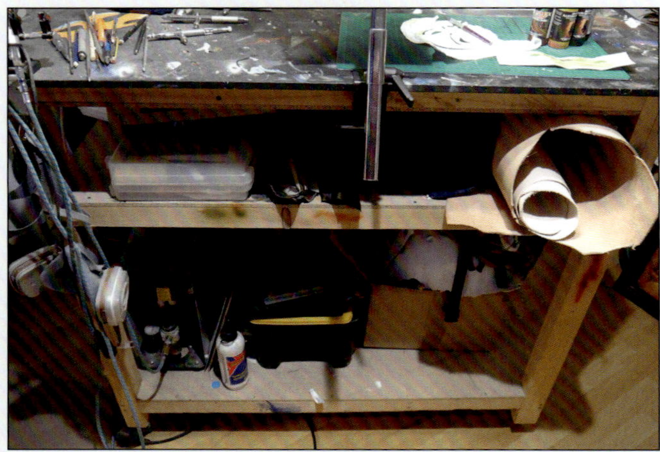

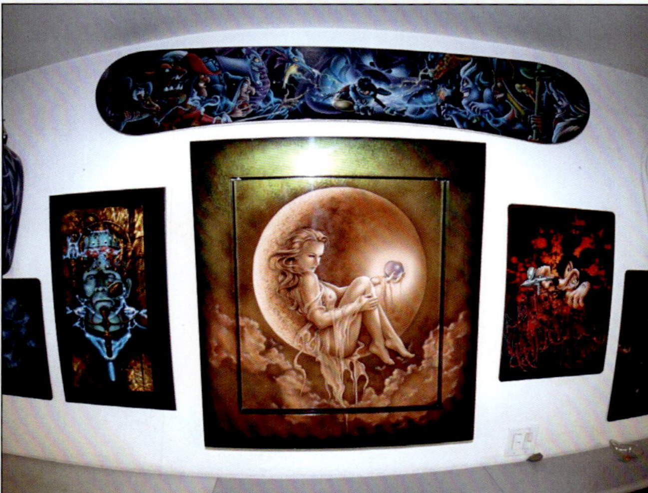

Sie sollten also nicht gleichzeitig in dem Raum Ihre frisch gewaschene Wäsche oder hochwertige Bücher lagern. Sollte Farbe heruntertropfen oder das Kondenswasser am Kompressor abgelassen werden, ist es außerdem ratsam, einen Fußbodenbelag zu haben, den man auch einfach abwischen kann.

// LUFT UND TEMPERATUR

Die Temperatur im Arbeitsraum sollte natürlich angenehm sein, aber auch nicht zu hoch. Der Kompressor kann überhitzen und sich Kondenswasser im Schlauch bilden, das auf Ihr Bild „gespuckt" wird. Dies passiert ebenso bei sehr hoher Luftfeuchtigkeit. Zur Sicherheit sind an den meisten Kompressoren sogenannte Wasserabscheider eingebaut, die entstehendes Wasser herausfiltern. Manche Künstler gehen auf Nummer sicher und installieren zusätzlich noch einen Wasserabscheider am Airbrushgerät. Darüber hinaus können in zu heißen Räumen (z.B. auf dem Dachboden im Sommer) oder bei hoher Sonneneinstrahlung dort gelagerte Farben verdunsten. Ist es dagegen zu kalt (z.B. Hobbykeller im Winter), können Maskierfolien ihre Klebeeigenschaften verlieren.

Die erste Maßnahme für eine angenehme Luft im Arbeitsraum ist auch die Verwendung eines Cleanpots. Dieser verhindert beim Aussprühen von überschüssiger Farbe und Reinigungsmittel Sprühnebel und Dämpfe. Absauganlagen sind ebenfalls hervorragende Helfer, wenn es darum geht, Farbnebel zu filtern und die Raumluft zu optimieren. Vor allem bei der Erstellung von größeren Farbverläufen in kleineren Räumen, in denen nicht unmittelbar ein Fenster in der Nähe ist, sind Absaugungen zu empfehlen.

In diesem Zusammenhang stellt sich auch die Frage nach der Notwendigkeit einer Atemmaske: Dies ist u.a. abhängig von der verwendeten Farbsorte und dem eigenen Empfinden. In den Sicherheitsdatenblättern der Farbhersteller sind entsprechende Hinweise verankert. Grundsätzlich wird zum Tragen einer Schutzmaske geraten. Zwar sind die Farben teilweise in der Lieferform nicht gesundheitsschädlich, gelangen aber dennoch durch die Feinstzerstäubung über die Atemluft in die Lunge. Dabei können dann Allergien oder Atemwegserkrankungen ausgelöst werden. Hier reicht aber schon eine Maske mit Partikelfilter, die die Farbpartikel aus der Atemluft herausfiltert. Bei der Verwendung von Lacken wie z.B. aus der Automobilindustrie sind aufgrund der enthaltenen Lösungsmittel sowieso entsprechende Atemschutzmasken mit Filter zu tragen.

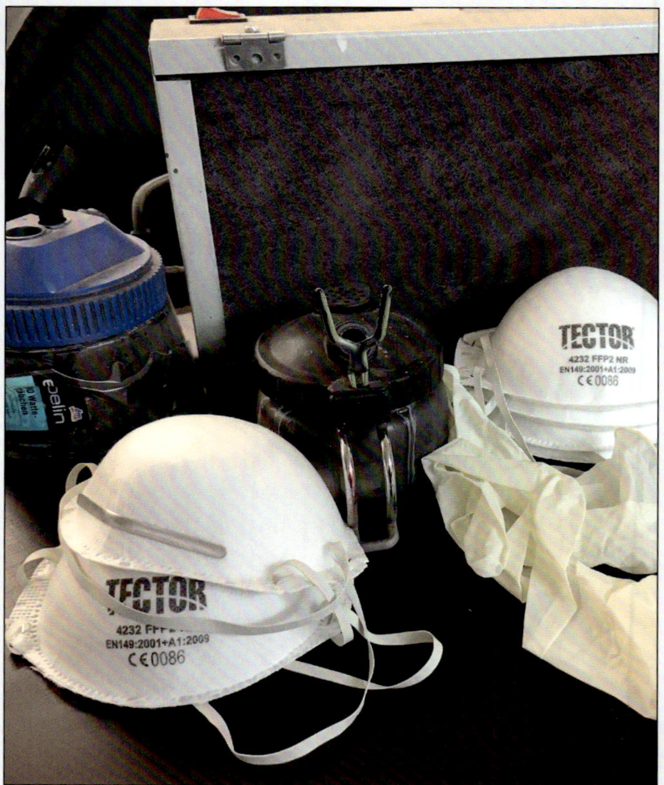

// BELEUCHTUNG

Das natürliche Tageslicht ist natürlich optimal zum Erstellen von Airbrush-Werken. Wenn man die Wahl hat, wäre ein Nordfenster ideal. Dies bietet ausreichend Licht, aber keine direkte Sonneneinstrahlung. Es ist aber recht unrealistisch, dass man nur bei Tageslicht arbeitet. Daher ist

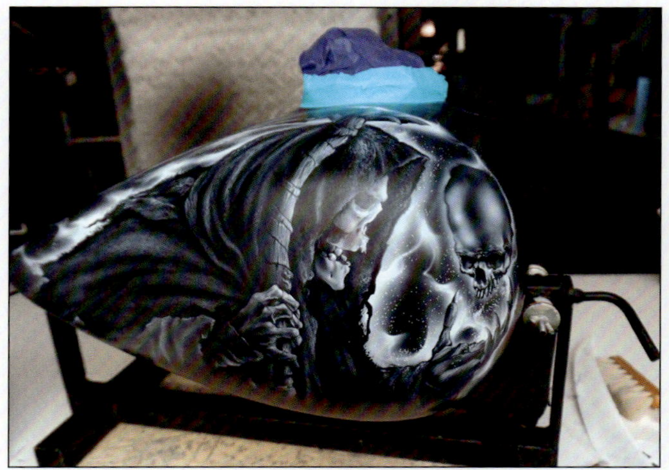

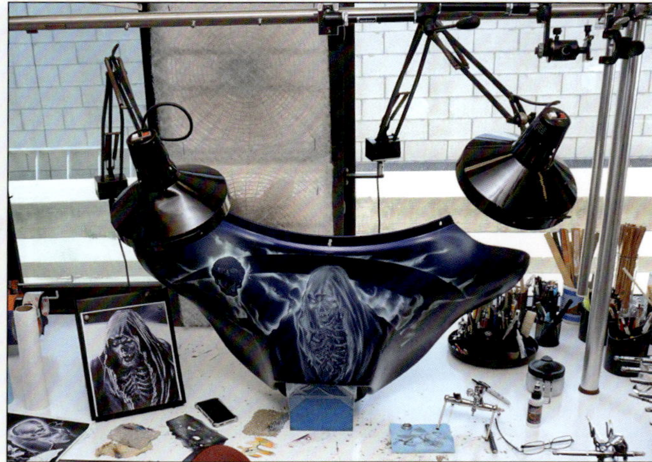

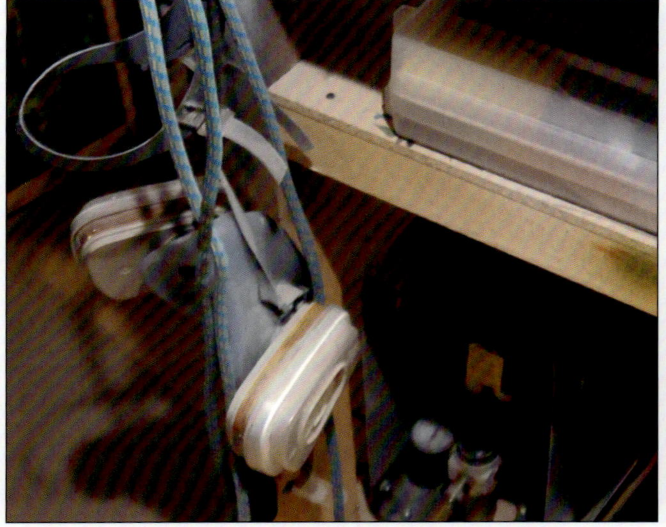

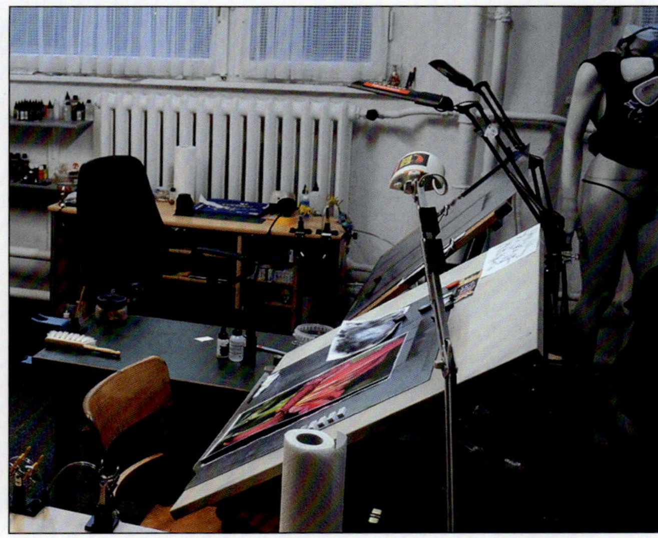

eine künstliche Beleuchtung unerlässlich. Herkömmliche Deckenlampen sind häufig allerdings nicht ausreichend oder liefern ein zu gelbliches Licht. Da empfiehlt es sich, andere oder zusätzliche Leuchtmittel zu verwenden, wie z.B. Leuchtstoffröhren oder Tageslichtlampen. Mit speziellen Tageslicht-Schreibtischlampen (stehend oder zum Anklemmen) lässt sich auch direkt am Tisch und an der Staffelei eine perfekte Ausleuchtung erhalten und so ermüdungsfrei auch bei dunklerer Grundbeleuchtung agieren. Zur Zeit kommen dabei LED oder spezielle Energiesparlampen zum Einsatz, die Tageslicht simulieren. Bei der Anbringung ist zu beachten, dass die Hand keinen Schatten auf die Stelle wirft, die man gerade bearbeitet. Ist das Licht zu hell, entsteht eine falsche Farbwahrnehmung und das Bild wird ggf. in der späteren Tageslichtbetrachtung zu dunkel.

// TISCH

Der Arbeitstisch sollte natürlich ausreichend groß sein, um Motive oder Objekte in gewünschter Größe zu realisieren. Außerdem muss Platz sein, um die zu verwendenden Farben, Airbrushhalter, Cleanpot, Spritzapparate und Co. aufzunehmen. Im Umgang mit Maskierfilm wird auch zusätzlicher Raum ums Bild herum benötigt, um ggf. auch Maskierfolienteile auszulagern. Zusätzliche Flächen für weiteres Zubehör sind ebenfalls wünschenswert, egal ob für lose Schablonen, Radierstift, Skalpelle oder weitere Farben. Kleine, ggf. rollbare Tische ermöglichen hier die Flexibilität im Raum.

Arbeiten lässt sich auf horizontaler Fläche oder auf einer angeschrägten Ebene. Sogenannte Zeichentische bieten die Möglichkeit, die Arbeitsplatte in unterschiedlichen Winkeln zu positionieren. Dies ist ergonomisch und oft besser für Betrachtungswinkel und Lichteinfall. Montiert oder legt man zusätzlich eine Metallplatte auf den Tisch, lassen sich Schablonen oder Fotovorlagen mit Hilfe von Magneten auf dem Malgrund fixieren. Das ist sehr praktisch, vor allem wenn man mit losen Schablonen arbeitet. Für die Farbwahrnehmung ist es oft besser, keine rein weiße Tischplatte/Untergrund zu nutzen. Da die Farbe beim Brushen auch häufig mal neben dem Bild landet, ist eine zusätzliche Abdeckung durch Papier empfehlenswert, die man jederzeit erneuern kann, wenn es ekelig aussieht.

Zum Sitzen eignet sich idealerweise ein Drehstuhl mit Rollen. Das hat den Vorteil, dass bei komplexeren Sprühbewegungen der Körper besser folgen kann. Wer besonders

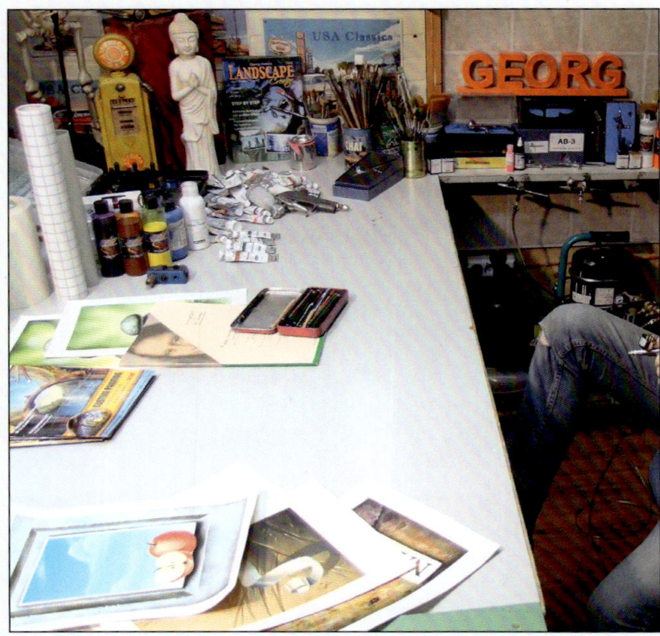

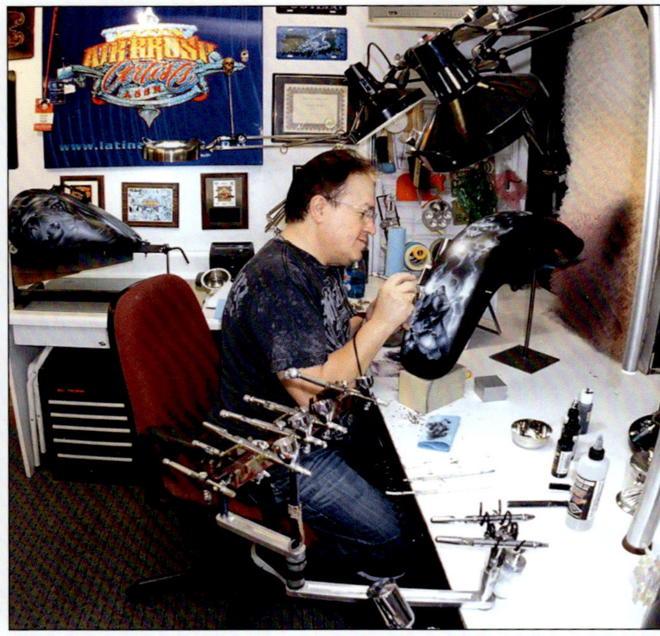

großformatig oder auf Leinwand malt und auf komplexe Maskier-, Radier- oder Kratztechniken verzichtet, kann auch auf eine Tisch- oder freistehende Staffelei zurückgreifen. Meist ist dies eine Frage des Geschmacks und der Gewöhnung, ob man lieber horizontal auf dem Tisch oder vertikal an der Staffelei arbeitet.

// ZUBEHÖR

Bevor man mit dem Airbrushgerät loslegen kann, sollte man darauf achten, dass auch eine Reihe von grundlegenden und praktischen Hilfsmitteln zur Hand ist. Das können Lineale, spezielle Schablonen, Stifte oder auch Radierer und Zeichenbesen sein. Zur Standardausrüstung eines Airbrush-Künstlers zählt vor allem ein Skalpell zum Schneiden von Masken und Maskierfolien, aber auch zum Schaben von Details und Strukturen. Hierbei sollten immer ausreichend Ersatzklingen bereit sein, da sich eine Klinge sehr schnell abnutzt. Cutter und Kreisschneider sind ebenfalls hilfreich und sollten im Sortiment nicht fehlen. Airbrush-Motive entstehen häufig in Mischtechnik, daher werden Pinsel in unterschiedlicher Qualität, Größe und Ausführung benötigt – sei es, um kleine Details und Kor-

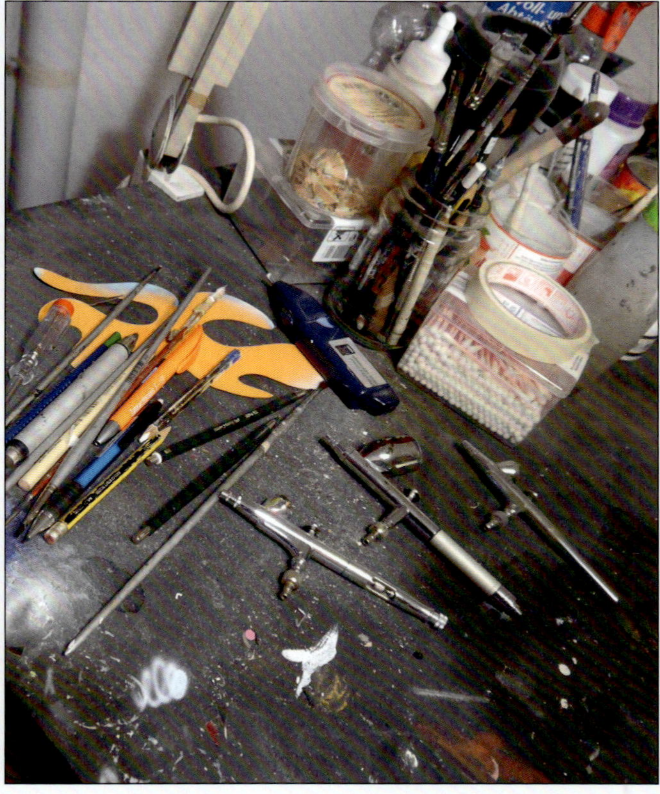

rekturen vorzunehmen, oder direkt zum Farbenmischen und Befüllen des Gerätes. Zur Reinigung des Gerätes kann zum Beispiel ein Borstenpinsel sehr nützlich sein. Zur Kontrolle des Airbrushgerätes auf Schäden ist auch eine Lupe empfehlenswert. Wasser- und Mischbehälter, egal ob ehemaliges Senfglas, Kaffeebecher oder Mischpalette, sind ebenfalls unabdingbare Begleiter im Malprozess. Die Liste der Grundausstattung kann durch viele weitere Kreativ-Hilfsmittel oder auch Haushaltsartikel vervollständigt werden: von der Küchenrolle, Schleiffließ, Nassschleifpapier, über Zange, Holzstäbchen, bis hin zur Spülmittelflasche oder dem Übertragungspapier.

// TECHNIK

Vor allem bei der Motivübertragung, Planung und Ausarbeitung sind auch technische Hilfsmittel vorteilhaft. Klassisch ist da ein Leuchttisch, Paxiskop oder Tracer. Heute gehören eher Computer/Laptop und Beamer zum Standard. Moderne Arbeitsplätze sind sogar mit Grafiktablett, Pendisplays oder Tablets zur Vorlagenerstellung ausgestattet. Referenzen können durch Ausdrucke oder Tablets direkt zum Illustrieren herangezogen werden. Zur Dokumentation des Arbeitsprozesses und zur Präsentation in sozialen Netzen nutzt man eine Digitalkamera oder verfügbares Smartphone.

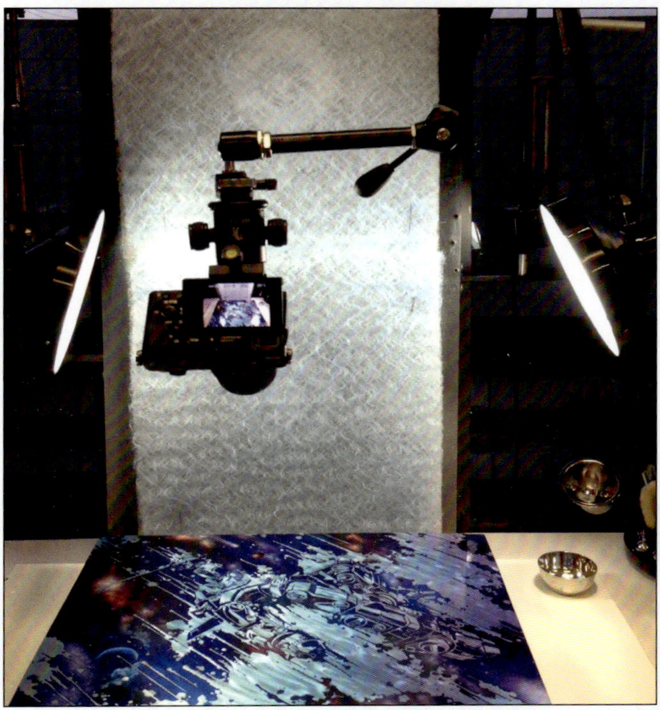

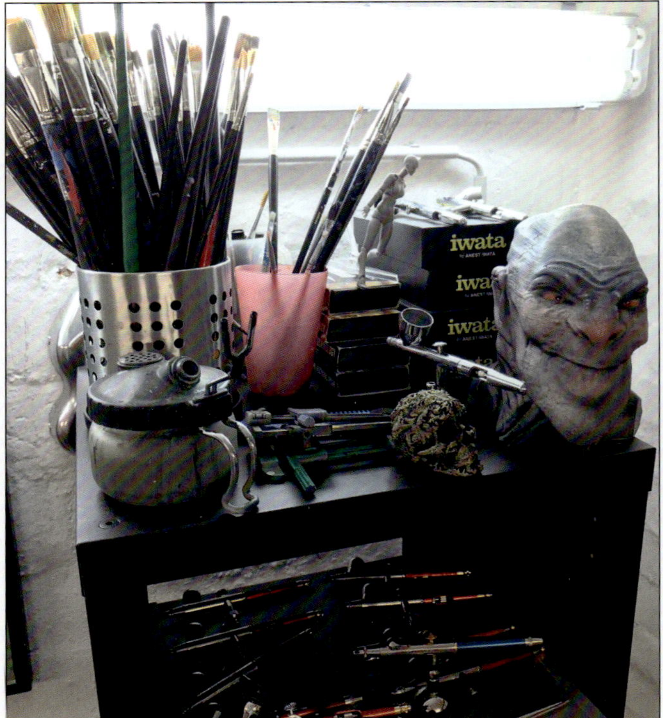

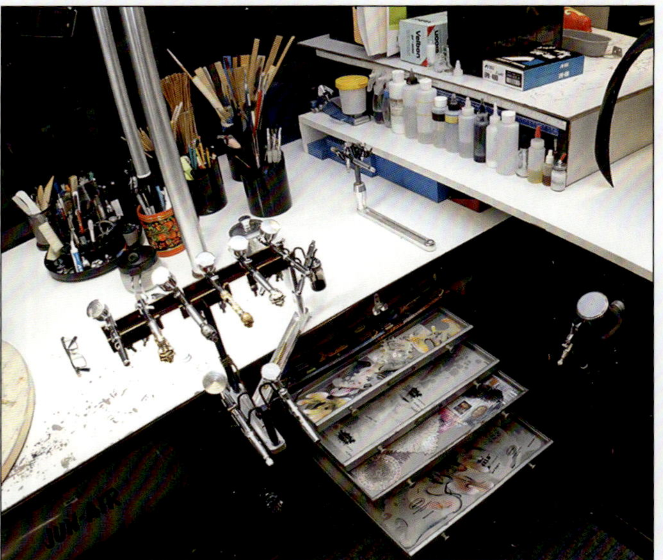

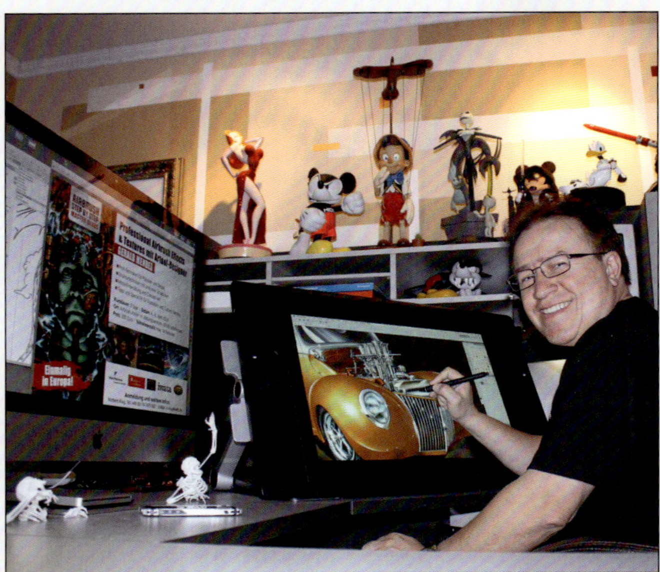

Fotos:
Gerald Mendez, Marcus Eisenhuth, Bas Maatjes, Georg Huber, Roger Hassler

SO ARBEITEN AIRBRUSH-KÜNSTLER:

1 Gleich in meinem Rücken steht eine große, stabile Staffelei, an der ich meine größeren Projekte wie große Leinwände, Motorhauben oder zuletzt ein Surfbrett gestalten kann. Ich habe bis vor zwei Jahren eigentlich nur an der Staffelei gearbeitet. Dann hab ich aber irgendwann festgestellt, dass mir das doch ganz schöne Rückenprobleme auf Dauer bereitet.

2 Zwei Kompressoren, links ein „großer" 50/24, an dem ich auch mal meine Minigun anschließen kann, und rechts ein leistungsstarker ölfreier Kompressor! Teilweise habe ich fünf Airbrushes direkt am Schlauch angeschlossen, um noch effizienter arbeiten zu können.

3 Licht ist ein wichtiges Thema. Für mich kommt da nur ein Mix aus „gelbem" und „weißem" Licht in Frage. An der der Decke habe ich eine Fassung, an der drei Leuchtstoffröhren montiert sind, zwei „weiße" und eine „gelbe", um ein angenehmes Umgebungslicht zu schaffen. Reine Tageslichtlampen sind meiner Meinung nach, wenn man z. B. bis in die Nacht arbeitet und die Umgebung völlig dunkel ist, auf Dauer sehr anstrengend für die Augen.

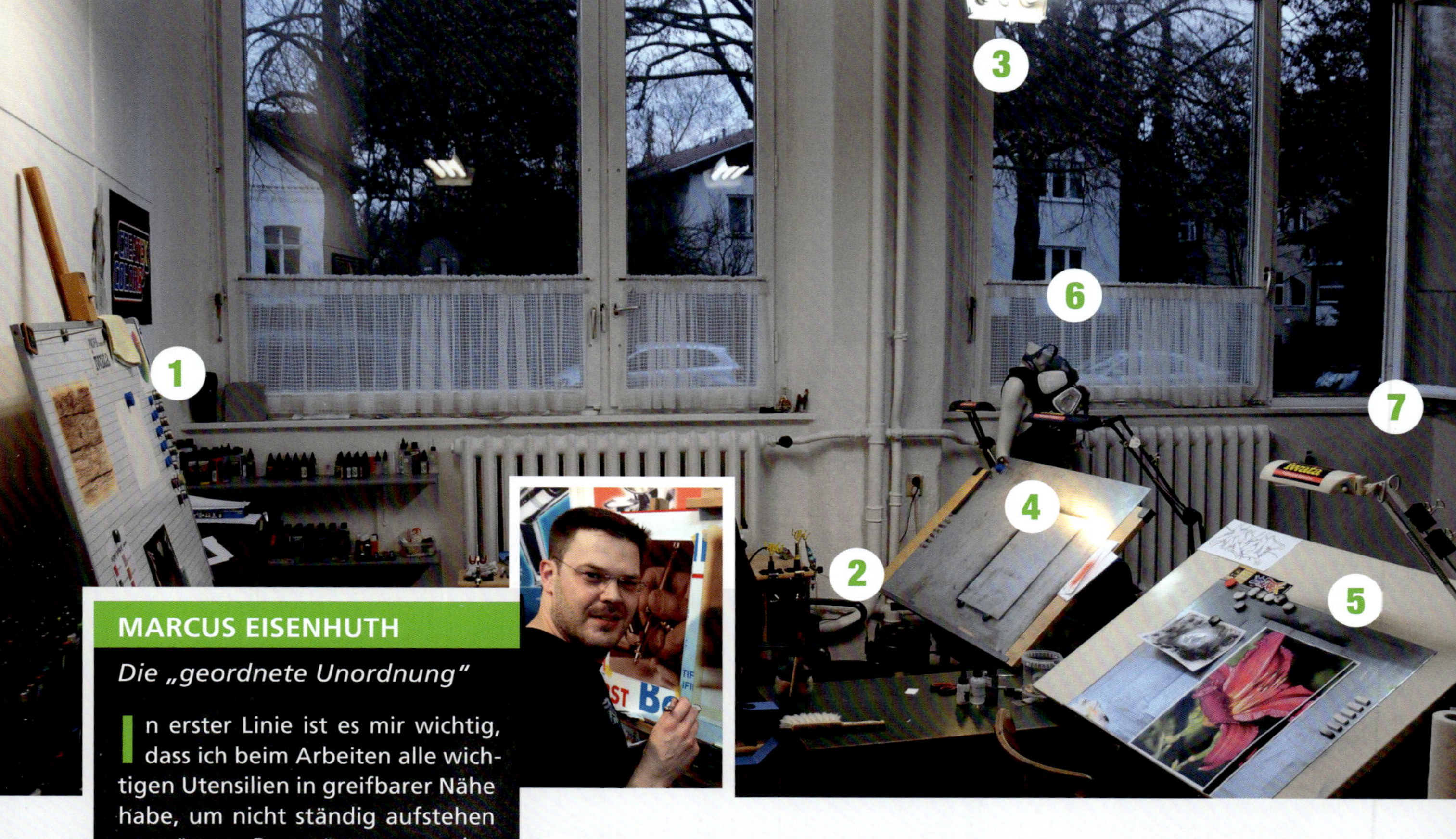

MARCUS EISENHUTH

Die „geordnete Unordnung"

In erster Linie ist es mir wichtig, dass ich beim Arbeiten alle wichtigen Utensilien in greifbarer Nähe habe, um nicht ständig aufstehen zu müssen. Das stört extrem den Arbeitsfluss!

5 Der Tisch ist mit einer verzinkten Metallplatte versehen, damit ich, wenn nötig, lose Schablonen mit Hilfe von Magneten auf meinem Malgrund befestigen kann.

4 Mein Arbeitsplatz muss flexibel sein, deswegen der neigbare Tisch. Ich habe für mich festgestellt, dass ich bei einem Neigungswinkel von ca. 45 Grad die angenehmste Position zum Sprühen habe. An dem Tisch kann ich alles machen, ob Leinwand, Karton, Helm oder Tanks.

6 Um mich vor Farbnebel zu schützen, nutze ich für den alltäglichen Gebrauch die RZ Maske. Bei größeren Arbeiten mit der Minigun oder Sprühdose nehme ich eine Halbmaske von 3M.

7 An meinem Arbeitsplatz habe ich links und rechts direkt am Tisch jeweils eine Lampe. Da das natürliche Tageslicht (Fenster) bei mir von links kommt, habe ich zusätzlich an meinem Tisch eine „weiße" Lampe rechts und eine „gelbe" Lampe links montiert.

Website: www.berlin-airbrush.de

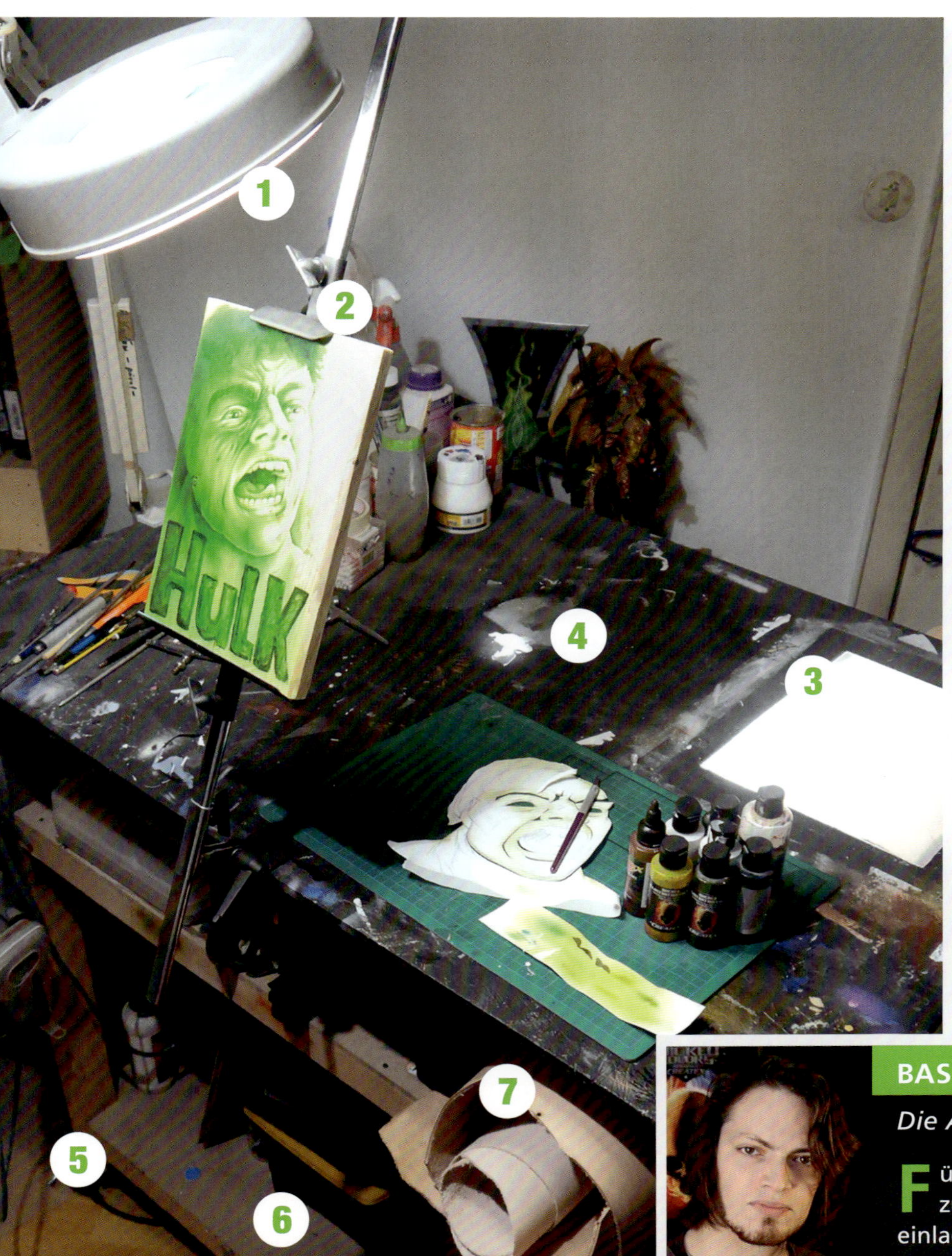

1 An dem Arbeitstisch ist eine Lupenlampe montiert (eine Ringlampe mit Lupe in der Mitte, wie z.B. ein Juwelier oder Uhrenmacher sie hat), damit ich schwenkbares Licht habe, so wie es gerade benötigt wird.

2 Wenn ich Leinwände oder Platten bemale, benutze ich eine Tischstaffelei, die ich wie einen Notenständer an die Tischkante klemmen kann. Durch die Höhe meines Tisches komme ich so auf die normale Staffeleihöhe und kann auch gut im Stehen arbeiten. Eine normale Staffelei ist mir mit den drei Beinen zu klobig und groß.

3 Ich habe einen Leuchttisch in der Oberfläche integriert, falls Motive mal kombiniert oder übertragen werden müssen.

4 Auf der Arbeitsfläche habe ich genug Platz, auch größere Projekte zu bearbeiten, und kann Farben, Schneidematte und ähnliches bequem hinstellen.

BAS MAATJES

Die Arbeitsinsel

Für mich muss ein Arbeitsplatz offen zugänglich sein. Er muss zum Arbeiten einladen, Freiraum für die Kreativität lassen und auf keinen Fall einengen oder den Workflow einschränken. Für mich ist es extrem wichtig, meine Idee umzusetzen, ohne über das „Wie" nachzudenken.

5 Zum Arbeiten habe ich eine recht große Werkbank (120 cm x 110 cm x 80 cm) auf Rädern, weil ich von jeder Seite an meinem Projekt arbeiten können muss. Gerade beim Custom Painting sollte man sein Objekt aus verschiedenen Richtungen betrachten können. Darüber hinaus kann ich je nach Tageszeit den Tisch zum Fenster drehen, um das Tageslicht auszunutzen.

6 Auf der unteren Ebene steht mein Airbrushkompressor zusammen mit dem Werkzeugkasten und dem Plotter. Dadurch habe ich die Möglichkeit, den Luftdruck direkt am Kompressor einzustellen, ohne eine zusätzliche Luftregulierungzu verwenden. Auf diese Art verschwende ich auch nichts vom Schlauch, da der Weg zum Kompressor so am kürzesten ist.

7 Dann gibt es eine weitere Ebene, wo zusätzlich nochmal Stauraum für Skizzen, Vorlagen und Zubehör wie Pinsel und Skapell ist.

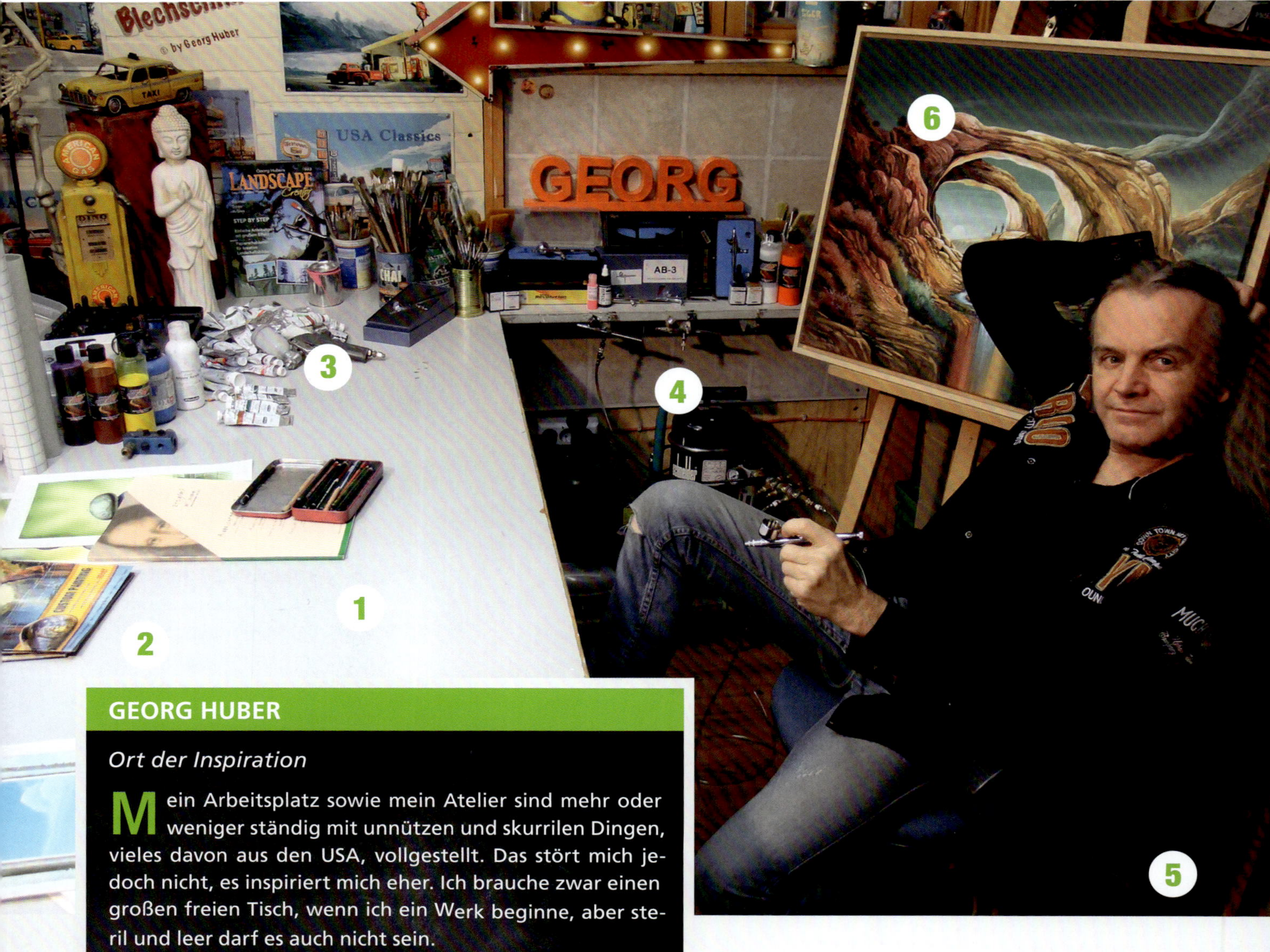

GEORG HUBER

Ort der Inspiration

Mein Arbeitsplatz sowie mein Atelier sind mehr oder weniger ständig mit unnützen und skurrilen Dingen, vieles davon aus den USA, vollgestellt. Das stört mich jedoch nicht, es inspiriert mich eher. Ich brauche zwar einen großen freien Tisch, wenn ich ein Werk beginne, aber steril und leer darf es auch nicht sein.

1 Mein Hauptarbeitsplatz besteht aus einem 2 m x 1,20 m großen Tisch, an den sich unmittelbar im rechten Winkel ein 2,30 x 0,80 m langer Ablagetisch anschließt.

2 Ich brauche viele Ablagemöglichkeiten rund um das sich in Arbeit befindende Werk, z. B. für die Materialien, aber auch für meine Referenzfotos. Gutes Licht direkt über dem Arbeitsplatz ist ebenfalls sehr wichtig für mich. Mein Arbeitsplatz schließt direkt an ein übergroßes Fenster an. Dieses 1,40 x 3,30 m große Glasmonster lässt sich leicht kippen und sorgt immer für ausreichende Belüftung.

3 Ständig im Einsatz: Flach- und Rundpinsel, Acrylfarbe, Airbrushfarbe, Malstock, Konturklebeband in allen Breiten, oft auch anstelle von Maskierfolie, Transparentpapier, Skalpelle etc.

4 Meist habe ich zwischen drei und fünf Pistolen mit verschiedenen Düsen angeschlossen. Meine drei Kompressoren stehen direkt an der Seite, sodass ich jederzeit Zugriff auf die Regler habe.

5 Unentbehrlich ist auch der rote Kühlschrank in meinem Atelier. Er ist ständig gefüllt mit Getränken wie Eistee, Cola und Wasser in kleinen Portionen, wie in einem Kiosk, für die Energie zwischendurch.

6 Zum Arbeitsplatz gehören noch ein Leuchttisch zum Durchzeichnen und eine Staffelei. Meist sprühe ich jedoch lieber auf dem Tisch. Das kommt aus meiner Zeit, als ich in den 80er Jahren noch Autolackierer war und ich beim Lackieren auf liegenden Flächen viel besser die gefürchteten Läufer oder Nasen vermeiden konnte. Die Staffelei ist mehr fürs Malen und hervorragend dazu geeignet, die Bilder mit mehr Abstand zu bearbeiten.

Website: www.georg-huber.com

1 Über dem Tisch sind zwei Doppellichtlampen angebracht. Ein selbstgebauter Rahmen für einen professionellen Kameraarm ermöglichen mir, meine Arbeit zu filmen oder Fotos davon zu machen.

2 Mein Arbeitstisch steht vor einer Absauganlage. Sie verfügt über zwei 20" Lüfter mit drei Geschwindigkeitsstufen sowie einem Filtersystem wie in einer Lackierkabine. Die Absaugung ist immer an, wenn ich brushe.

3 Ich arbeite an einem 2,4 m x 0,9 m großen robusten Holztisch mit einer 5 cm dicken Arbeitsplatte. Die hält sogar schwere Motorhauben.

4 Ich habe einen selbstgebauten Airbrush-Halter mit einem beweglichen Arm, damit ich die Airbrushes an mich heranziehen kann, wenn nötig. Er hat Platz für bis zu 8 Airbrushes, plus zwei extra Halter für Saugsysteme mit schwarzer und weißer Farbe und 2 Airbrushes für große Flächen.

5 Mein Arbeitsplatz ist in U-Form, sodass ich alle Werkzeuge und Materialien leicht erreichen kann, ohne von meinem rollenden Drehstuhl aufstehen zu müssen.

6 Flache Rollcontainer beherbergen diverses Material wie Schablonen, Blätter, Reinigungsmaterial etc.

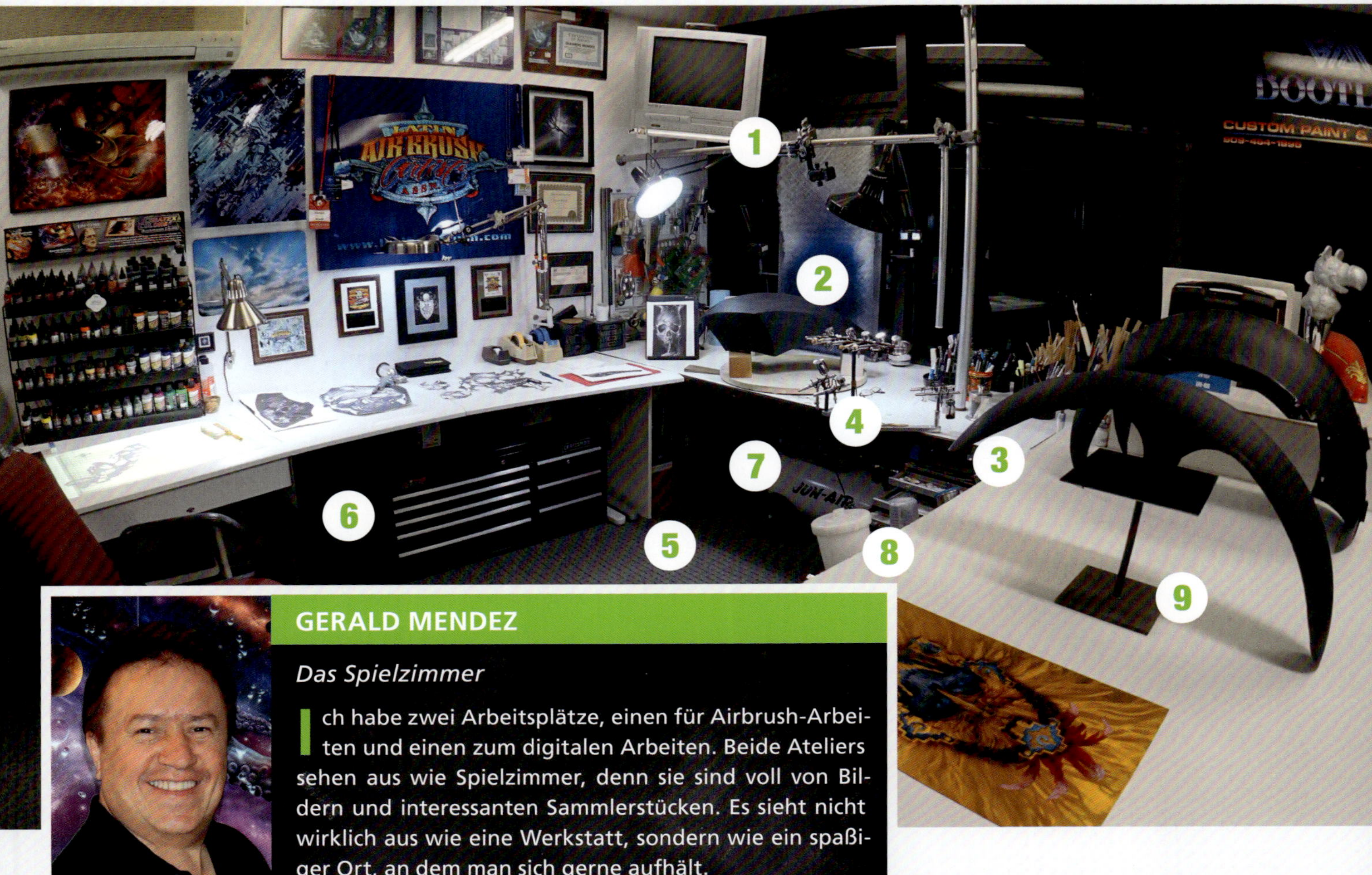

GERALD MENDEZ

Das Spielzimmer

Ich habe zwei Arbeitsplätze, einen für Airbrush-Arbeiten und einen zum digitalen Arbeiten. Beide Ateliers sehen aus wie Spielzimmer, denn sie sind voll von Bildern und interessanten Sammlerstücken. Es sieht nicht wirklich aus wie eine Werkstatt, sondern wie ein spaßiger Ort, an dem man sich gerne aufhält.

7 Ich habe einen Jun Air Silent Air Kompressor 12–40 mit einem 45 Liter Tank und zwei leisen Motoren da-rauf. Er steht unter meinem Arbeitstisch mit zwei angeschlossenen Schläuchen. Einer ist für Airbrushes ausgerüstet, mit Schnellkupplung und Luftregulierung, und einer ist für den Anschluss von Lackierpistolen ausgestattet.

8 An der Seite meines Tisches hängen immer eine Anest Iwata LPH-80 und Lackierpistolen zum Ausbessern.

9 Ich benutze verschiedene Staffeleien, Drehscheiben, Tankhalterungen und Holzblöcke, je nach Art und Größe des Projektes. Ich arbeite aber immer auf der Tischplatte, nahe der Absaugung.

Website: www.aerografika.com

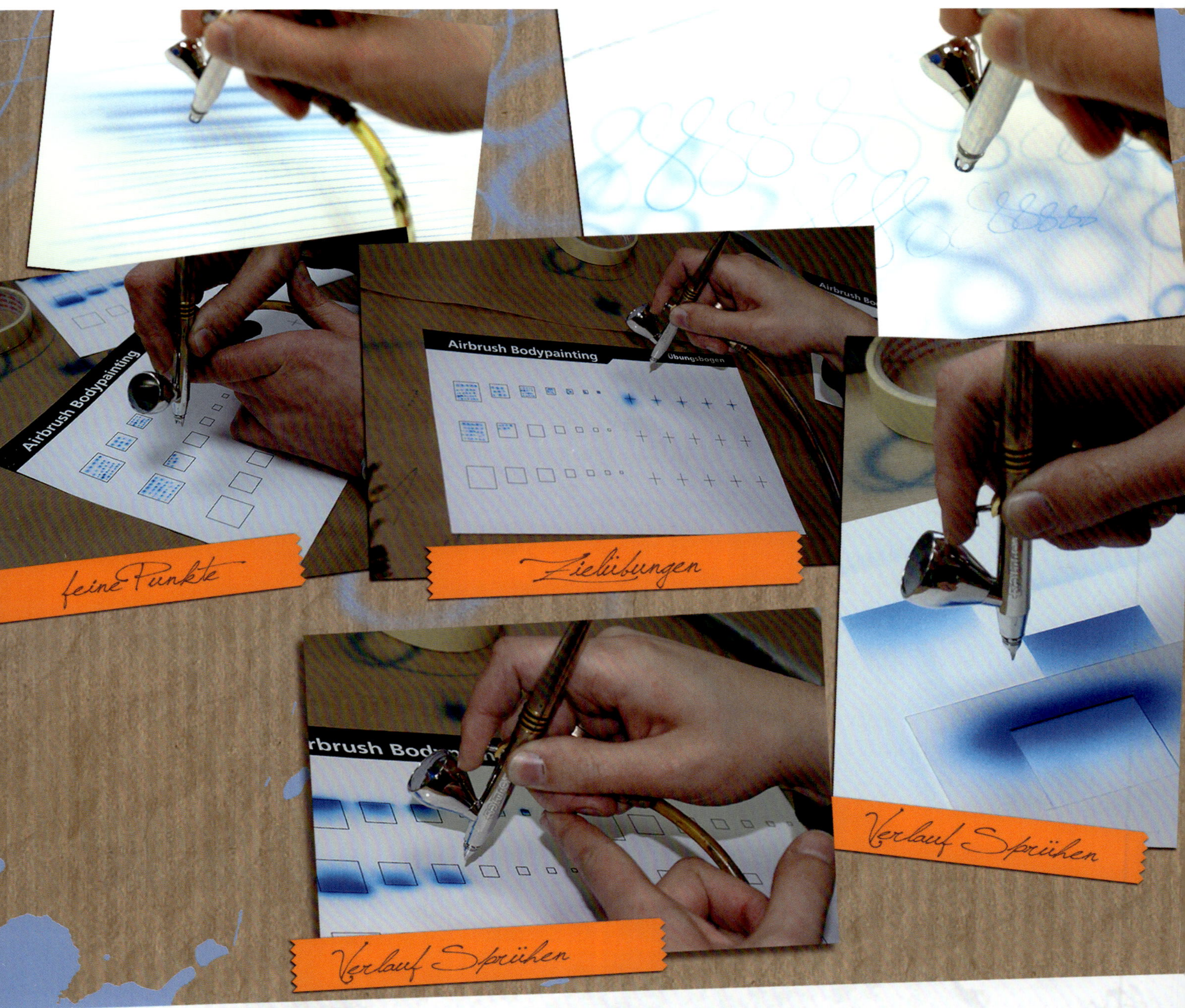

Grundübungen

In den vorangegangenen Kapiteln konnten Sie erfahren, welche Ausstattung Sie benötigen. Damit sollten Ihre ersten Vorbereitungen abgeschlossen sein. Um den sicheren Umgang mit dem Airbrushgerät zu erlernen, ist es am besten, sich einfache Techniken anzueignen und zu üben.

In den folgenden Übungen lernen Sie, wie Sie mit dem Gerät umgehen, um immer die ideale Farbmenge zu versprühen. Benutzen Sie für die Übungen einige Bögen weißes Papier und eine normale handelsübliche Airbrush-Acryl-Farbe.

// FUNKTIONSWEISE UND HANDHABUNG DES GERÄTES

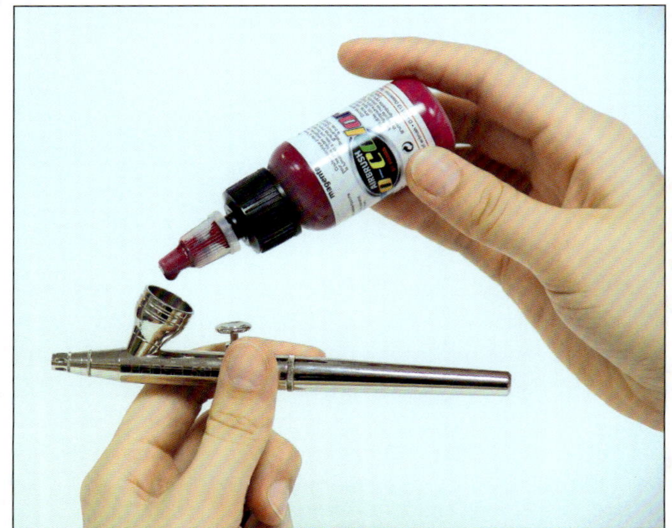

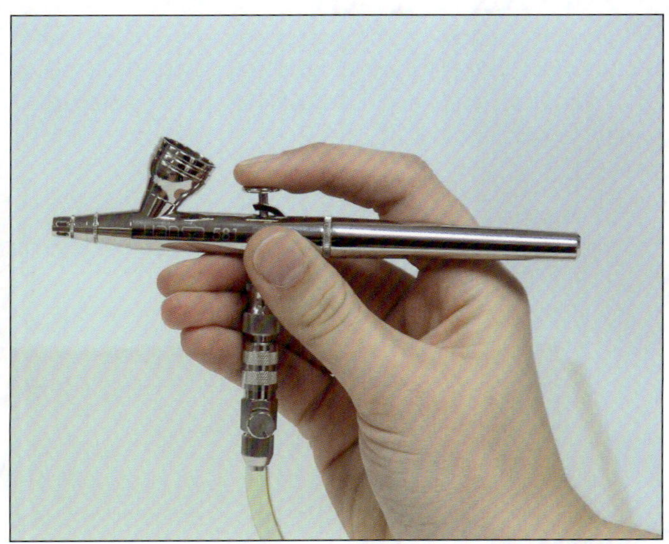

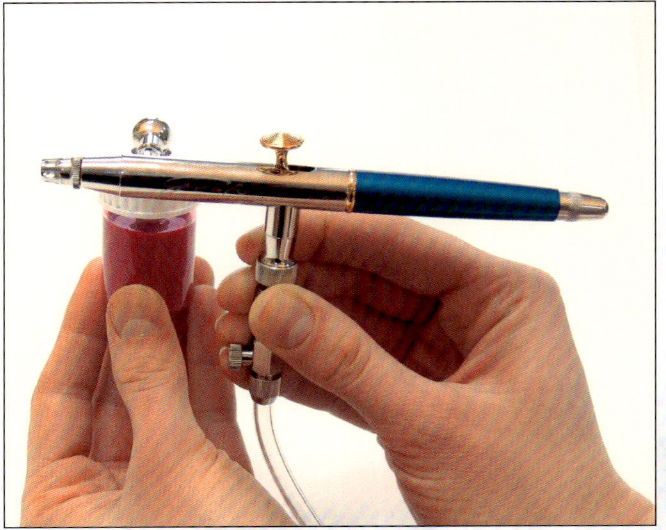

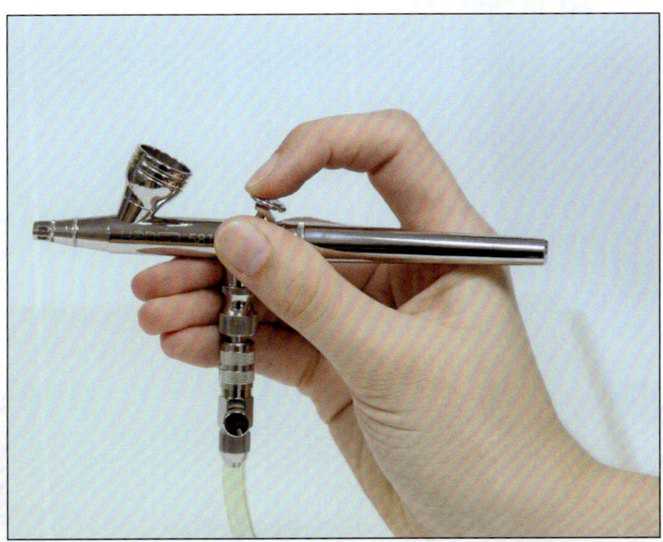

Wenn Sie ein Airbrush-Fließsystem benutzen, befüllen Sie den Farbnapf mit einigen Tropfen Farbe. Machen Sie es nicht randvoll, damit die Farbe nicht über den Becherrand schwappt. Arbeiten Sie mit einem Saugsystem, stecken Sie entweder die Farbflasche direkt unter das Gerät oder füllen Sie die Farbe in das dafür vorgesehene Glas oder Becher ein. Arbeiten Sie dann idealerweise an einer Staffelei, damit die Farbe korrekt angesogen wird.

Als Rechtshänder nehmen Sie das Gerät in die rechte Hand. Der Hebel wird mit dem Zeigefinger bedient. In dieser Anleitung gehen wir davon aus, dass Sie mit einem Double-Action-Gerät arbeiten. Mit einem Druck auf den Hebel schalten Sie dieses Gerät sozusagen ein. Nun strömt lediglich Luft durch das Gerät. Sollte nur durch Drücken des Hebels schon Farbe austreten, überprüfen Sie bitte die Düse und die Nadelposition. Wenn Sie den Hebel loslassen, ist das Gerät wieder ausgeschaltet. Ein Zwischenstadium beim Herunterdrücken des Hebels gibt es nicht.

Drücken Sie also den Hebel komplett herunter und ziehen Sie den Hebel dann vorsichtig nach hinten. Sie sehen, wie die Farbe austritt. Je weiter Sie den Hebel nach hinten ziehen, umso mehr Farbe tritt aus.

// SPRÜHÜBUNGEN

In der ersten Grundübung geht es um die Bedienung des Airbrushgerätes. Mit Hilfe von Linien können Sie nicht nur den Umgang mit dem Gerät trainieren, sondern auch überprüfen, ob das Airbrushgerät funktionstüchtig ist. Je nach Abstand zum Malgrund können Sie feine Linien oder einen breiten Sprühstrahl mit dem Airbrushgerät erzeugen.

// DÜNNE LINIEN

Dünne Linien erzeugen Sie mit geringem Abstand zum Malgrund. Außerdem halten Sie das Gerät ganz steil, drücken den Hebel herunter und ziehen ihn ganz leicht und vorsichtig nach hinten. Damit Sie keine „Punkte" am Anfang Ihrer Linie erhalten, ist es notwendig, dass Sie den Hebel herunterdrücken und erst in der Bewegung den Hebel nach hinten schieben. So erhalten Sie einen tolles Ein- und Ausfaden der Linie.

// BREITE LINIEN

Breite Linien erreichen Sie mit einem höheren Abstand zum Malgrund. Damit der Farbauftrag stärker zur Geltung kommt, können Sie zusätzlich den Farbhebel weiter nach hinten ziehen. Dadurch wird die Düse weiter geöffnet und mehr Farbe strömt aus. Die Linien müssen nicht glatt und eben sein – das Wichtigste ist, dass man von links beginnt und dann das Gerät nach rechts herüber bewegt. Dann wird die Farbzufuhr gestoppt und man fängt von rechts wieder nach links zu sprühen an. Wenn Sie zwischen den beiden Seiten die Farbzufuhr nicht unterbrechen, erhalten Sie unschöne Farbansammlungen in den Kurven. Dies würde im Motiv später stören.

Wenn Sie beim Farbauftrag mit dem Arm sehr langsam über den Malgrund fahren, kann die Linie ein wenig wellig oder klecksig werden. Bewegen Sie deshalb das Airbrushgerät recht zügig mit dem ganzen Arm über den Malgrund. Diese Linienübung bildet schon mal die Grundlage für spätere Farbverläufe.

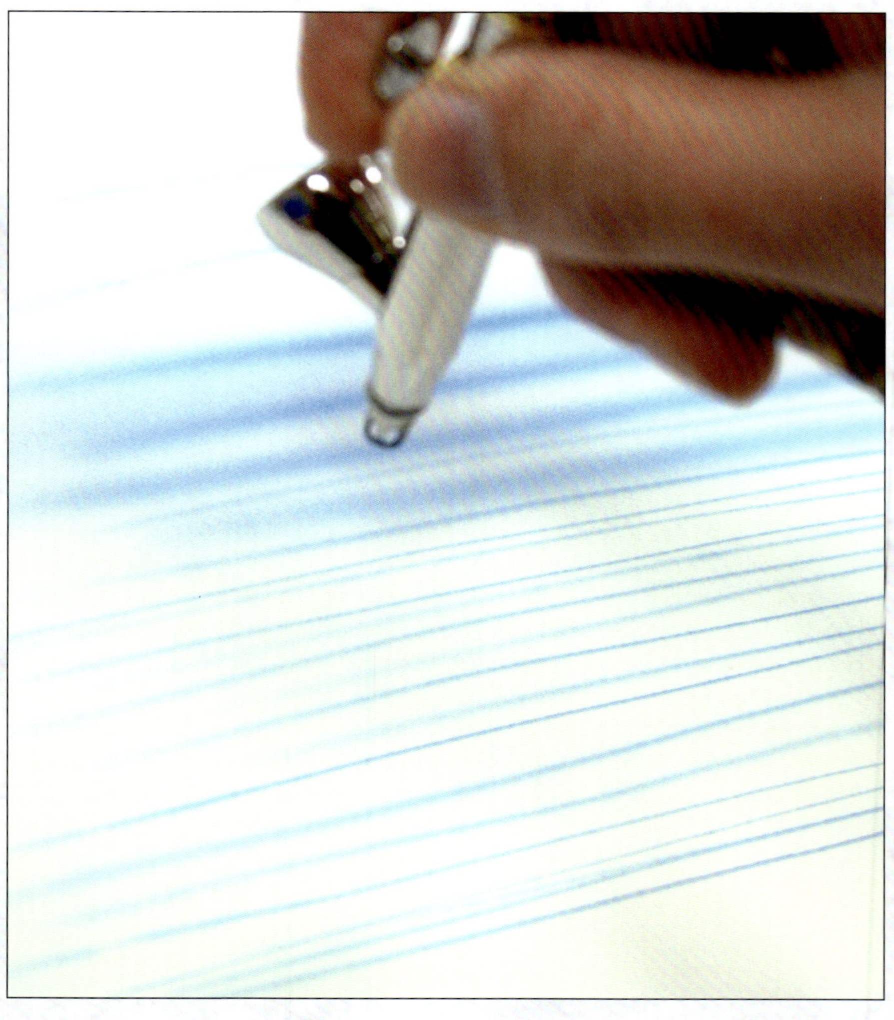

// SCHLEIFEN

Mit der Schleifen-Übung trainieren Sie die Koordination des Airbrushgerätes und können testen, welche Bewegungen und Handgriffe zu welchem Ergebnis führen. Beginnen Sie mit einer geringen Farbmenge mit geringem Abstand zum Malgrund und zeichnen Sie eine Schleife – Sie bekommen eine dünne Schleife. Vergrößern Sie gleichmäßig den Abstand zum Malgrund und ziehen Sie den Hebel ein wenig mehr nach hinten, dann erhalten Sie dickere Schleifen. Sprühen Sie zur Übung einige Schleifen von „dünn nach dick" und direkt wieder von „dick nach dünn". Sie werden sehen: „Übung macht den Meister". Aber auch wenn Sie das Gerät beherrschen, ist es später immer mal wieder notwendig, mit Hilfe der Linien- und Schleifenübung festzustellen, ob das Gerät noch richtig funktioniert oder einzelne Bauteile evtl. verdreckt oder defekt sind.

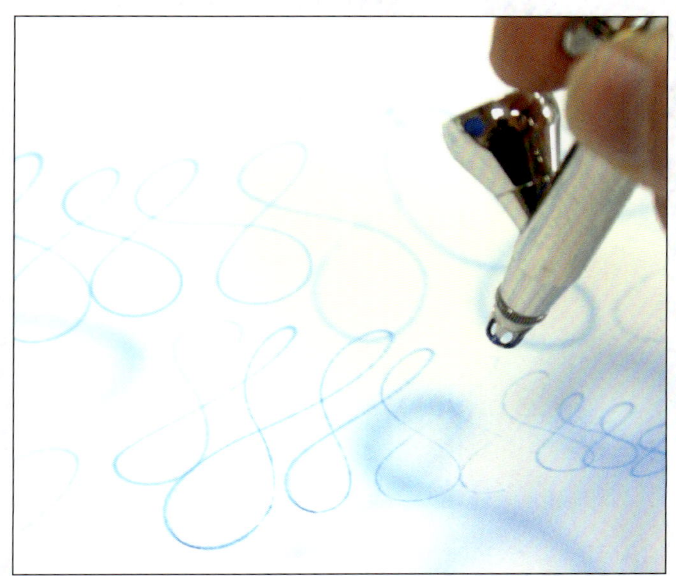

// SPRÜHPUNKTE

Mit dem hier gezeigten Übungsbogen lernen Sie, gezielt Sprühpunkte zu setzen. Ziel der Sprühpunkte-Übung ist es, möglichst viele kleine Sprühsterne auf kleinstem Raum unterzubringen. Dies erreichen Sie, wenn Sie das Gerät senkrecht halten, den Hebel zunächst nur herunterdrücken und dann ganz leicht nach hinten ziehen, so dass nur ein wenig Farbe austritt. Benutzen Sie zur Stabilisierung die linke Hand. Halten Sie das Gerät steil über einen der Punkte mit ca. 5 cm Abstand. Bedenken Sie auch hierbei: Je dichter Sie am Malgrund sind, umso feiner können Sie arbeiten.

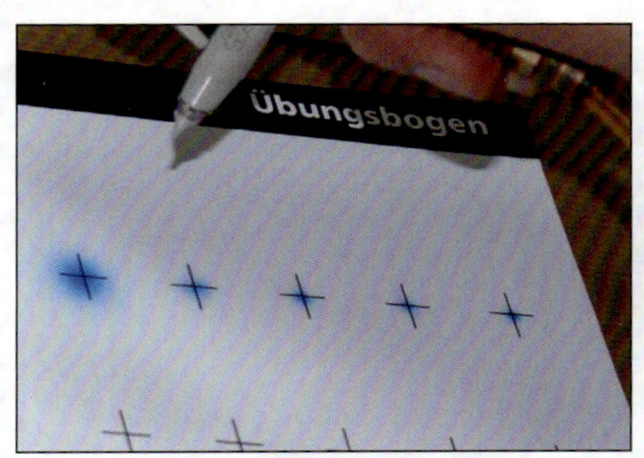

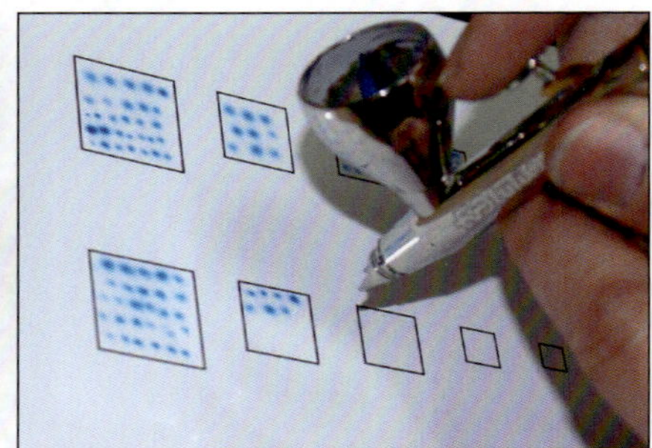

// FARBVERLÄUFE

Farbverläufe sind besonders schwierig, daher diese wohl wichtigste Koordinationsübung zum Schluss: Grundsätzlich gilt es immer, am Rand des Objektes anzufangen, da es sonst gerade als Anfänger sehr schwierig ist, einen harmonischen Verlauf zu erzeugen. Spritzen Sie die Farbe mit großem Abstand zum Untergrund in gleichmäßigen Bewegungen von links nach rechts sowie von rechts nach links auf. Am Anfang eines Farbverlaufes ist die Farbe stark gesättigt – am Ende sollte der Farbauftrag langsam abnehmen. Durch die Variation des Abstandes gelangt mehr und weniger Farbe auf den Malgrund.

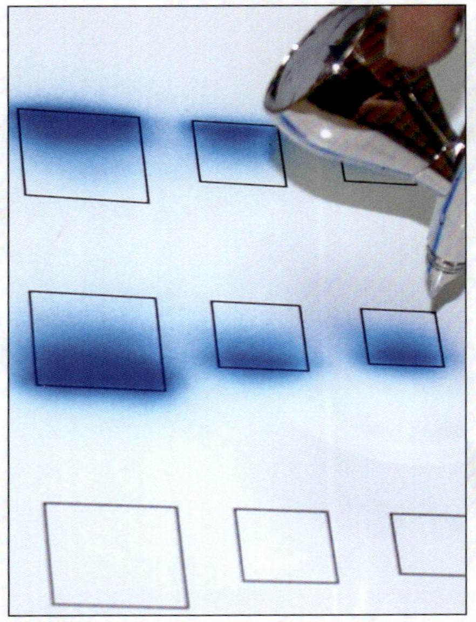

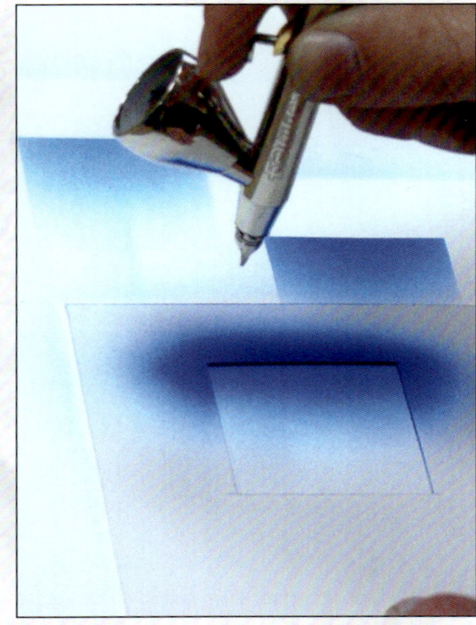

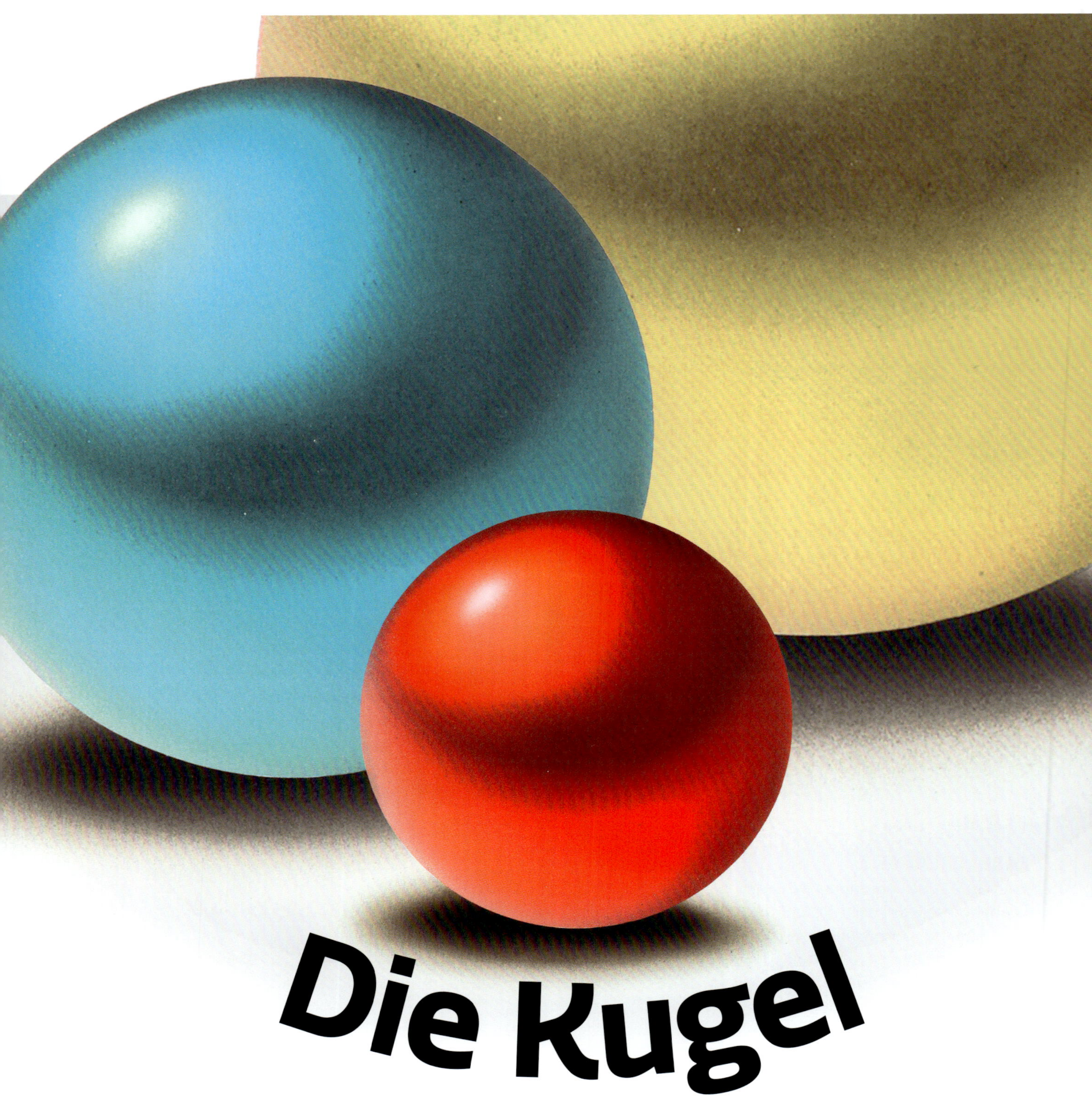

Die Kugel

Nachdem Sie sich mit Ihrem Airbrush-Gerät vertraut gemacht haben, können Sie nun eine komplexere Übung in Angriff nehmen: Bei der Kugel üben Sie feine Farbabstufungen zu kontrollieren und mit Maskierfilm umzugehen. Auch das Mischen von Farben für Schattierungen können Sie hierbei ausprobieren.

// GRUNDAUSSTATTUNG // Die Kugel

Airbrush:	Airbrushgerät mit 0,2 mm Düse
Farben:	Rot, Gelb, Umbra, Schwarz, Weiß
Weitere Materialien:	Wasser, Pinsel, Mischbecher, Kreisschneider, Maskierfilm, Airbrushpapier

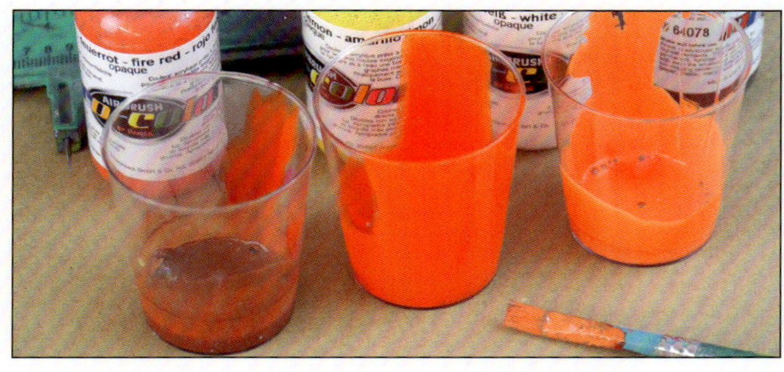

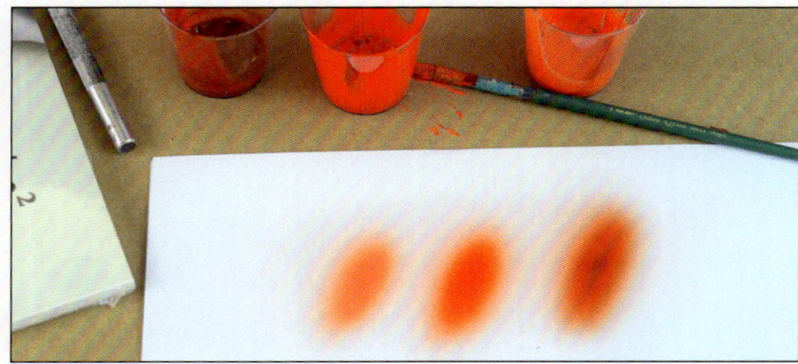

Schritt 1: Farben mischen

Es soll eine rote Kugel entstehen. Dafür sollte man drei Farbtöne anmischen: einen mittleren Rot-Ton, dann darauf basierend einen dunklen Rot-Ton und für die hellen Bereiche einen etwas aufgehelltes Rot. Für den mittleren Rotton wähle ich Feuerrot, hinzu kommen 2-3 Tropfen Gelb und ein Tropfen Umbra. Außerdem füge ich noch 2-3 Tropfen Wasser dazu und bekomme dafür eine noch bessere Fließeigenschaft und etwas Transparenz. Der dunklere Farbton basiert auf meiner ersten Mischung. Ich fülle etwas in einen separaten Becher ab und füge einige Tropfen Umbra und 1-2 Tropfen Schwarz hinzu.

Als Letztes kommt der helle Farbton. Auch hierbei nutze ich etwas Farbe der ersten Mischung in einem separaten Becher und füge noch mal dieselbe Menge deckendes Weiß hinzu. Alles gut umrühren! Wenn man möchte, kann man zur Überprüfung der Farben mit dem Airbrushgerät etwas auf einem weißen Papier probesprühen. So lässt sich gut abschätzen, ob die Mischung Ordnung ist. Natürlich können Sie auch jegliche anderen Grundfarben verwenden. Wie wäre es z.B. mit Blau?!

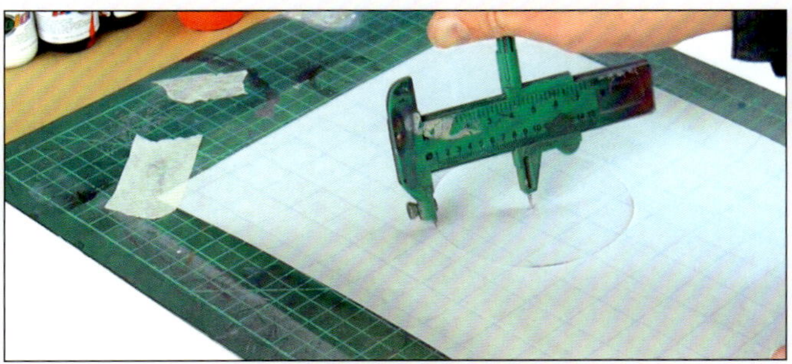

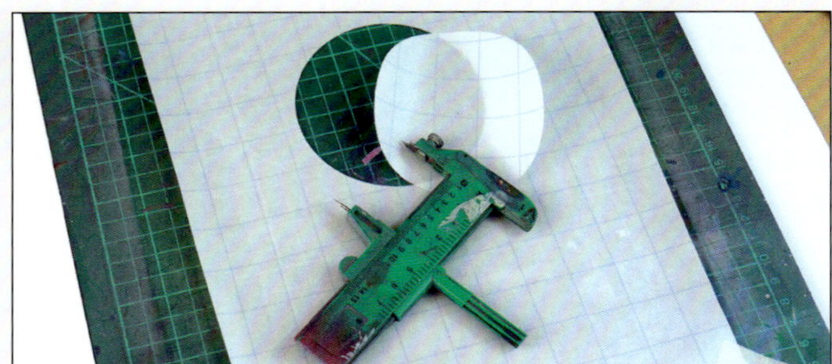

Schritt 2: Kreis ausschneiden

Mit einem Kreisschneider schneide ich einen Kreis in passender Größe aus Maskierfilm aus. Dabei ist zu beachten, dass auf der Folienseite geschnitten wird. Das ist deutlich einfacher, da man so nur eine Schicht schneiden muss. Ist die Trägerschicht nicht geschnitten, ist das egal, da im Grunde ja nur die Maskierfolie als solches benötigt wird. Beim Schneiden mit dem Kreisschneider wird dieser in die Richtung (meist im Uhrzeigersinn) gedreht, wo die schräge Klingenseite ist, da sonst der Maskierfilm zerstört wird. Der innere Kreis wird später zur Realisierung des Schattens noch benötigt – also aufheben!

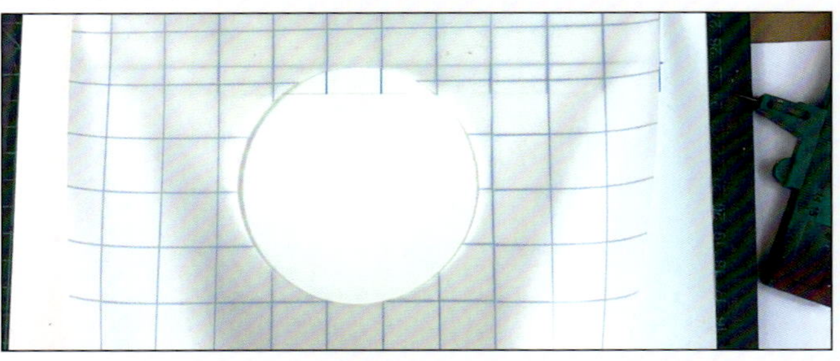

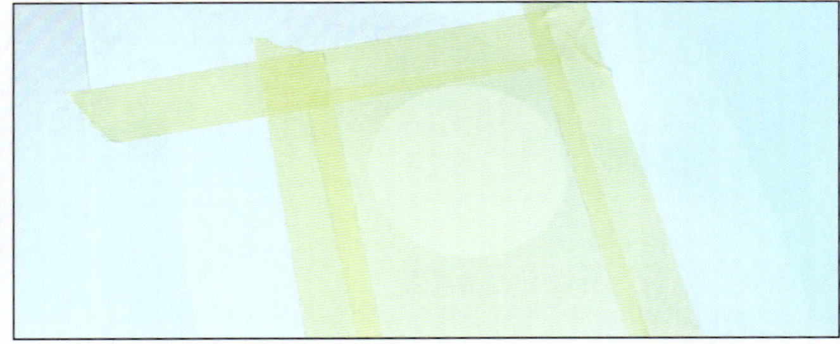

Schritt 3: Maskierfilm auftragen

Nun wird der Maskierfilm „mit Loch" auf Airbrushpapier oder ähnlich nutzbaren Malgrund geklebt. Erst ein wenig von der Trägerschicht ablösen, dann umknicken, positionieren, fixieren und zum Schluss den Rest aufkleben. Alles gut andrücken, dann läuft auch keine Farbe unter die Maskierung. Ich klebe noch die Seiten mit Kopierpapier zu, damit keine Overspray auf mein Airbrushpapier gelangt.

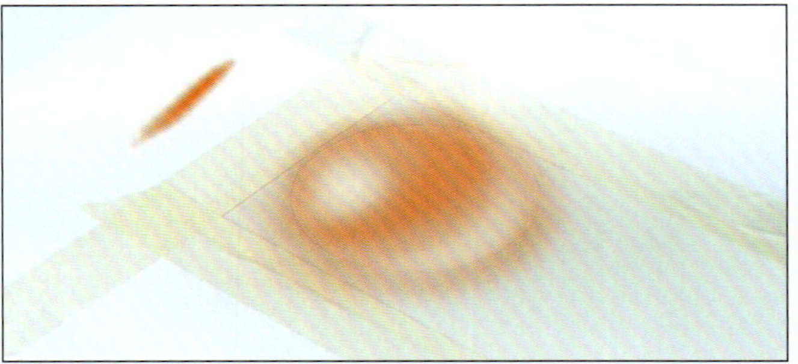

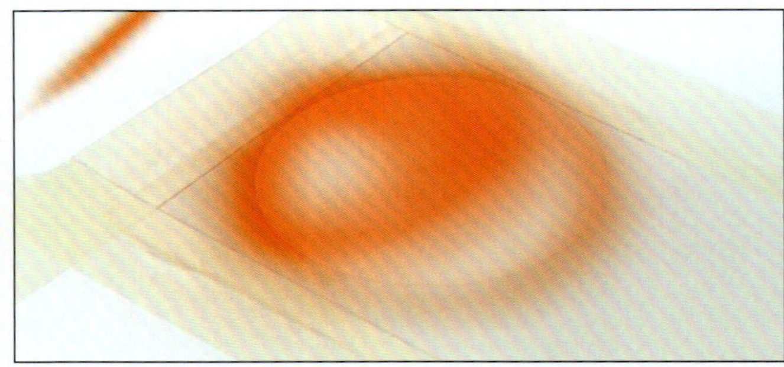

Schritt 4: Basisfarbe auftragen

In diesem ersten Sprühprozess nutze ich die mittlere Farbe unter Berücksichtigung des weißen Papieruntergrundes. Die Farbe kann mit einer Pipette oder direkt aus dem kleinen Becher ins Airbrushgerät gefüllt werden. Dann sprühe ich zunächst an der Kante der Kugel entlang und forme dann anschließend den Kernschatten, der sich von der rechten zur linken Seite zieht. Hier ist der Abstand zum Malgrund und die Farbmenge entscheidend. Für die weichen Verläufe halte ich das Gerät etwas höher und für die schon mal angedeutete Kante des Kernschattens etwas tiefer, damit diese konkreter sichtbar wird. Unten Links an der Kugel lasse ich die Schattierung heller stehen. Das Gleiche gilt für das helle Hauptlicht im oberen linken Bereich der Kugel.

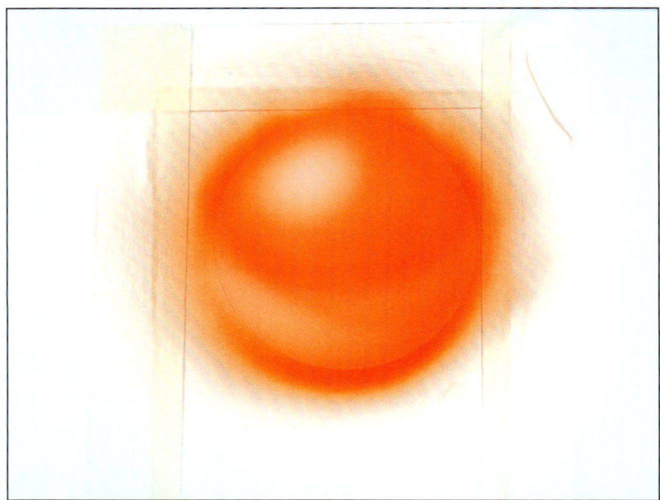

Schritt 5: Dunkle Farbe auftragen

Es geht weiter mit dem dunklen Rot-Ton. Damit werden die Schattierungen weiter abgedunkelt und komplettiert. Hier bei Bedarf noch etwas Wasser zur Farbe hinzufügen, dann kann die Schattierung vorsichtig Schicht für Schicht aufgebaut werden. Es ist dabei zu beachten, dass vor allem der Übergang zu dem zuvor aufgebauten Farbverlauf weich gelingt.

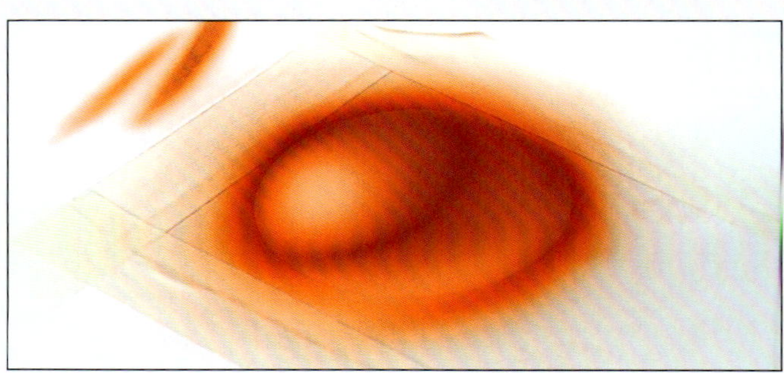

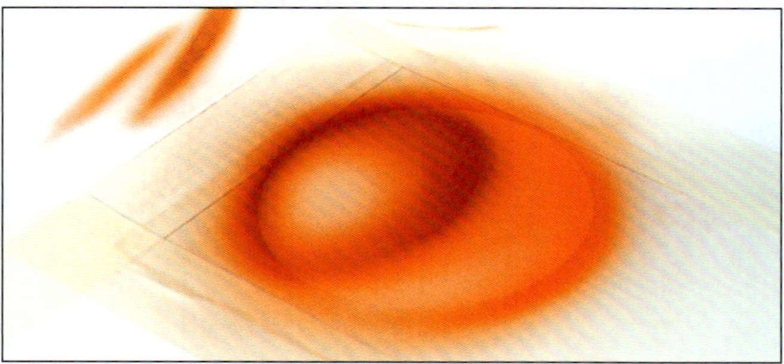

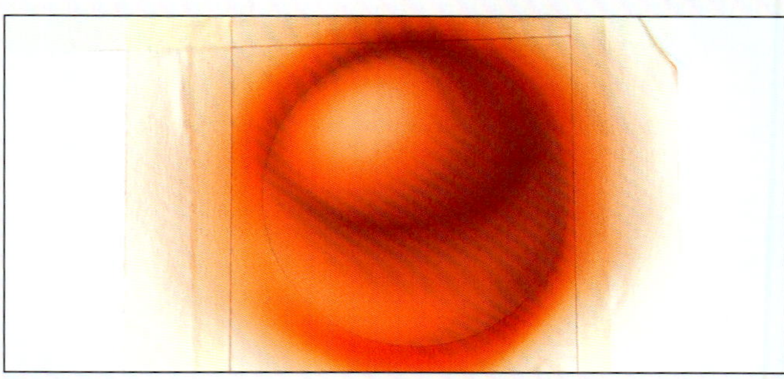

Schritt 6: Schatten weiter abdunkeln

Da die Schattenfarbe mir noch zu hell erscheint, füge ich ein-zwei Tropfen Schwarz und etwas Wasser in meine dunkelrote Farbmischung und konkretisiere meine Schatten Schicht für Schicht und ganz vorsichtig.

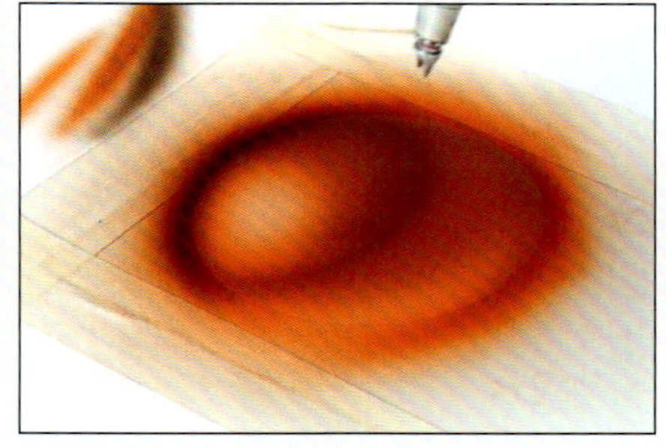

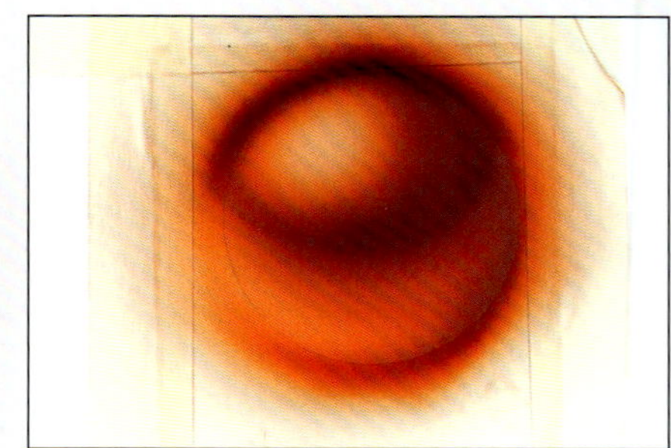

Schritt 7: Helle Farbe auftragen

Jetzt ist der helle Rot-Ton an der Reihe. Davon wird nicht ganz so viel benötigt. Ich sprühe etwas an der Rundung unten links und helle zusätzlich das Hauptlicht oben im Kern etwas auf. Auch hier darf der Farbauftrag nicht fleckig werden.

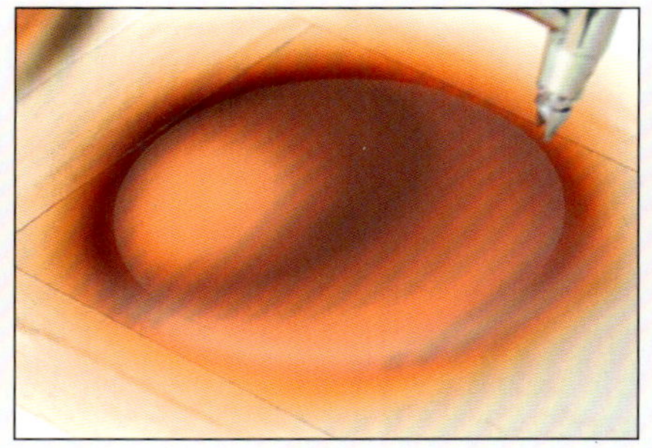

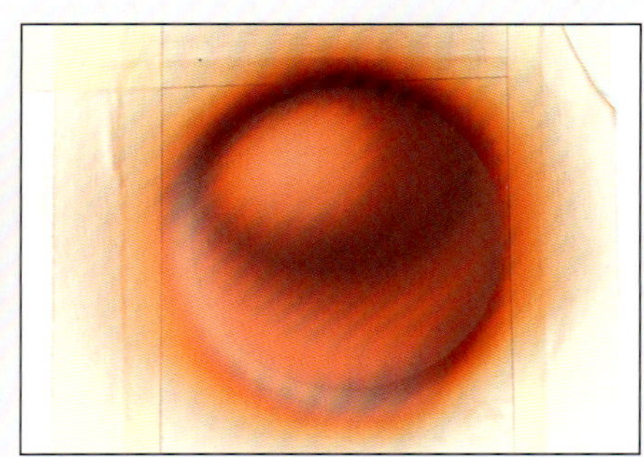

Schritt 8: Highlights setzen

Mit deckenden Weiß wird noch das Highlight aufgesprüht. Das kann ein Punkt sein – aber in meinem Fall habe ich mich für ein etwas ovaleren Lichtpunkt entschieden. Da mir die linke untere Kante etwas zu dunkel vorkommt, nebele ich von weiter Entfernung ein ganz wenig mit Weiß entlang.

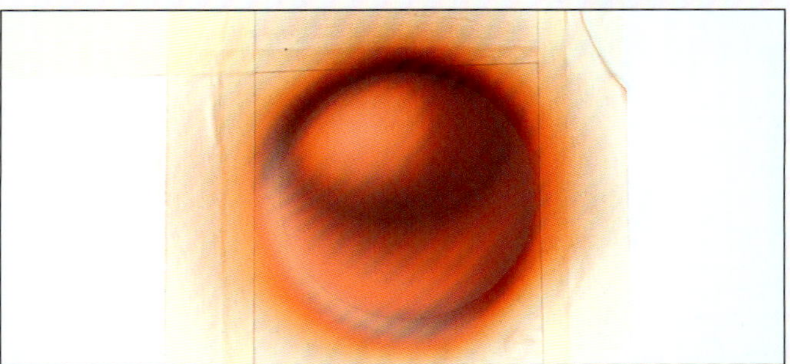

Schritt 9: Maskierung wechseln

Ist die Farbe trocken, wird die Außenmaskierung vorsichtig abgezogen. Jetzt können Sie das Ergebnis zum ersten Mal richtig begutachten. Anschließend wird die Maskierung vom inneren Kreis auf die Kugel geklebt. Idealerweise klebt man die Maskierung ganz genau auf, damit später keine Blitzer oder Kanten durch den Schattenauftrag entstehen.

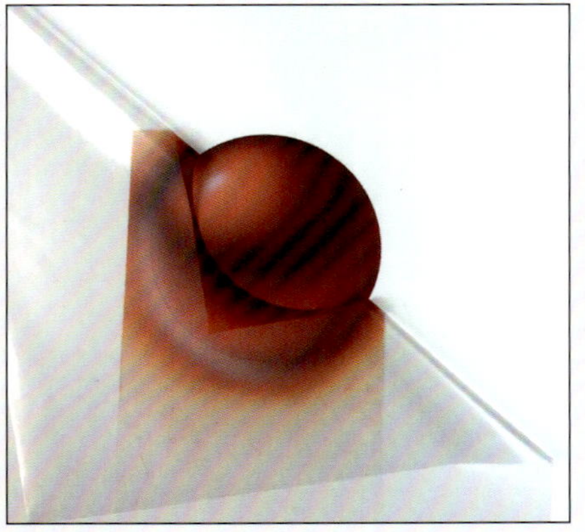

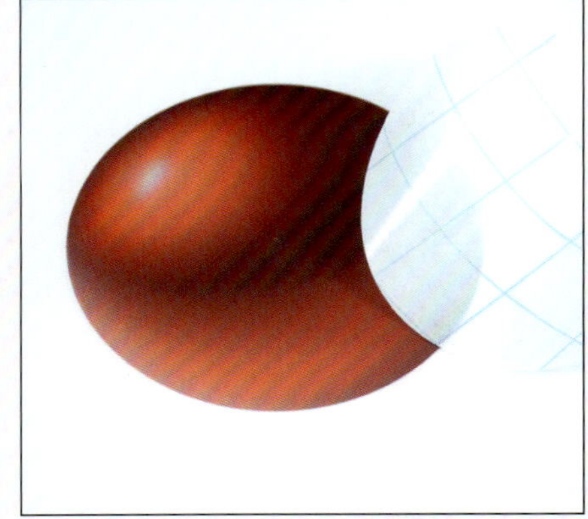

Schritt 10: Schlagschatten brushen

Auf Basis des dunkelsten Rot-Tons entsteht nun durch Hinzufügen von Schwarz, einen Tropfen Weiß und etwas Wasser ein schöner Schatten-Farbton. Dieses Gemisch wird im unteren Bereich der Kugel als Schatten aufgesprüht. Dabei geht man in Schichten vor, so dass man einen Schatten erhält, der am Objekt dunkler ist und nach außen hin farblich ausläuft. Zum Schluss noch die Maskierung entfernen – fertig ist die erste Kugel.

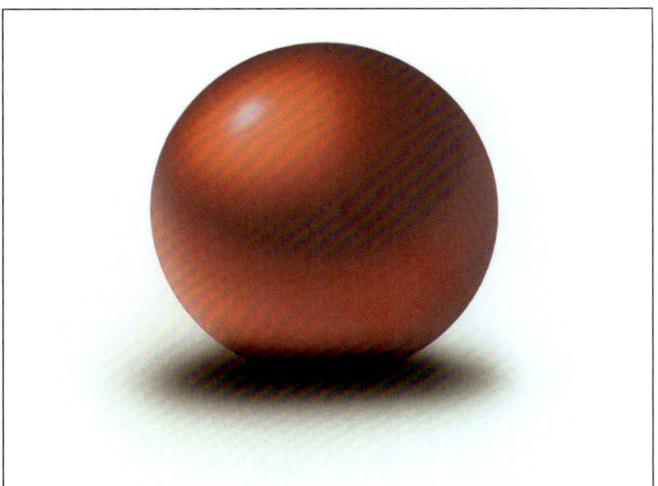

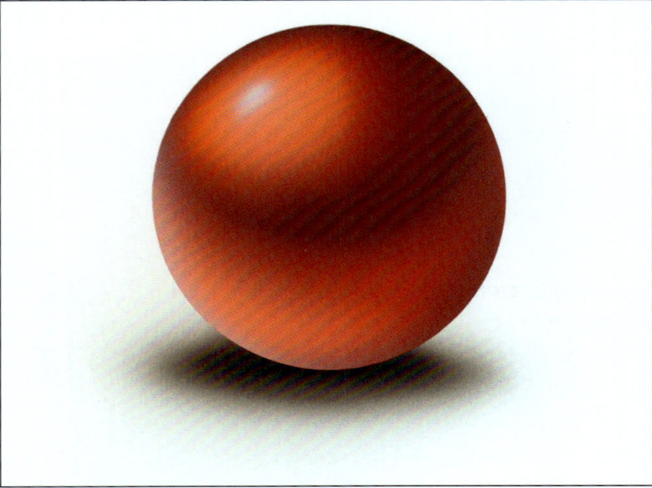

STERNENHIMMEL

Beim Airbrushen dreht sich ganz viel um Strukturen und Texturen, denn die lassen sich mit der Airbrush recht einfach und vielfältig erzeugen. Das werden Sie auch in diesem Buch noch sehen. Dies ist auch der Grund, warum der Fotorealismus bei Airbrush-Künstlern so beliebt ist – erst die richtigen Texturen machen ein Bild (foto-)realistisch. Einer der Klassiker unter den Airbrush-Effekten sind funkelnde Sterne. Sie basieren auf der Sprenkeltechnik, die auch bei vielen anderen Strukturen wie z.B. Stein zum Einsatz kommt.

// GRUNDAUSSTATTUNG // Sternenhimmel

Airbrush:	Airbrushgerät mit 0,2 mm Düse
Farben:	Orange Blau, Schwarz, Weiß
Weitere Materialien:	Papiertuch, Maskierfilm, Cutter, Lineal

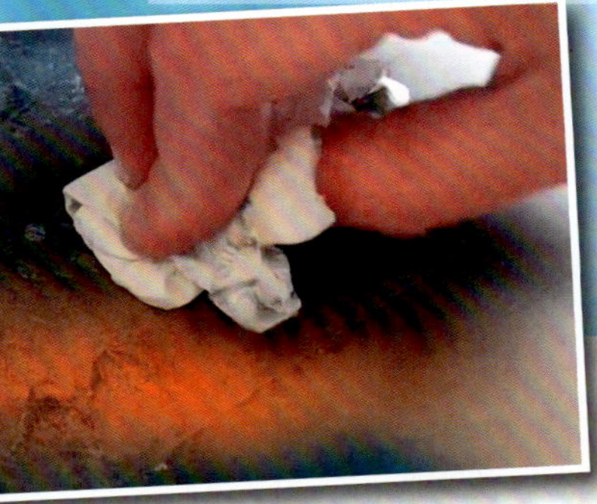

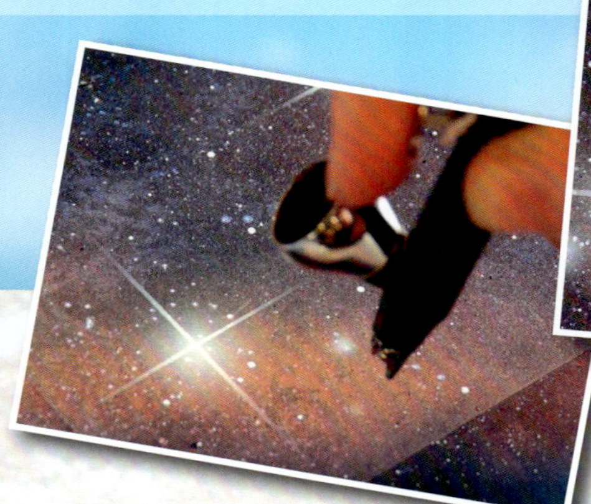

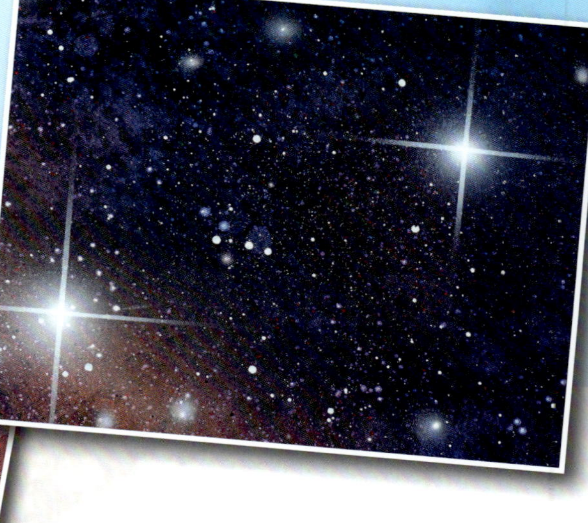

Schritt 1: Hintergrund

Bevor ich zeige, wie die Sterne gesprüht werden, wird als Erstes ein passender Hintergrund gestaltet. Sprühen Sie zuerst Orange, Blau und transparentes Schwarz in Streifen über die Fläche. Zittern Sie ruhig beim Farbauftrag ein wenig, damit es etwas wolkig wirkt.

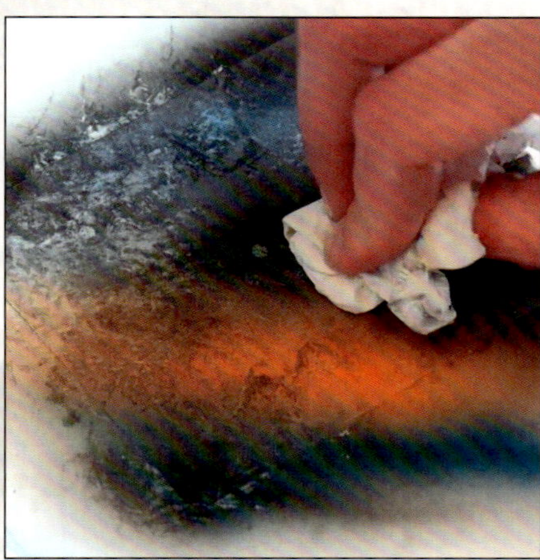

Schritt 2: Struktur tupfen

Um sehr schnell eine unruhige Struktur zu bekommen, tränken Sie ein Papiertuch mit Reinigungsflüssigkeit und tupfen damit ein wenig von der zuvor aufgesprühten Farbe wieder ab. Im Tupfprozess vermischen sich so auch die Farben noch mehr miteinander.

Schritt 3: Weiße Sprenkler

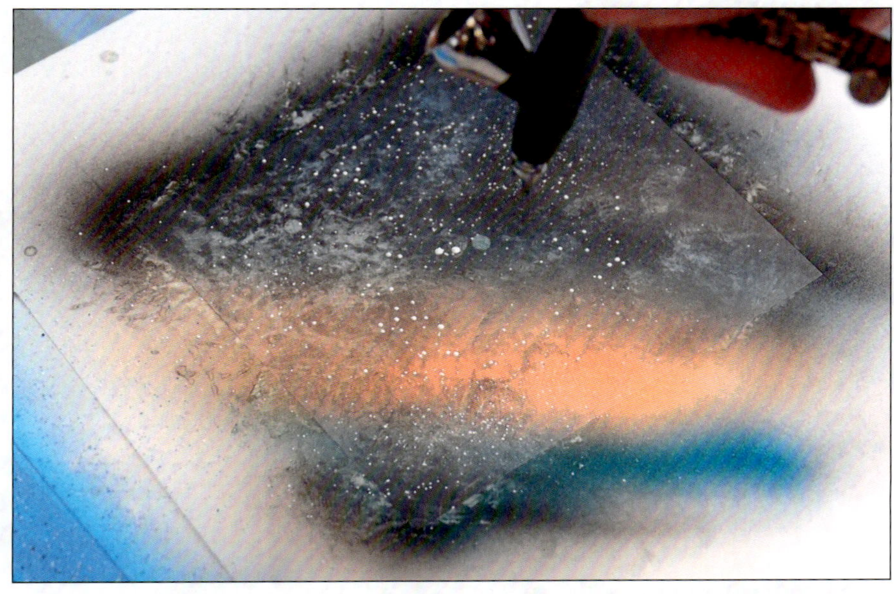

Sprenkeln Sie dann mit deckendem Weiß über die Fläche. Das Sprenkeln mit dem Airbrushgerät erzeugt für viele Motive einen interessanten Effekt. Nicht nur Galaxien, sondern auch Steinstrukturen, die beim Bodypainting häufig Anwendung finden, lassen sich damit erzeugen. Es gibt einige Hilfsmittel wie z.B. Schnellkupplung mit Luftregulierung, Sprenkelkappe oder Wäscheklammer, um mit dem Airbrushgerät zu sprenkeln. Um aber ohne Hilfsmittel mit möglichst wenig Aufwand schnell und gezielt einen Sprenkel-Effekt zu erzielen, empfehlen wir hier die Schlauchabknickmethode. Dazu knicken Sie den Schlauch ab und drücken den Airbrushhebel von vorne nach hinten schnell durch. Um immer ein wenig Luft zum Sprenkeln in das Gerät zu lassen, öffnen und schließen Sie den Schlauchknick durch Pumpen. Diese Methode erfordert ein wenig Übung, da gleichzeitig der Schlauch jeweils stark/weniger stark geknickt wird und dann noch der Hebel schnell gedrückt und nach hinten gezogen werden muss. Einige Airbrushgeräte lassen es auch zu, dass der Bedienhebel nur nach hinten gezogen wird, ohne diesen herunterzudrücken, um Sprenkler zu bekommen.

Schritt 4: Übernebeln und bunt sprenkeln

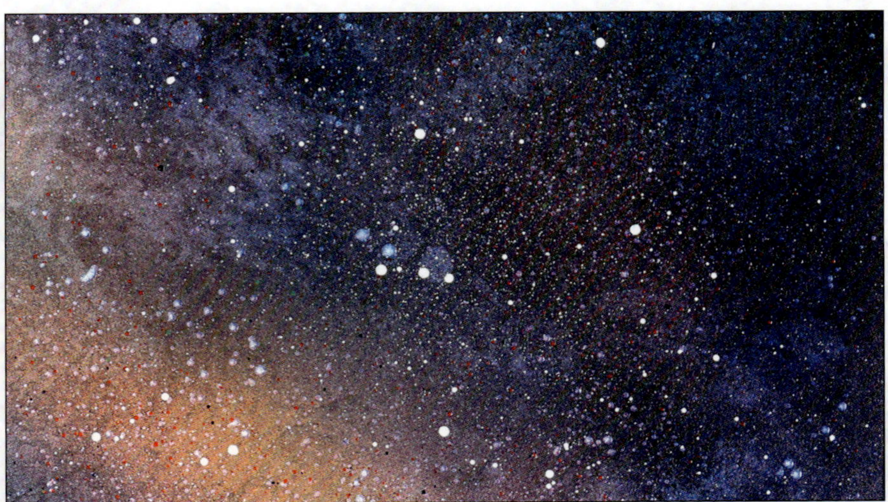

Sind die Sprenkler getrocknet, übernebeln Sie alles mit transparenten Blau- und Magentatönen. Das nimmt die hellen Sterne erstmal etwas zurück und gibt später einen schönen optischen Effekt. Lassen Sie den orangen Farbschimmer dabei noch gerne leicht offen stehen. Für eine noch bessere Tiefenwirkung fügen Sie weitere Sprenkler mit Rot und Blau hinzu. Wiederholen Sie Sprenkler mit deckendem Weiß, um weitere Sterne in den Vordergrund zu bringen.

Schritt 5: Sterne maskieren

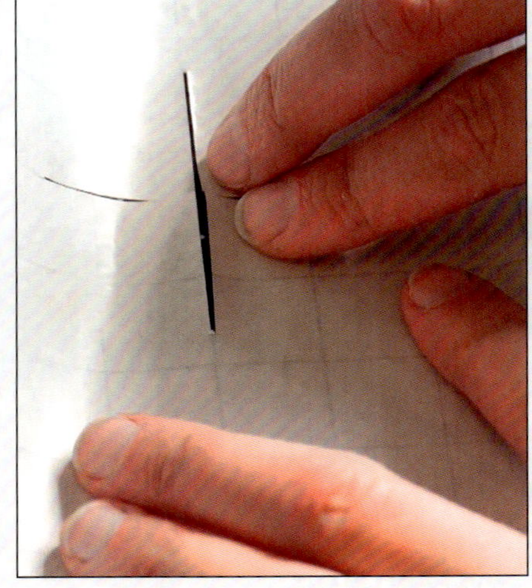

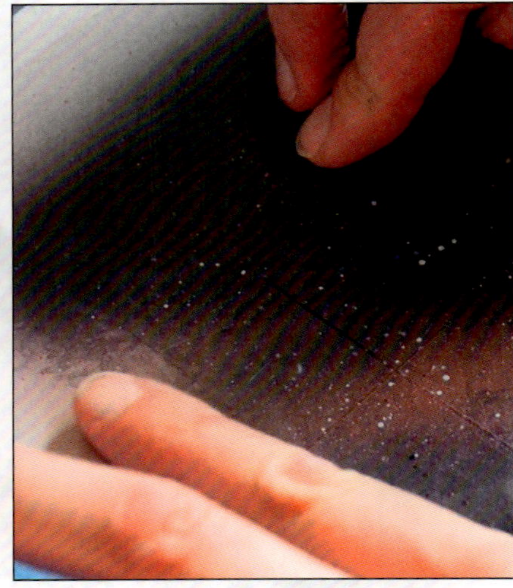

Jetzt sind Sie bereit für den ersten funkelnden Stern. Schneiden Sie dazu aus Maskierfilm ein ganz dünnes Kreuz mit einem Durchmesser von 1–1,5 cm aus. Kleben Sie dann die Maskierung auf den Malgrund. Idealerweise horizontal anstatt diagonal, das sieht später am besten aus. Drücken Sie die Maskierung gut an, damit keine Farbe unterlaufen kann.

Schritt 6: Stern-Mitte ansprühen

Danach sprühen Sie vorsichtig etwas deckendes Weiß nur in die Mitte des Kreuzes. Gehen Sie dabei nicht zu dicht an den Maskierfilm, damit keine Flecken entstehen. Auf keinen Fall komplett aussprühen, denn durch den weichen Sprührand verläuft die Farbe automatisch nach außen.

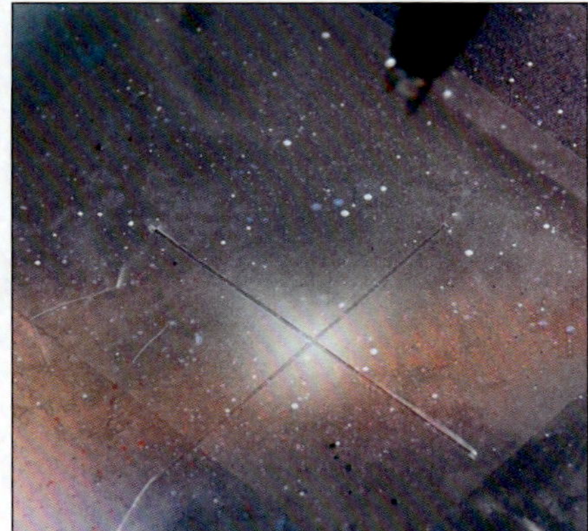

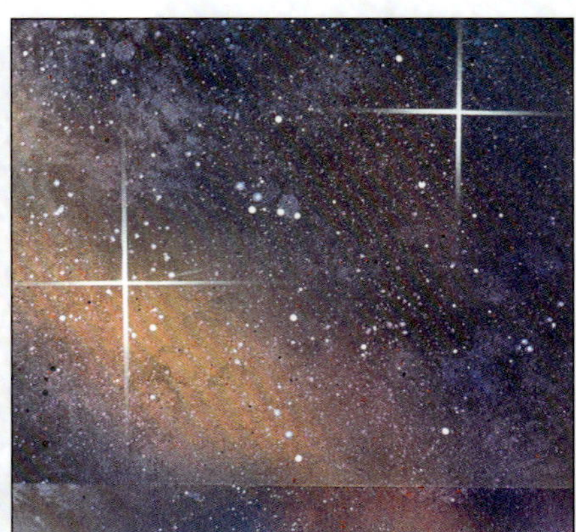

Schritt 7: Sprühpunkte setzen

Ziehen Sie dann die Maskierung ab und setzen Sie einen Sprühpunkt in die Mitte des Kreuzes, um den Stern zu vervollständigen. Fügen Sie zum Schluss mit weiteren Sprühpunkten zusätzliche leuchtende Sterne hinzu. Viel Spaß beim Erzeugen eigener Sternenlandschaften!

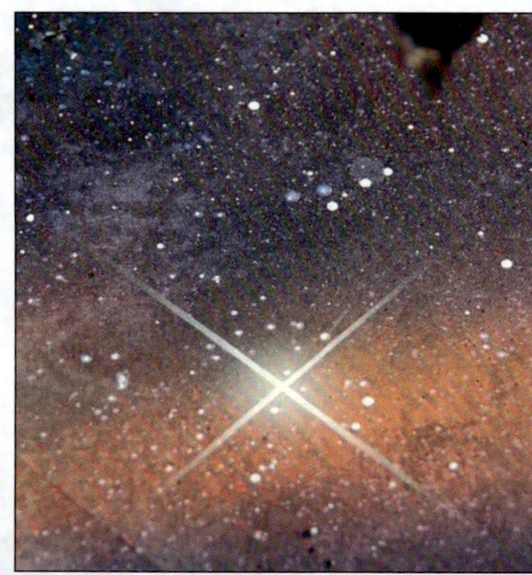

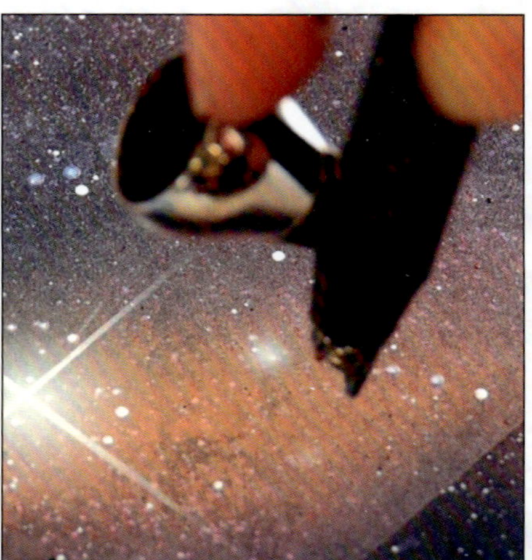

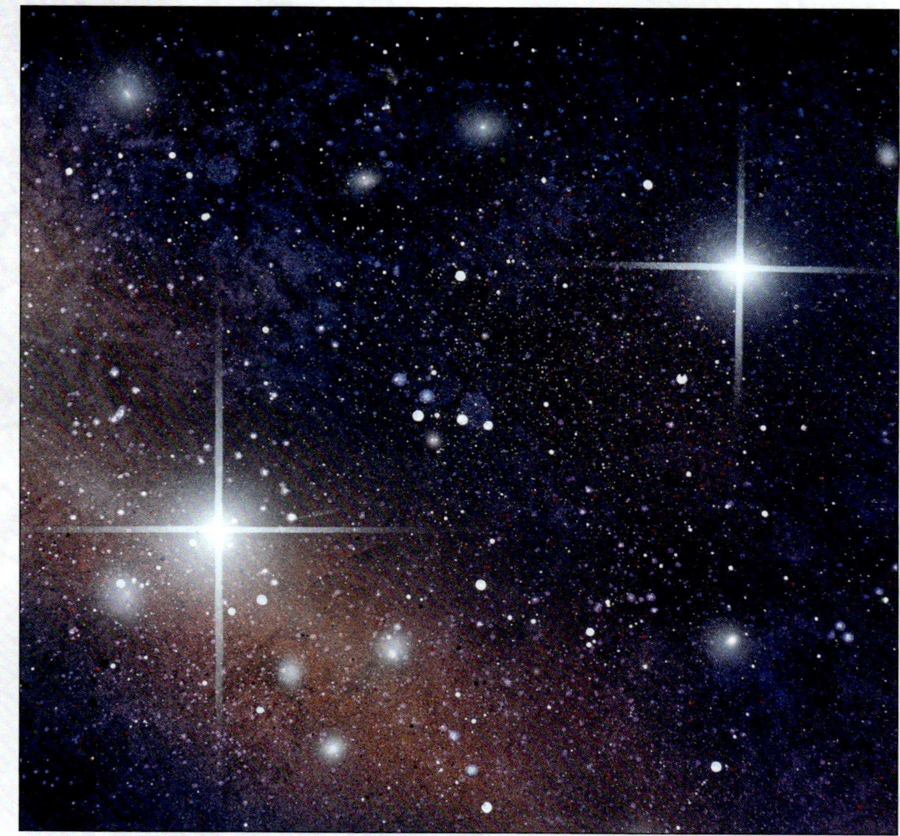

PALMENLANDSCHAFT

Jetzt kennen Sie schon Farbverläufe, feine Linien, Maskierfilm und Sprenkeltechniken. Dann wird es Zeit, dies alles in einem kleinen Motiv zu verbinden. Ein paar Freihand-Übungen kommen auch noch dazu, um Ihre Sicherheit an der Airbrush weiter zu verbessern.

// GRUNDAUSSTATTUNG // Palmenlandschaft

Airbrush:	Double-Action-Airbrushgerät
Farben:	Blau, deckendes Weiß, Schwarz
Weitere Materialien:	Einige Bögen Papier für Schablonen, Kreisschneider, Cutter, Airbrushpapier

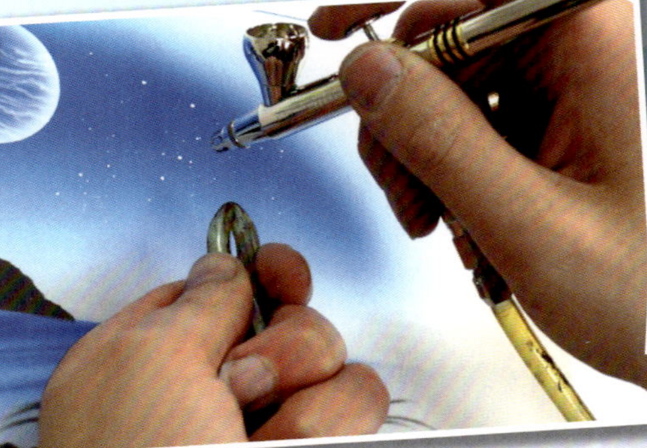

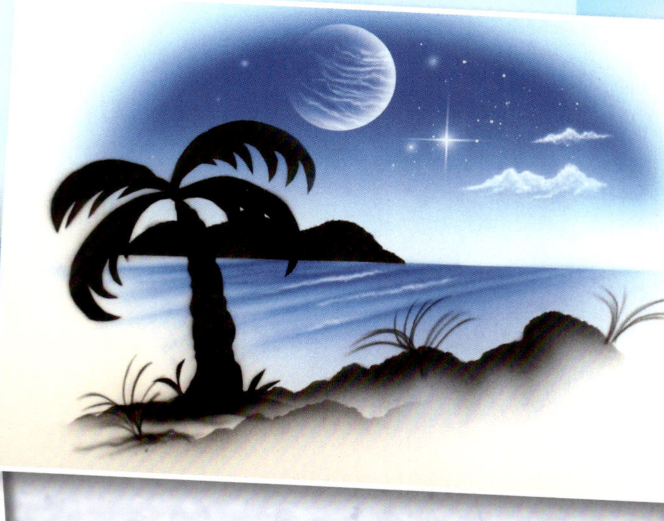

Schritt 1: Himmel

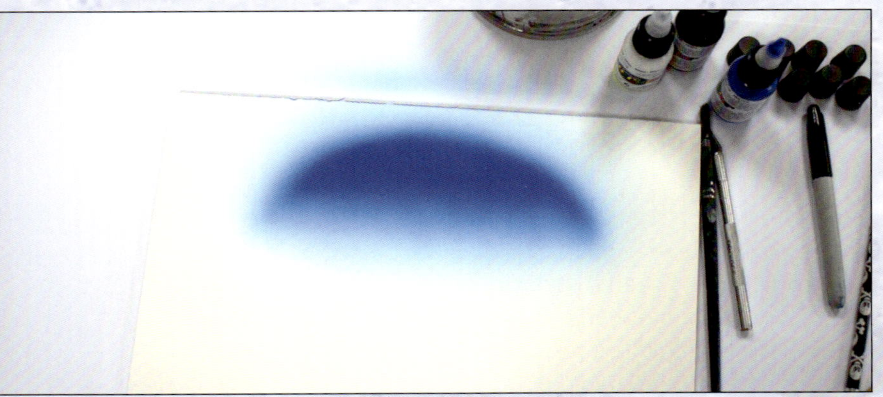

Starten Sie mit einem kleinen bogenförmigen Farbverlauf. Füllen Sie dafür etwas blaue Farbe in den Farbnapf. Im oberen Bereich sprühen Sie etwas dichter (ca. 10 cm) am Malgrund, damit die Farbe gut deckend auf dem Papierbogen aufkommt. Zum Horizont sprühen Sie mit einem größeren Abstand zum Malgrund (ca. 15-20 cm) und mit etwas weniger Farbe (also den Hebel nicht ganz so weit nach hinten ziehen), damit die Farbmenge nach unten hin abnimmt und ein Verlauf entsteht. Sprühen Sie jeweils in Bögen von rechts nach links und von links nach rechts, damit es nicht zu Fleckenbildung kommt.

Schritt 2: Meer

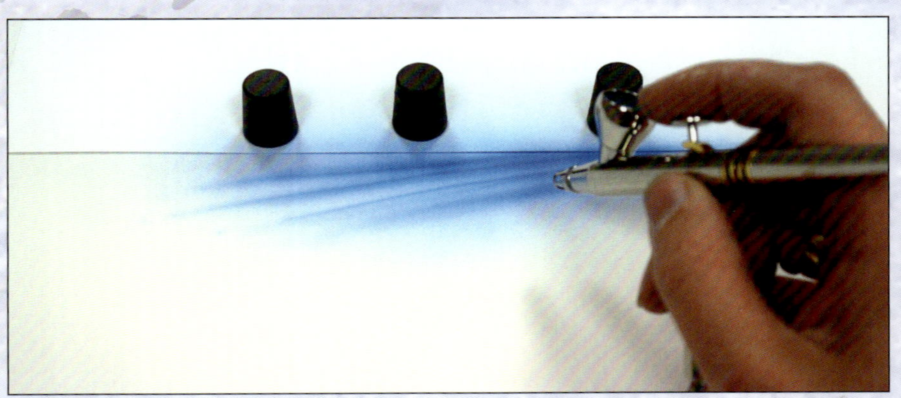

Jetzt kommt die erste lose Schablone zum Einsatz. Mit einem Bogen Papier wird der gerade gesprühte obere Bereich abgedeckt. Sie können den Bogen mit den Fingern andrücken und festhalten oder auch zu Gewichten greifen, damit die Schablone nicht verrückt. Sprühen Sie die Kante mit Blau ein wenig an. Einige Linien schräg zur Papierkante simulieren die Wasseroberfläche.

Schritt 3: Horizont

Die lose Papierschablone wird wieder entfernt und der Horizont wird sichtbar. Sie sehen, wie schnell und einfach mit der losen Schablonentechnik Effekte entstehen.

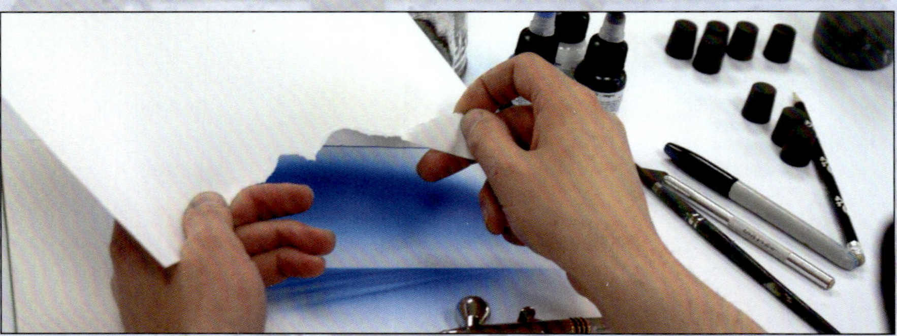

Schritt 4: Papierschablone erstellen

Reißen Sie jetzt aus einem weiteren Bogen Papier eine Bergszenerie heraus. Das geht schnell und erzeugt eine interessante und recht realistische Kante.

Schritt 5: Berge sprühen

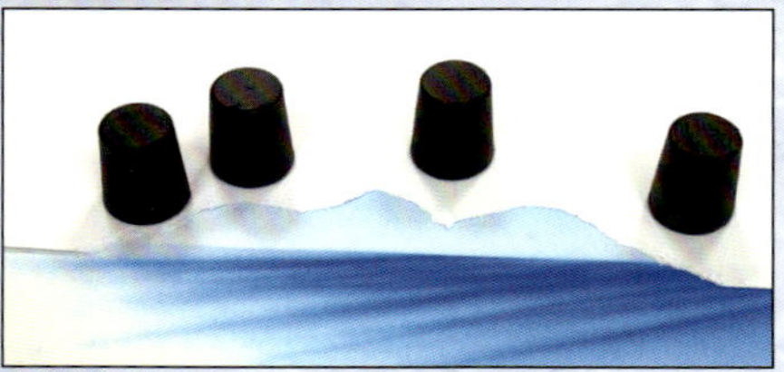

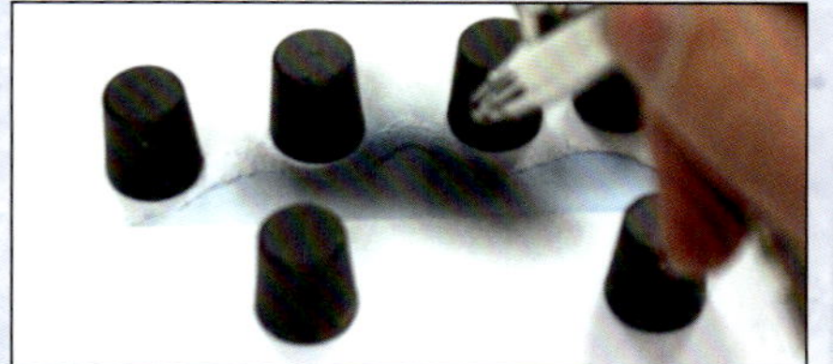

Die äußere Bergschablone wird am Horizont platziert und der untere Bereich mit einem Blatt Papier abgedeckt. Befüllen Sie das Airbrushgerät mit Schwarz und sprühen Sie die entstandene Bergschablone damit aus. Gehen Sie auch hier vorsichtig vor und sprühen Sie in gleichmäßigen Rechts-links- und Links-rechts-Bewegungen. Achten Sie darauf, dass der Farbauftrag nicht zu nass wird und ggf. unter die Schablone läuft.

Schritt 6: Zwischenstand

Hier sehen Sie den fertigen Zwischenschritt. Wie Sie sicherlich schon bemerkt haben, ist ein weiterer Vorteil der losen Schablonentechnik, dass Sie recht flexibel die Schablone auflegen und so die Höhe der Berggruppe schnell ändern können.

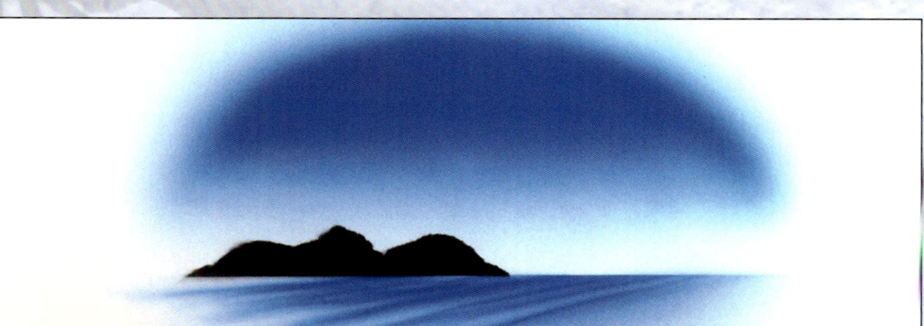

Schritt 7: Berge im Vordergrund

Reißen Sie eine weitere Bergszenerie aus einem Bogen Papier heraus, um den Vordergrund zu formen. Legen Sie die Schablone unterhalb der Meereswellen an. Sprühen Sie ebenfalls mit Schwarz die Ränder der Schablone an und geben Sie dem Gebilde etwas Volumen. Nach unten hin lassen Sie die Farbe auslaufen.

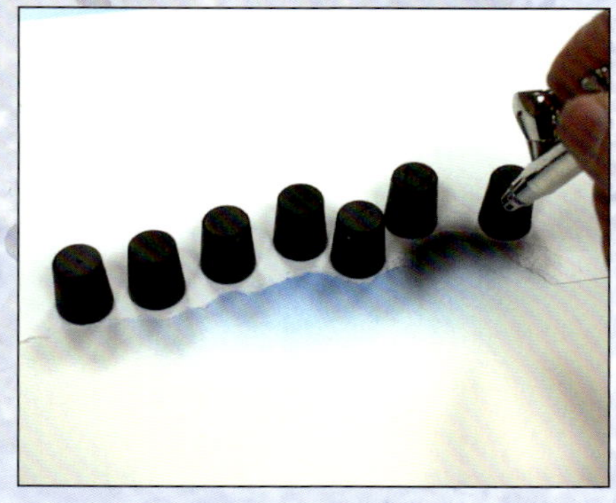

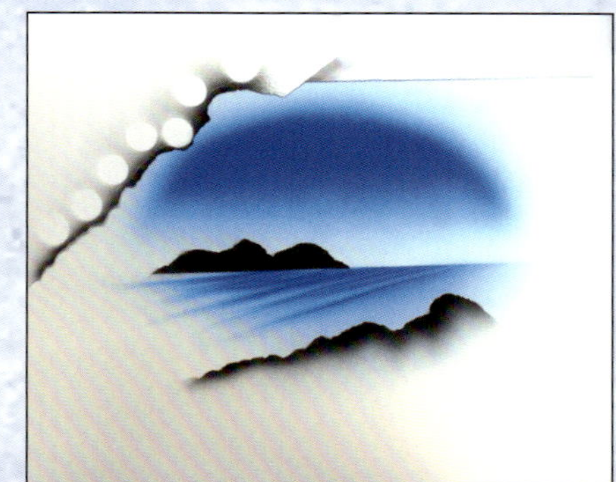

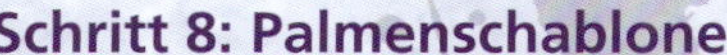

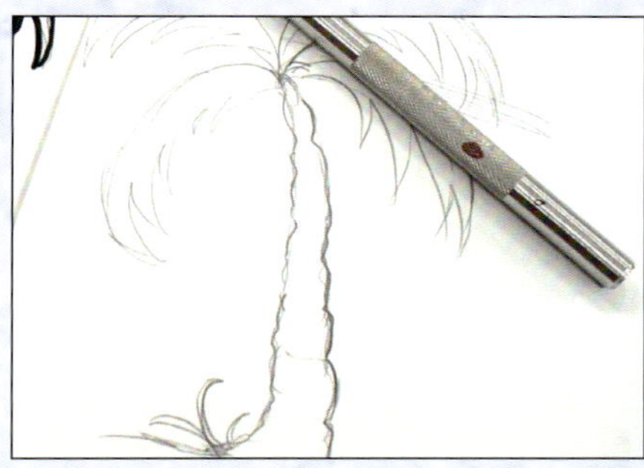

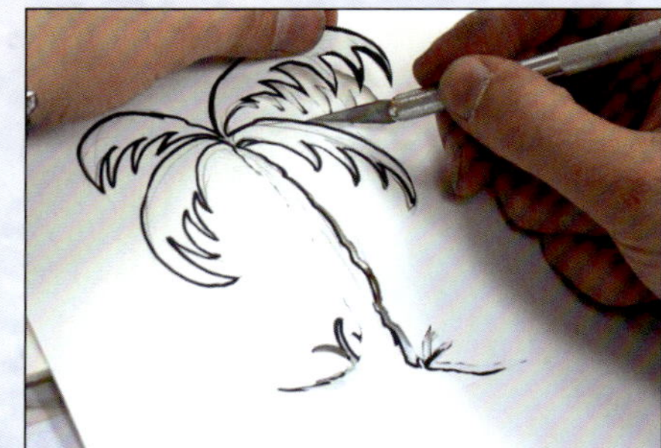

Schritt 8: Palmenschablone

Nicht nur durch Reißen können interessante Strukturen und Formen erzeugt werden. Natürlich können Sie auch direkt Motive auf starkem Papier aufzeichnen und mit einem Skalpell ausschneiden. In diesem Fall habe ich eine Palme gezeichnet, die anschließend ausgeschnitten wurde.

Schritt 9: Palme aussprühen

Jetzt wird die Palmenschablone auf die Berge im Vordergrund platziert und mit Schwarz ausgesprüht. Benutzen Sie die Finger oder Gewichte, um evtl. Teilbereiche der Schablone festzudrücken. Stellen Sie sicher, dass um die Palme herum ausreichend Papier das Motiv abdeckt, um zu vermeiden, dass sich Farbnebelränder über dem Motiv bilden.

Schritt 10: Grashalme

Hier sehen Sie das Ergebnis. Zusätzlich wurden freihand ein paar Grashalme eingesprüht. Dünne Freihand-Linien sind schwierig, deshalb ist es ratsam, auf einem Stück Papier vorher einige Linien zu üben. Halten Sie das Gerät recht steil am Malgrund und ziehen Sie dünne Linien von unten nach oben in das Bild hinein.

Schritt 11: Planet

Mit einem Kreisschneider wird die nächste lose Schablone hergestellt. Legen Sie diese Schablone dann im oberen Bereich des Himmels an. Unten rechts sprühen Sie in den Kreis vorsichtig eine Lichtkante ein. Halten Sie das Gerät dazu steil und in einem Abstand von 8-10 cm vom Malgrund entfernt.

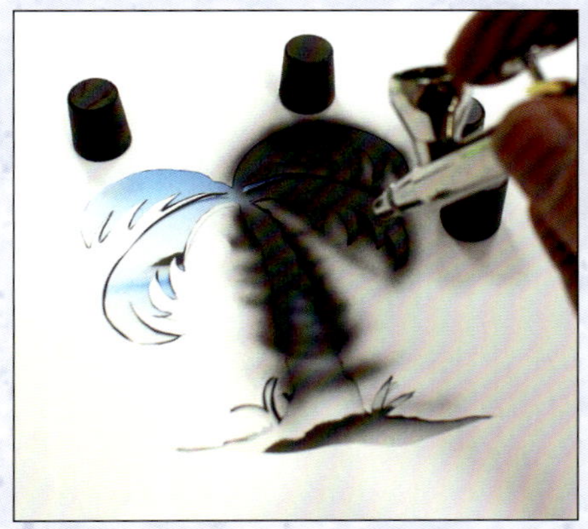

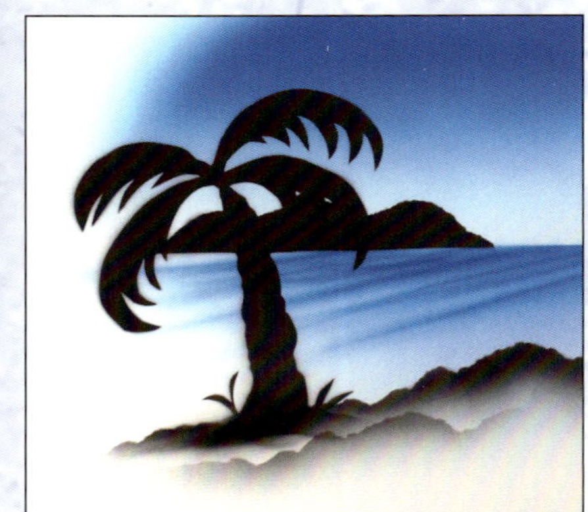

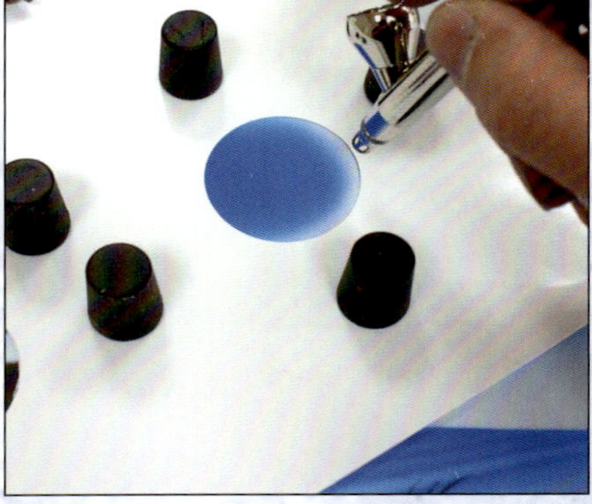

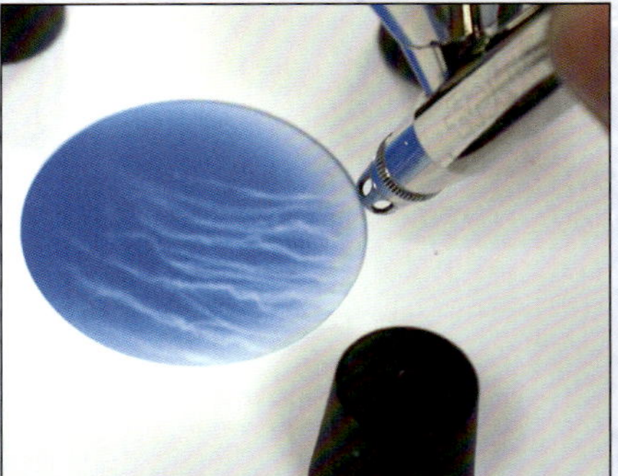

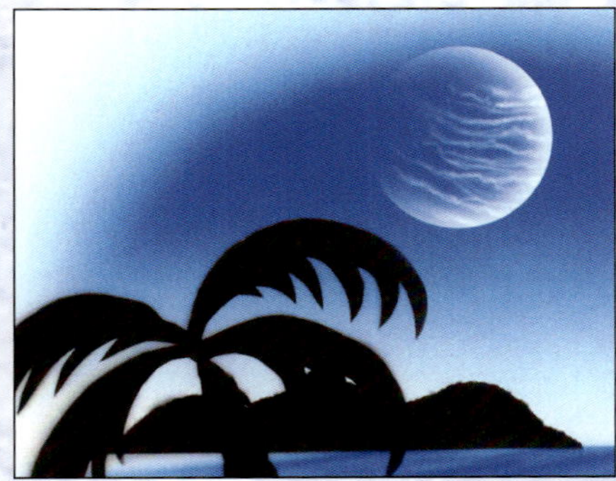

Schritt 12: Planetentextur

Um dem Planeten eine Struktur zu verpassen, gibt es unterschiedliche Möglichkeiten. Die einfachste ist, dünne Linien vom Planetenrand aus zittrig einzuziehen. Das Gerät dazu ganz dicht am Malgrund halten, die Farbzufuhr nur ganz wenig und vorsichtig öffnen und unterschiedlich lange, zittrige Linien einsprühen.

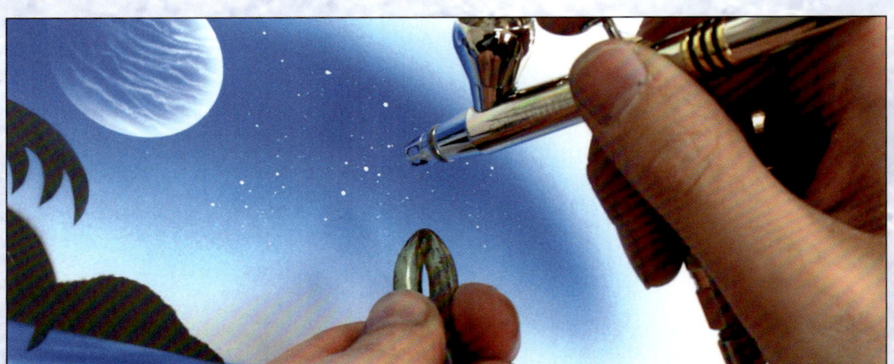

Schritt 13: Sterne

Für eine sternenklare Sommernacht werden jetzt mit Weiß „Sterne gesprenkelt". Verwenden Sie dafür z.B. die Schlauch-Abknick-Methode, eine Sprenkelkappe oder die Luftreduzierung am Kompressor.

Schritt 14: Lichtschein

Lassen Sie die Sterne gut trocknen. Verzieren Sie dann einige Punkte mit einem Sprühpunkt, um diese zum Leuchten zu bringen. Benutzen Sie die linke Hand zur Stabilisierung. Im Abstand von ca. 5 cm halten Sie das Gerät steil und drücken zunächst nur den Knopf komplett runter, um Luft zu geben. Dann ziehen Sie den Hebel vorsichtig und ganz wenig nach hinten, um den Sprühpunkt zu erzeugen.

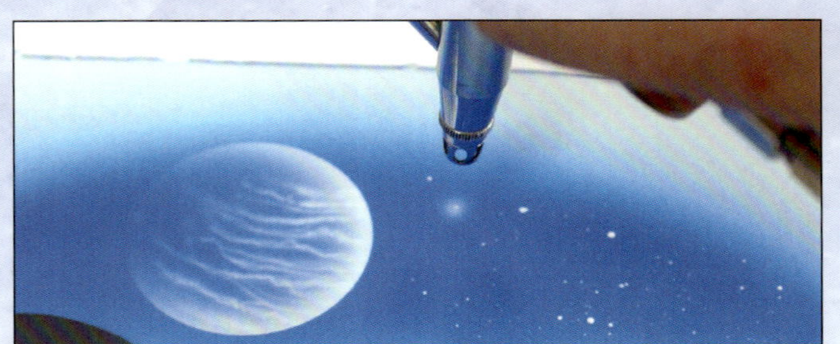

Schritt 15: Sternschablone

Um einen funkelnden Stern zu simulieren, schneiden Sie mit einem Lineal ein dünnes aber gerades Kreuz aus. Setzen Sie dazu das Lineal an, schneiden Sie 4-5 cm. Versetzen Sie das Lineal dann parallel um 1 bis 2 Millimeter nach links und schneiden Sie dort ebenfalls ein. Drehen Sie jetzt das Lineal um 90 Grad und schneiden Sie dasselbe nochmal. Die letzten Ecken können dann freihändig herausgeschnitten werden.

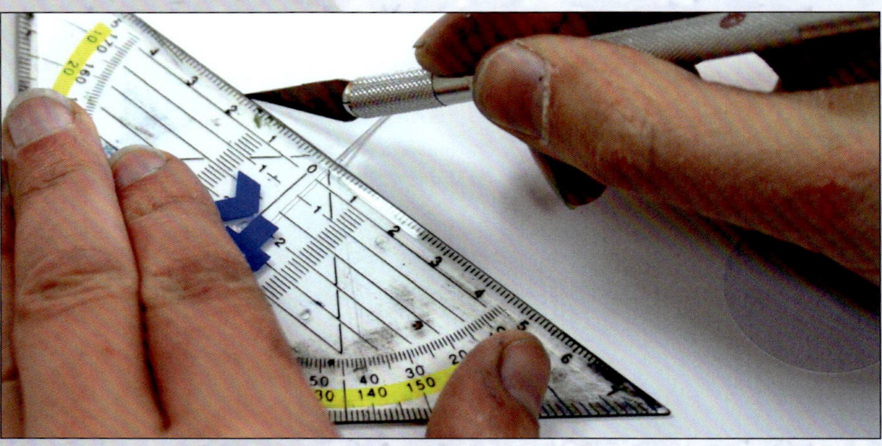

Schritt 16: Funkelnder Stern

Legen Sie die neue Sternenschablone horizontal an und sprühen Sie mit einem Abstand von 5-8 cm ganz vorsichtig ein wenig Weiß in die Mitte des Kreuzes auf. Auf keinen Fall komplett ausmalen, da sich die Farbe durch den Sprühkegel automatisch in den Balken verstreuen soll. Nehmen Sie anschließend die Schablone ab und sprühen Sie vorsichtig in die Mitte des Kreuzes einen Sprühpunkt, um den Stern zum Leuchten zu bringen.

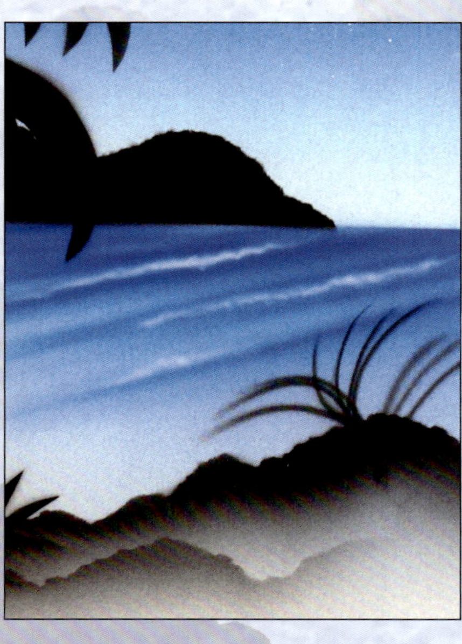

Schritt 17: Wolken und Wellen

Im letzten Schritt werden freihand mit Weiß noch einige Schaumkronen auf den Wellen ergänzt. Gehen Sie dabei ähnlich vor wie bei den Planetenstrukturen. Sprühen Sie aus der Bewegung heraus, damit die zittrigen Linien am Ende leicht ausfaden. Ebenfalls mit gezitterten Linien formen Sie die Konturkante der Wolkengebilde und füllen diese anschließen mit Volumen auf. Bei diesem Motiv konnten Sie selbst erleben, wie einfach der Umgang mit losen Schablonen ist und wie schnell sich eigene Motive damit formen lassen.

WOLKEN...

Im letzten Schritt haben Sie eben schon Wolken gebrusht. Wolken sind Freihand-Arbeit und daher gar nicht so einfach. Es gibt sie in unzähligen Varianten. Durch ihre weiche, leicht transparente und manchmal doch scharf definierte Form sind sie jedoch ideal, um mit der Airbrush gestaltet zu werden. Mit der folgenden Übung können Sie also Ihre Wolkentechnik noch weiter optimieren.

// GRUNDAUSSTATTUNG // Wolken

Airbrush:	Airbrushgerät mit 0,2 mm Düse
Farben:	Blau, Umbra, Magenta, Weiß
Weitere Materialien:	Papier für Kanten

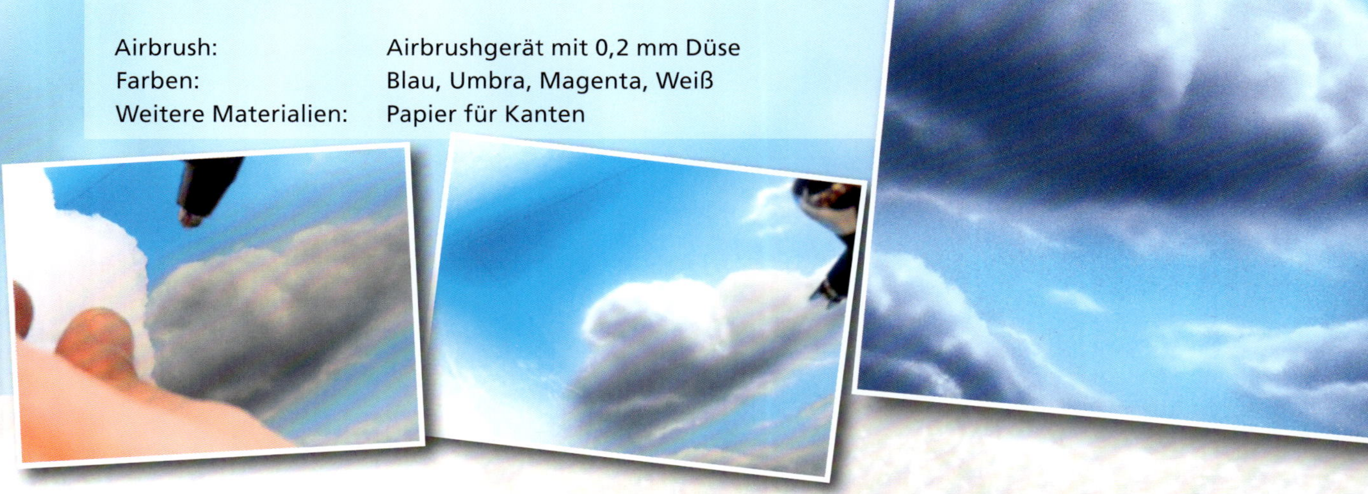

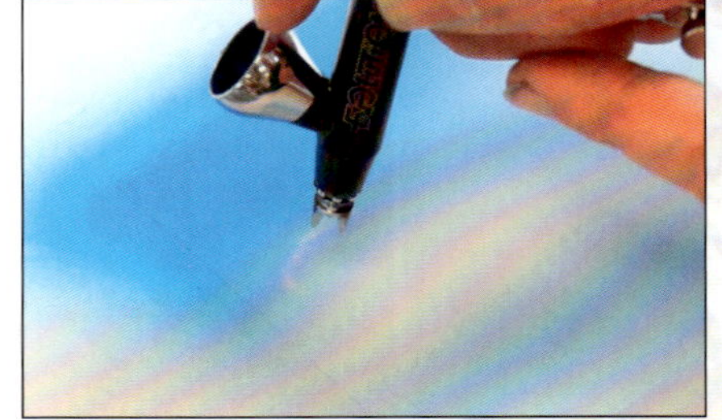

Schritt 1: Hintergrund

Starten Sie auf einem hellen Hintergrund mit einem Farbverlauf von Blau bis Hellblau. Mischen Sie zu dem Blau noch etwas Wasser und deckendes Weiß hinzu, damit die Farbpigmente nicht ganz so pixelig aussehen. Sparen Sie dabei grob die Wolkenformen aus, damit der helle Hintergrund als Grundfarbe erhalten bleibt.

Schritt 2: Zittrige Linien

Jetzt geht es an die Details. Sprühen Sie mit deckendem Weiß gezitterte Linien als obere Konturgebung der Wolken auf. Gefällt Ihnen die Kontur noch nicht, können Sie jederzeit wieder eine gezitterte Linie darüber setzen und so eine Korrektur ermöglichen. Je nach dem, mit welchem Abstand man zum Malgrund arbeitet, kann man detaillierte oder unscharfe Wolken darstellen.

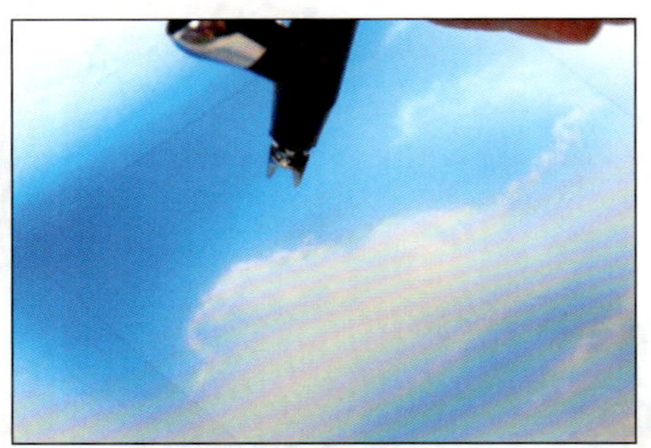

Schritt 3: Wolkiger Verlauf

Ist die obere Konturkante der Wolken fertig, sprühen Sie ebenfalls mit Weiß nach unten hin einen wolkigen Farbverlauf ein. Bewegen Sie das Airbrushgerät dabei mit einem höheren Abstand leicht zittrig. Das dient dazu, den Wolken ein Volumen zu geben.

Schritt 4: Schatten

Mischen Sie jetzt eine dunkle Schattenfarbe mit je einem Tropfen Blau, Umbra, etwas Magenta und ganz viel Wasser. Mit diesem Farbton können Sie dann auch im unteren Bereich der Wolke die Schatten aufsprühen. Sprühen Sie dabei die Farben leicht gezittert auf, damit auch hier eine unruhige, wolkige und volumenbetonte Optik vorherrscht. Sollten Sie sich im vorherigen Schritt etwas vermalt haben und Ihnen die ein oder andere weiße Stelle in der Wolke nicht zusagt, haben Sie mit der Schattenfarbe die Möglichkeit, davon etwas zu überdecken. Im unteren Bereich der Wolken ist es etwas dunkler und im oberen Bereich werden einige Bereiche offen gelassen.

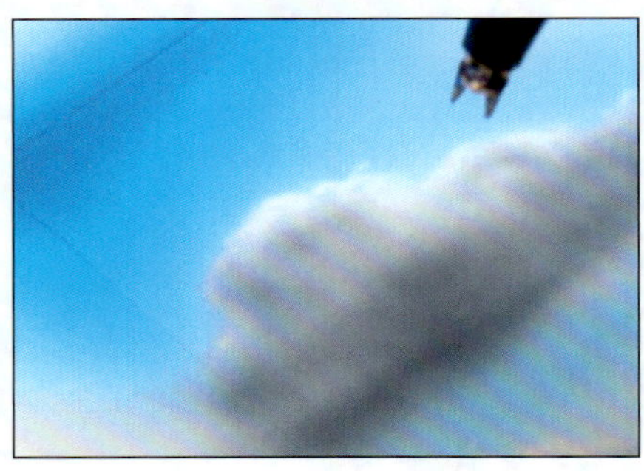

Schritt 5: Highlights

Überarbeiten Sie die Wolken immer mal wieder mit deckendem Weiß, bis Ihnen die Formgebung noch besser gefällt.

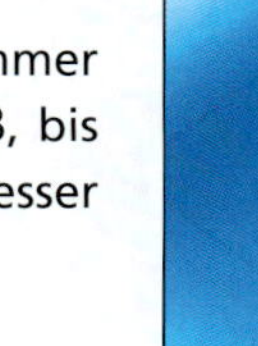

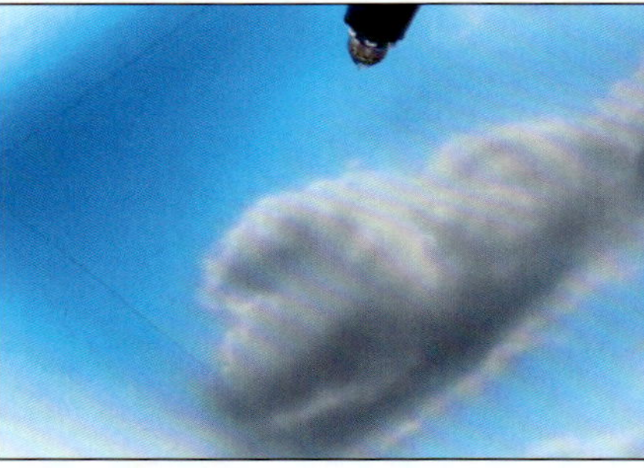

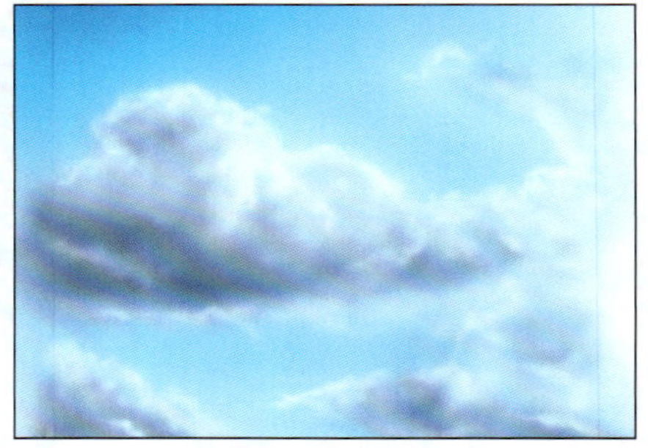

Schritt 6: Kanten schärfen

Möchten Sie die Konturgebung der Wolken noch etwas schärfer haben, können Sie mit einer gerissenen Papierkante und deckendem Weiß die Wolkenkanten im oberen Bereich herausarbeiten. Legen Sie dabei die gerissene Schablone an, suchen Sie sich eine Rundung aus, die zu Ihrer Wolkenform passt, und sprühen Sie etwas Weiß an der Papierkante auf. Versetzen Sie anschließend Ihre Schablone und sprühen Sie die nächste Kante nach Bedarf ein. Sind die Kanten zu scharf geworden, können Sie freihand mit dem Airbrushgerät noch mal darüber „zittern".

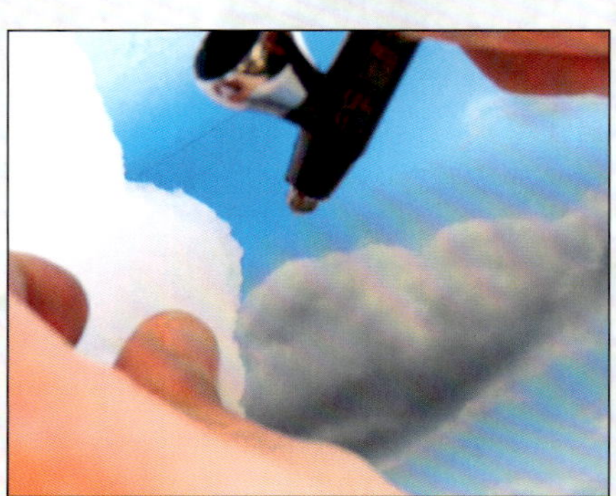

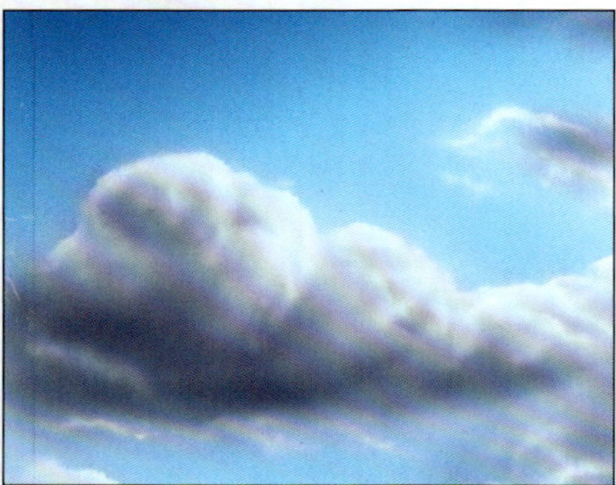

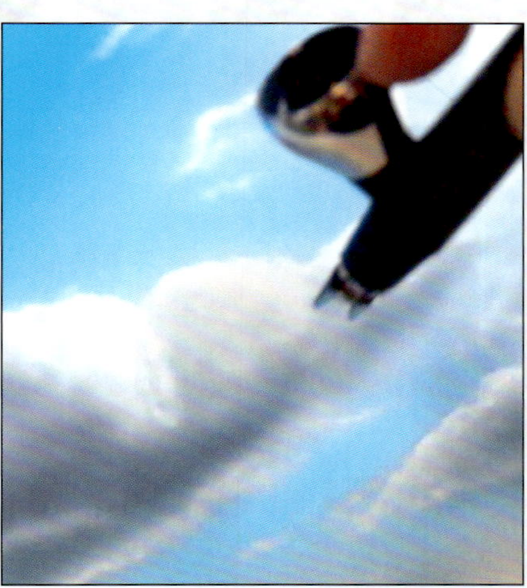

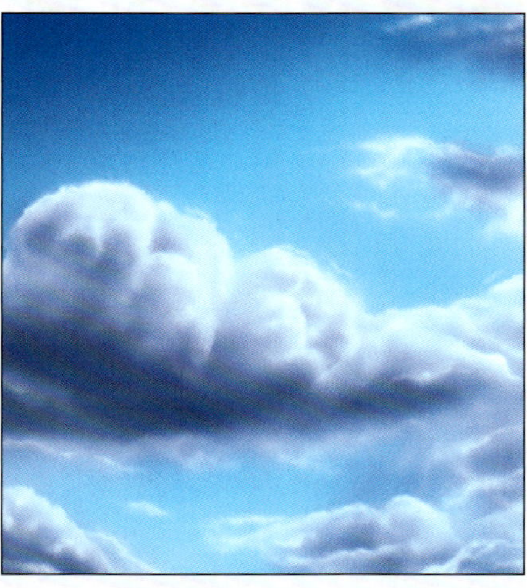

Schritt 7: Fetzen und Details

Mit ganz kleinen gezitterten Linien formieren Sie Wolkenfetzen und geben den Wolken zusätzliche Details. Korrigieren Sie bei Bedarf zum Schluss noch mal mit der Schattenfarbe Ihre Wolkenschattierungen. Viel Spaß beim Ausprobieren eigener Wolkenformationen!

WASSERTROPFEN

Die Illusions- und Effektmalerei gehört zu den großen Stärken der Airbrush-Technik. Wassertropfen realistisch simulieren zu können, als ob sie in Echt gerade von einer Oberfläche abperlen, sollten Sie daher unbedingt in Ihr Airbrush-Repertoire mit aufnehmen. Mit einfacher Maskiertechnik und Farbverläufen, die Sie im Prinzip schon gelernt haben, lassen sich die Tropfen eindrucksvoll realisieren.

// GRUNDAUSSTATTUNG // Wassertropfen

Airbrush:	Airbrushgerät mit 0,2 mm Düse
Farben:	Blau, Schwarz, Weiß
Weitere Materialien:	Airbrushpapier, Maskierfilm, Skalpell, Stift

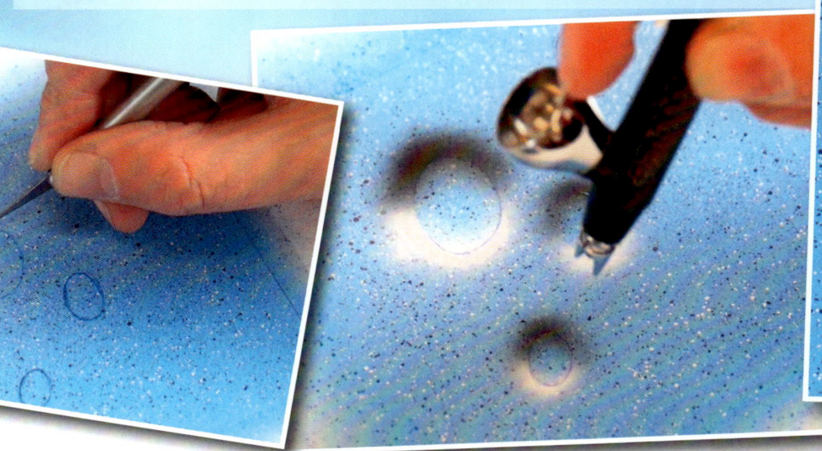

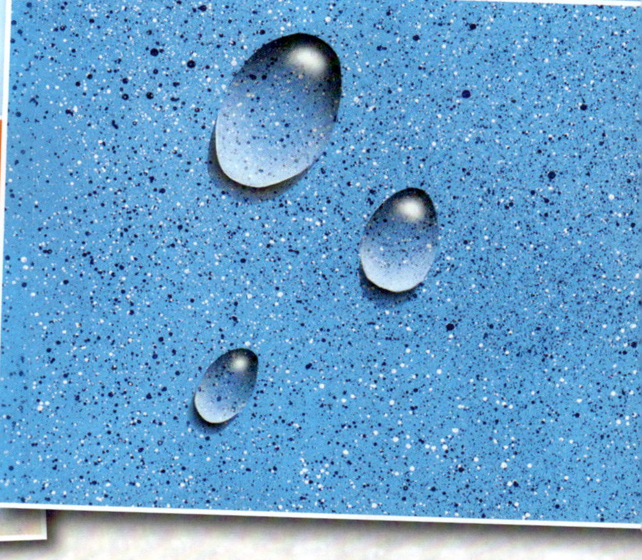

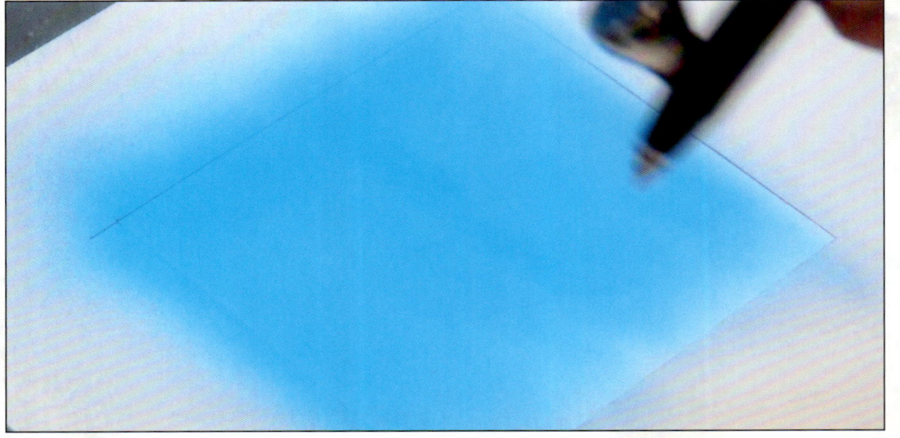

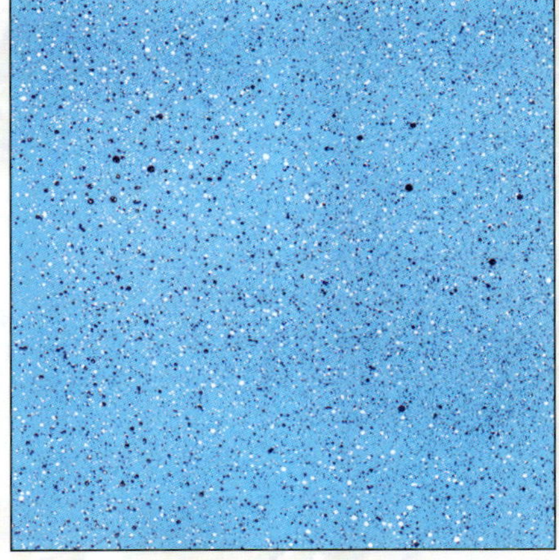

Schritt 1: Hintergrundfarbe

Erstellen Sie als Erstes den Hintergrund. Das kann eine Illustration sein oder wie in meinem Beispiel einfach eine interessante, aber einfache Fläche mit Textur. Ich sprühe also mit einem deckenden Hellblau meine Fläche komplett aus.

Schritt 2: Struktur

Erst mit Blau und danach mit Weiß sprenkle ich dann ganz viele kleine Pünktchen auf die blaue Fläche, damit eine schöne Struktur entsteht. Ich benutze dabei die Schlauch-Abknick-Methode, bei dem der Schlauch gleichzeitig zugedrückt und der Hebel schnell runter und nach hinten gezogen wird (bei einem Double-Action-Gerät).

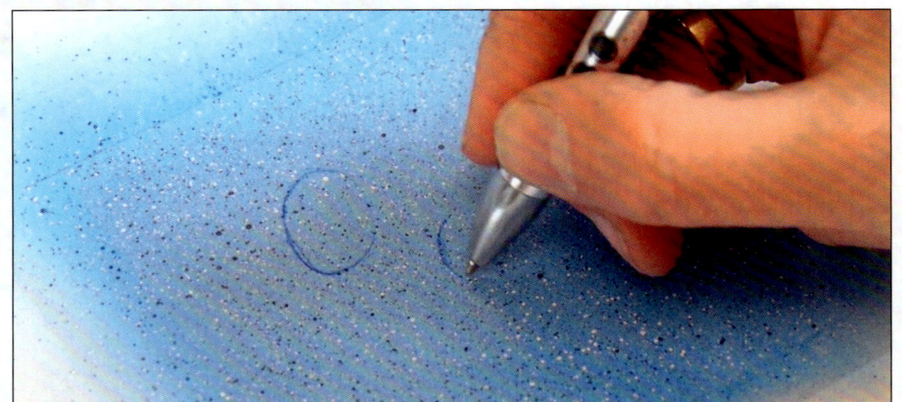

Schritt 3: Tropfen vorzeichnen

Kleben Sie Maskierfilm auf und zeichnen Sie mit einem Stift unterschiedliche Tropfengrößen auf. Ideal ist ein permanenter Filzstift, ein weicher Bleistift oder ein Kugelschreiber.

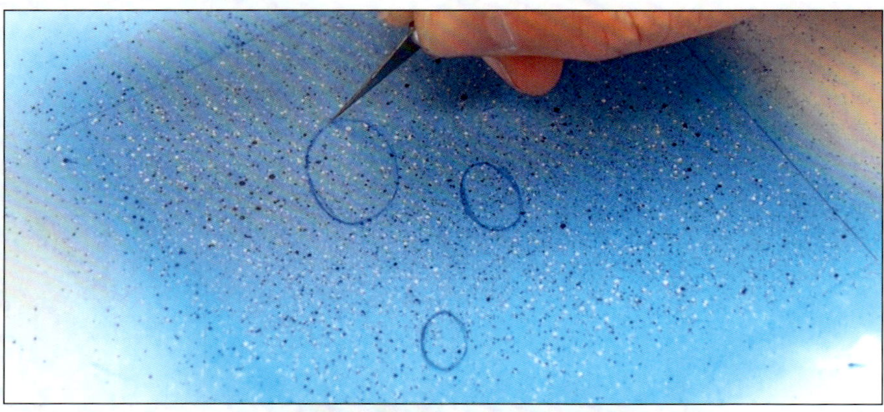

Schritt 4: Maskierung ausschneiden

Sind Sie mit der Formgebung der Wassertropfen zufrieden, schneiden Sie diese nun vorsichtig aus. Achten Sie darauf, den Innenbereich der Maskierung nicht wegzuschmeißen, da dieser später noch benötigt wird.

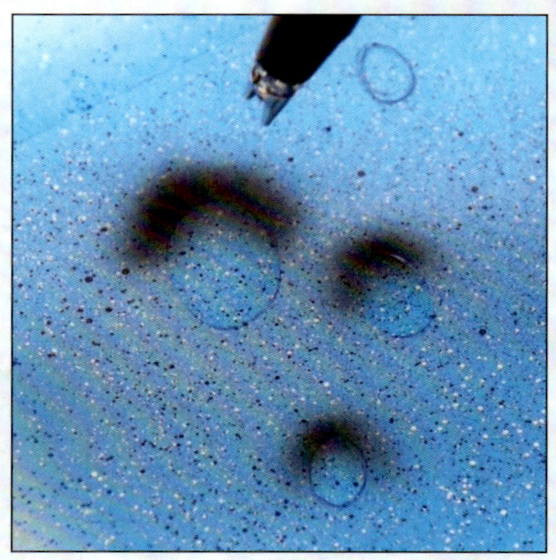

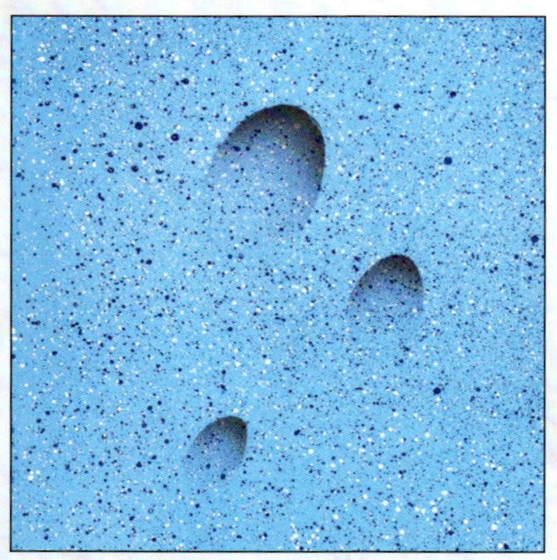

Schritt 5: Schattenseite

Mischen Sie sich ein leicht transparentes Schwarz an und sprühen Sie auf die obere Innenseite der Tropfenform. Die gepunktete Struktur sollte noch ein wenig durchschimmern. Um Ihnen die Wirkung hier zu zeigen, habe ich zwischenzeitlich den Maskierfilm abgenommen. Bei Ihrer Arbeit sollten Sie ihn aber in jedem Fall drauf lassen und gleich zum nächsten Schritt übergehen.

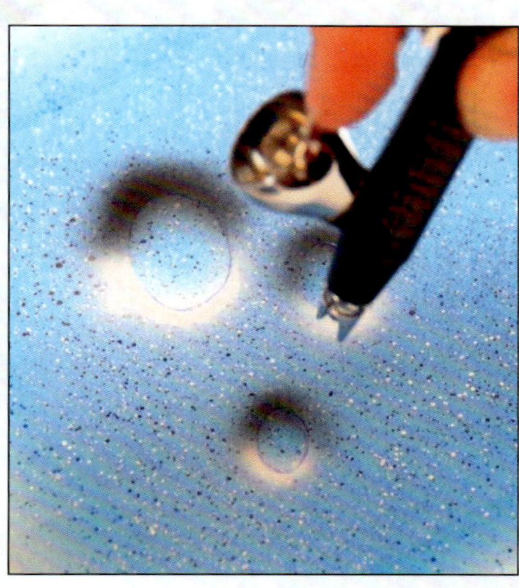

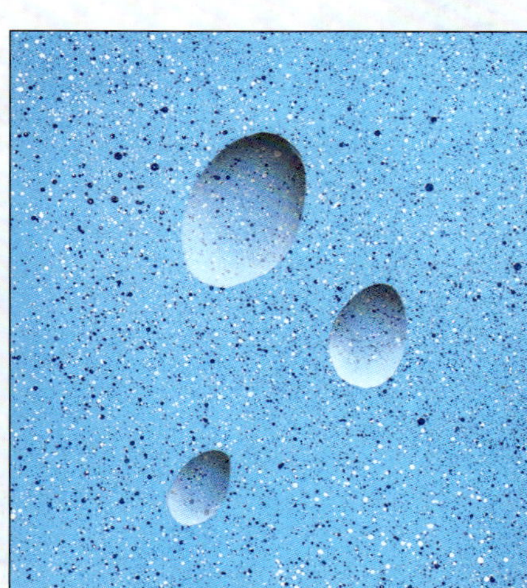

Schritt 6: Lichtseite

Sprühen Sie nun mit deckendem Weiß die untere Seite der Tropfenform an. Lassen Sie alles gut trocknen, bevor Sie die komplette Maskierung entfernen.

Schritt 7: Schlagschatten maskieren

Als Nächstes kleben Sie ein weiteres Stück Maskierfilm über die Tropfen und zeichnen eine halbmondförmige Sichel für den Schlagschatten auf, den Sie im Anschluss ausschneiden.

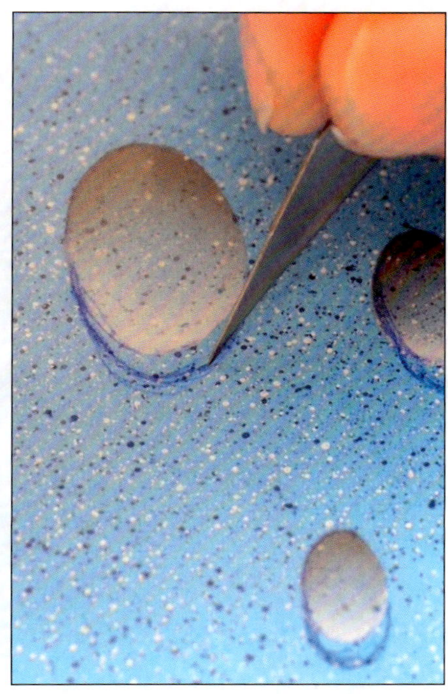

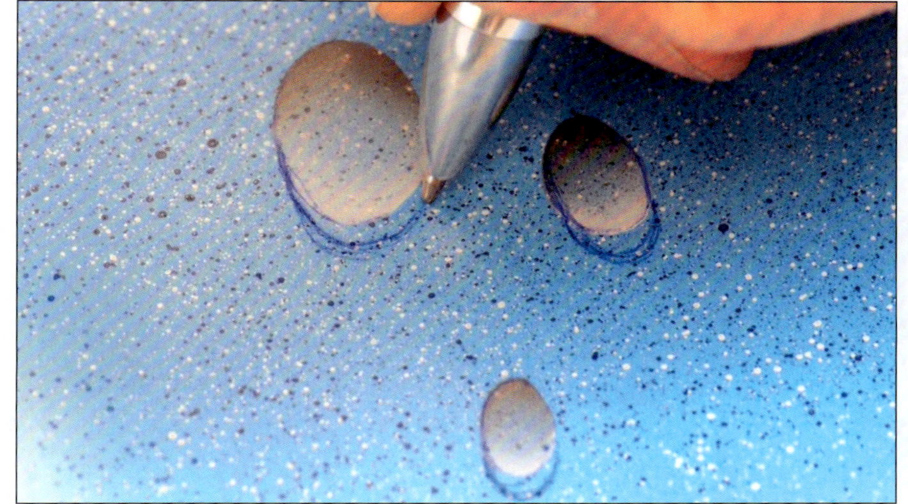

Schritt 8: Schlagschatten sprühen

Nebeln Sie nun vorsichtig transparentes Schwarz an der Innenkontur entlang, so dass ein Schatten entsteht. Danach können Sie die Maskierung wieder vorsichtig abziehen.

Schritt 9: Glanzpunkte und Korrekturen

Sollte etwas schief gelaufen sein, können Sie evtl. Maskierfehler mit einem feinen Pinsel noch korrigieren. Mit deckendem Weiß sprühen Sie noch einen Glanzpunkt im oberen Bereich der Tropfenform auf – fertig! Lassen Sie sich vom benetzten Badewannenrand, Dusche oder Fenster inspirieren, um weitere Tropfenformen auszuprobieren. Ich wünsche wie immer viel Spaß beim Nachbrushen!

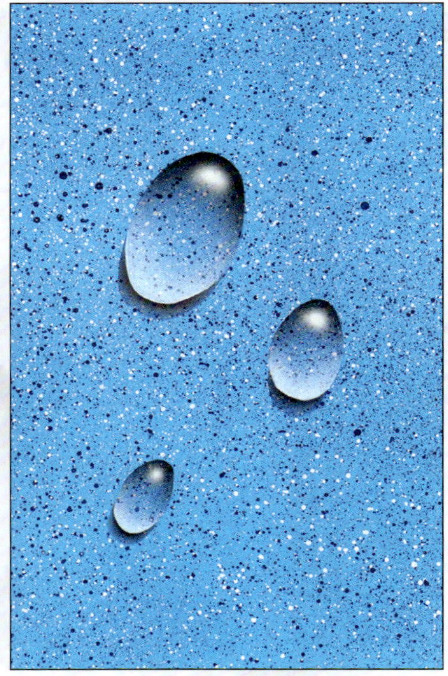

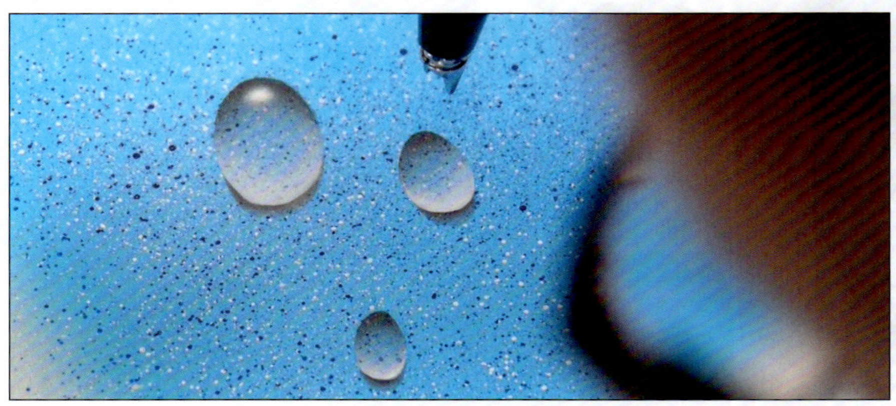

STEINSTRUKTUR

Ein weiterer Klassiker aus der Illusionsmalerei. Verwandeln Sie Metalltüren, Motorradtanks oder Holzwände in massiven Stein oder sogar Marmor. Scharfe Kanten, ein paar Sprenkel, kombiniert mit Pinsel- und Tupftechniken, ist alles, was Sie dazu brauchen.

// GRUNDAUSSTATTUNG // Steinstruktur

Airbrush:	Airbrushgerät mit 0,2 mm Düse
Farben:	Braun, Schwarz, Weiß
Weitere Materialien:	Airbrushpapier, Maskierfilm, Cutter, Pinsel

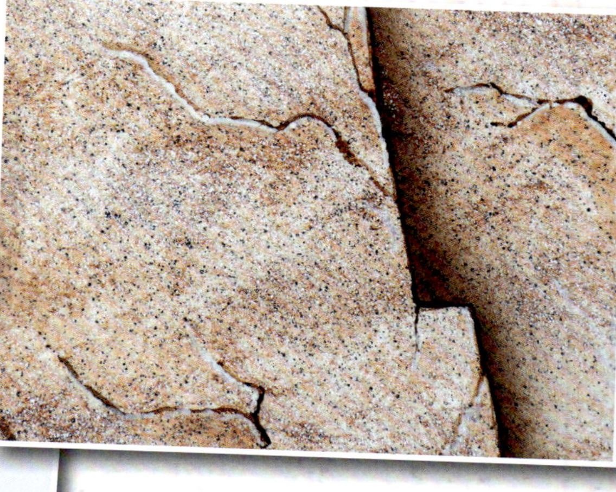

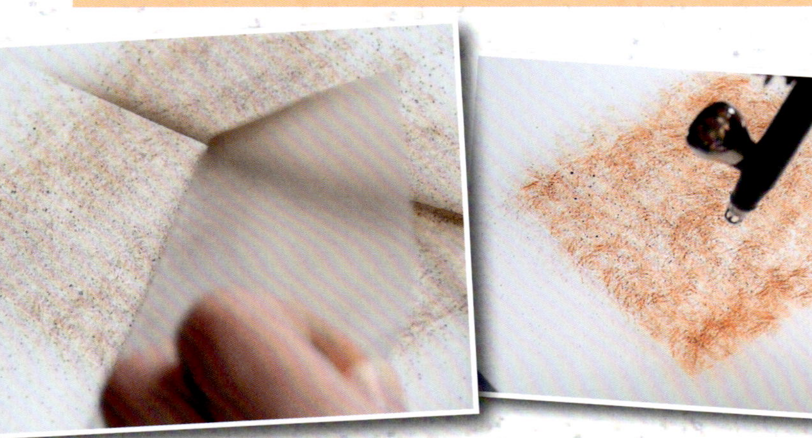

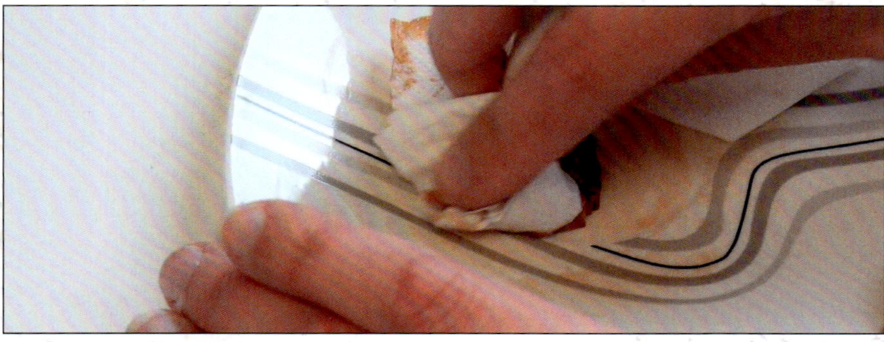

Schritt 1: Braunton mischen

Mischen Sie auf einem Teller einen Braunton an. Damit dieser nicht zu dunkel ist, kommt ausreichend Wasser hinzu. Nutzen Sie dafür einen Pinsel oder gleich ein Papiertuch.

Schritt 2: Struktur tupfen

Probieren Sie vorher auf einem separaten Stück Papier aus, wie sich der Farbton und die Struktur mit dem zerknüllten Papiertuch verhält. Dann tupfen Sie mit einem Papiertuch Strukturen auf Ihren Malgrund. Dabei drehen Sie das Tuch immer wieder etwas anders, damit ein unregelmäßiges Muster entsteht und es nicht so aussieht, als würden Sie mit einem Stempel hantieren.

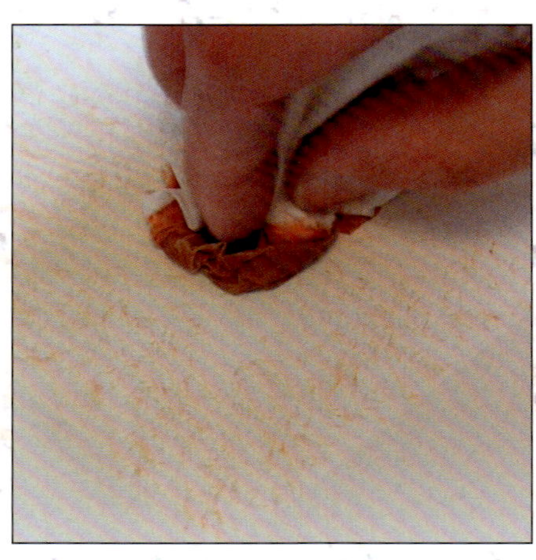

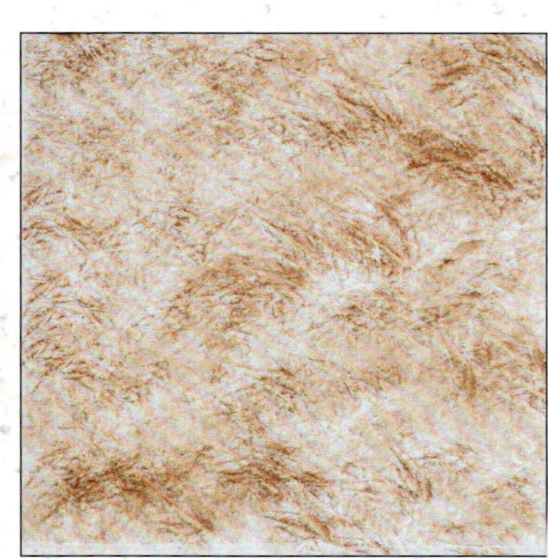

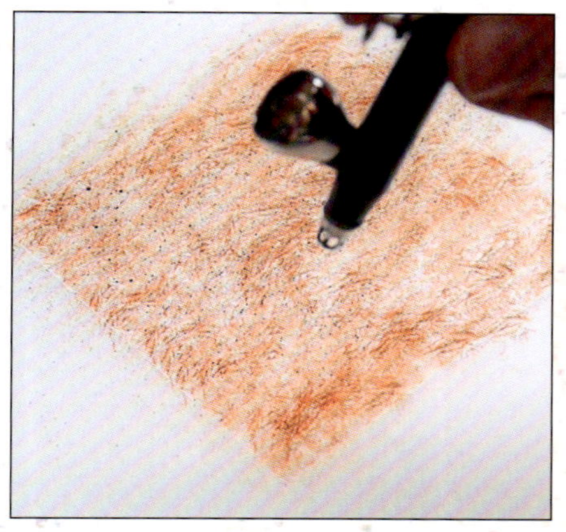

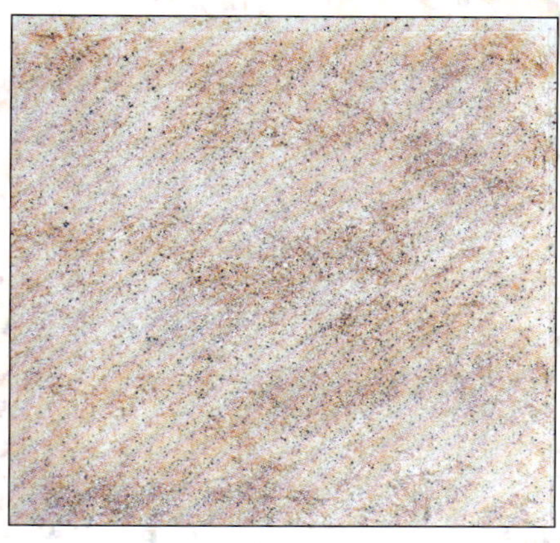

Schritt 3: Sprenkeln

Je nach Steinsorte kann nun mit dem Airbrushgerät gesprenkelt werden, um einen sandigen Look zu erhalten. Sprenkeln Sie mit der Schlauchabknick-Methode oder z.B. mit der Luftreduzierung über den Druckminderer am Kompressor. Erst mit Dunkelbraun über die ganze Fläche und dann eine Weile trocknen lassen. Danach noch einmal über die ganze Fläche mit deckendem Weiß sprenkeln.

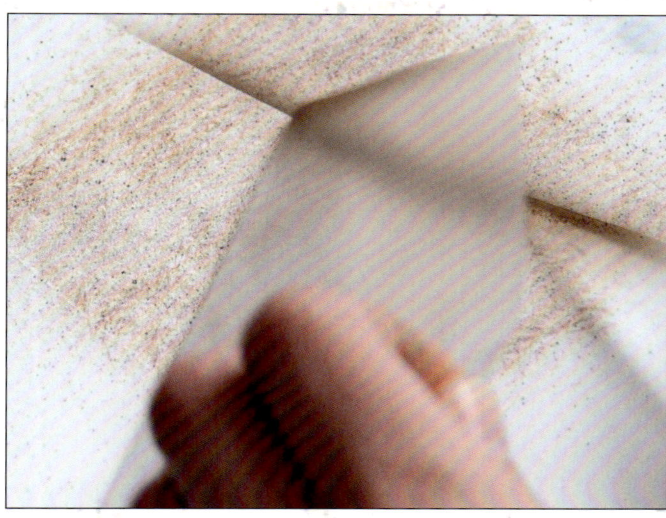

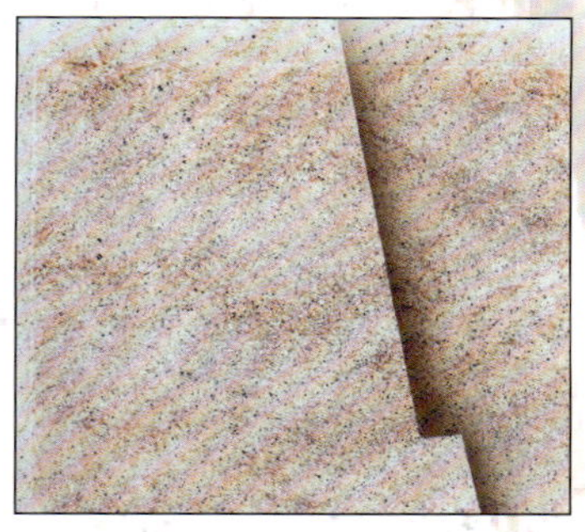

Schritt 4: Schattenkante hinzufügen

Um einen zusätzlichen Effekt zu erhalten, können Sie eine Schattenkante hinzufügen. Kleben Sie dazu erst eine Maskierung auf und sprühen dann mit transparentem Dunkelbraun die Schattenkanten ein.

Schritt 5: Effekte

Mischen Sie sich einen stark transparenten Braunton und malen Sie mit diesem Flecken auf. Wenn die nasse Farbe getrocknet ist, entstehen zusätzliche interessante Effekte. Verwenden Sie einen feinen Pinsel mit verdünntem Braun-Schwarz und malen Sie Risse in den Stein ein.

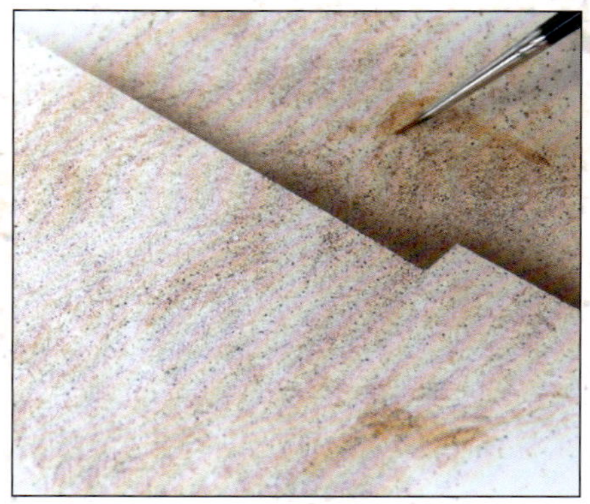

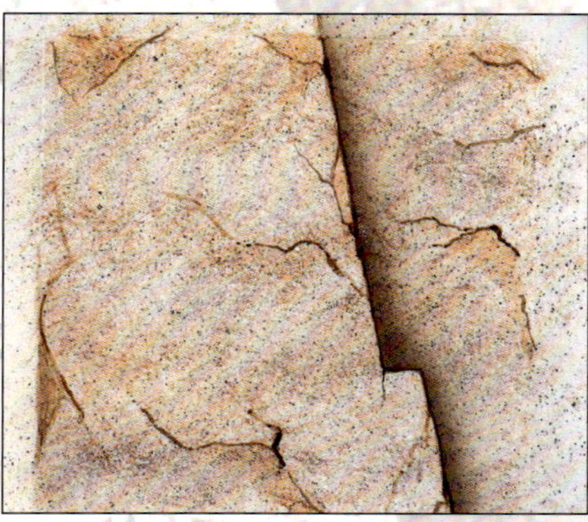

Schritt 6: Feinschliff

Verwenden Sie deckendes Weiß für die Lichtkanten der Risse. Damit das Ganze noch etwas realistischer aussieht, überarbeiten Sie die Steinkanten ebenfalls noch mit einem Pinsel und dunkler Farbe. Fertig!

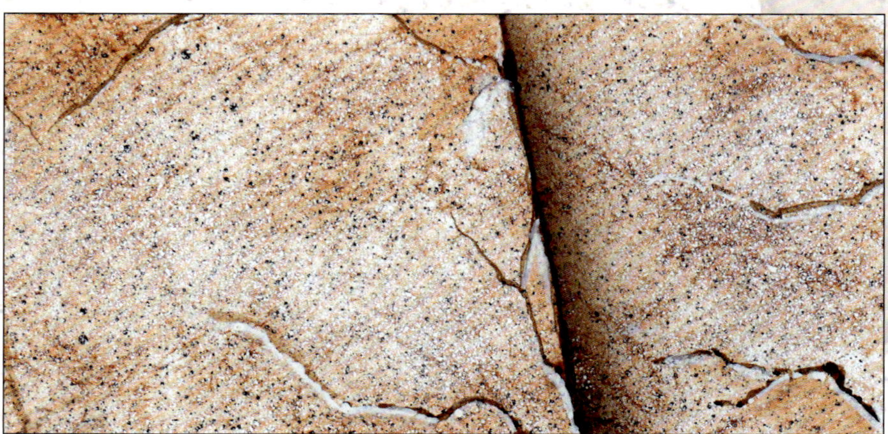

METALL-FINISH

Ein „falscher" Metall-Look ist vor allem im Modellbau gefragt, um aus farblosem Plastik originalgetreue „Blechkisten" zu machen. Aber auch im Custom Painting kann er auf „echtem" Metall für atemberaubende Effekte und gekonnte Illusionen sorgen. Mit Airbrush und Pinsel gelingt schnell eine gebürstete Metalloberfläche. Ändern Sie die Farben und Formen, um die Struktur Ihren eigenen Bedürfnissen anzupassen. Die Technik funktioniert auf Airbrushpapier genauso gut wie auch auf Metall und anderen Untergründen.

// GRUNDAUSSTATTUNG // Metall-Finish

Airbrush:	Airbrushgerät mit 0,2 mm Düse
Farben:	Blau, Umbra, Schwarz, Weiß
Weitere Materialien:	Lineal, Maskierfilm, Skalpell, Pinsel

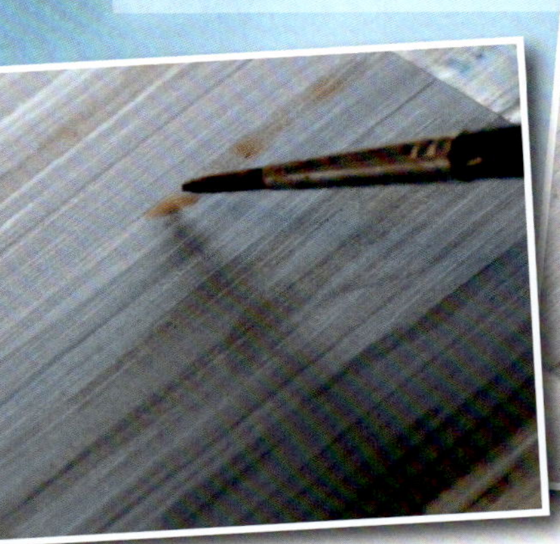

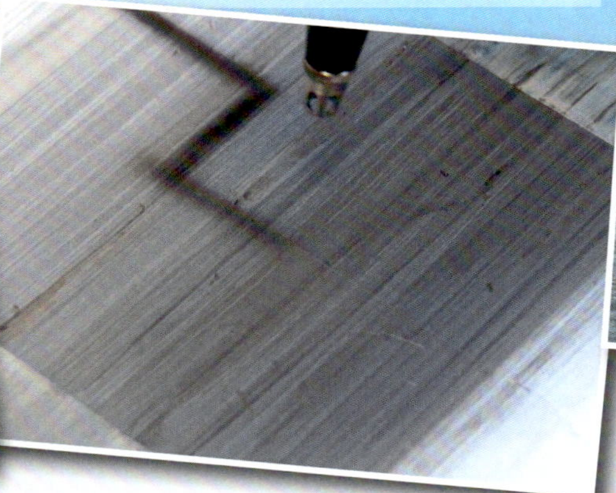

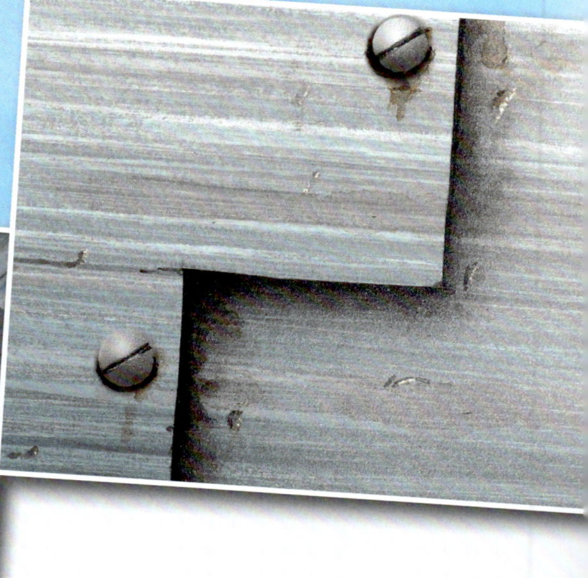

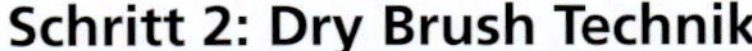

Schritt 1: Grundfarbe

Geben Sie Ihrem Malgrund eine Färbung. In diesem Fall wird ein Farbverlauf von Hellgrau bis Grau gesprüht. Mischen Sie dazu einen Tropfen Schwarz mit ausreichend Weiß und etwas Wasser.

Schritt 2: Dry Brush Technik

Mischen Sie als Nächstes ein dunkles Grau z. B. mit Schwarz, Umbra und Wasser. Mit großem, fast trockenem Borstenpinsel oder z. B. mit einem Special Effekt Pinsel wie dem Da Vinci Vario-TIP tragen Sie dann horizontale Linien auf. Beachten Sie, dass bei der Verwendung eines handelsüblichen Borstenpinsels der Pinsel nach Aufnahme der Farbe erstmal auf einem separaten Stück Papier trocken gemacht wird. Dabei spricht man auch von der „Dry Brush"-Technik. Verwenden Sie den Vario-TIP, verhält sich dieses genau entgegengesetzt – dieser funktioniert nur richtig gut, wenn der voll mit Farbe benetzt wird. Wenn nötig, gehen Sie mehrmals über die Fläche, bis Ihnen die Streifigkeit gefällt.

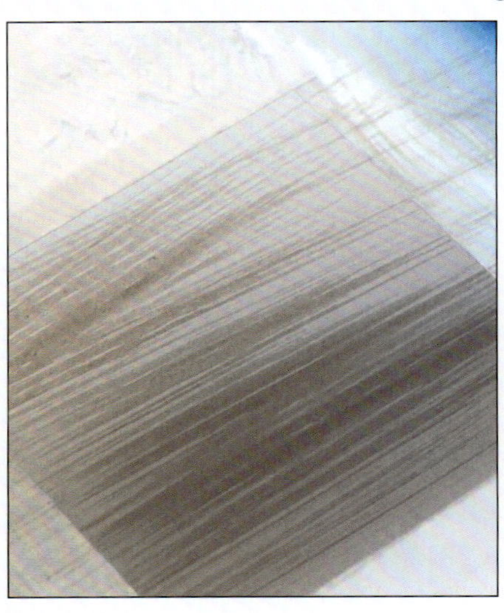

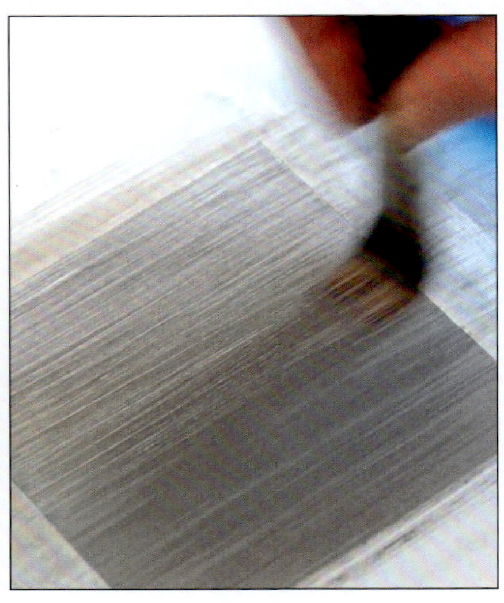

Schritt 3: Strukturkontrast

Danach fügen Sie mit deckenden Weiß ebenfalls mit einem Borstenpinsel horizontale Linien hinzu, so dass Sie eine ideale Mischung der Kontraste und Linienstrukturen erhalten.

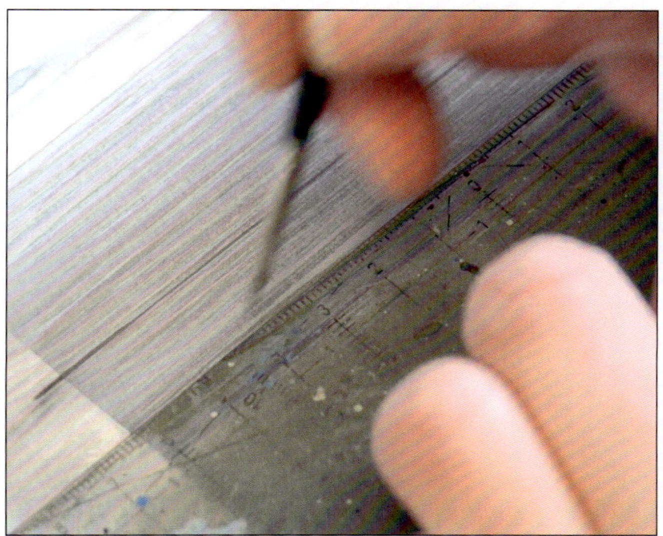

Schritt 4: Linien, Kratzer, Riffel

Mit einem feinen Pinsel betonen Sie einzelne Linien, Kratzer sowie Riffel. Verwenden Sie dazu als Hilfestellung und Pinselführung ein Lineal, damit die Linien gerade aufgetragen werden können. Starten Sie mit einem transparenten Dunkelgrau und fügen Sie danach ebenfalls mit Weiß Linien hinzu.

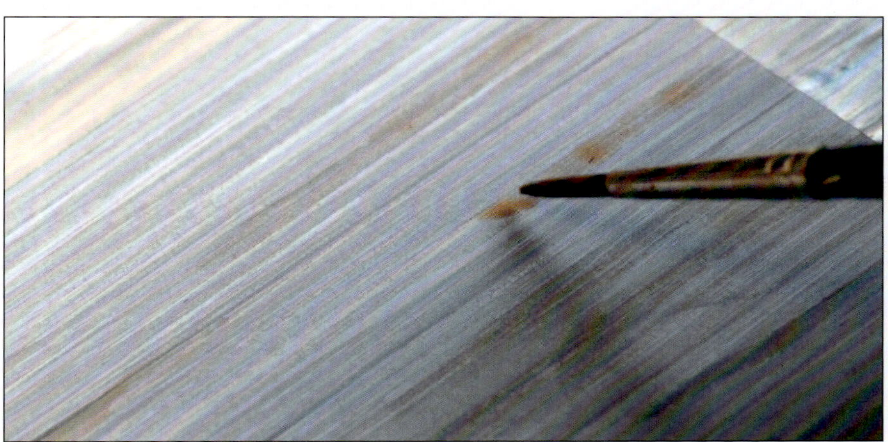

Schritt 5: Ölspuren und Unebenheiten

Tragen Sie dann zusätzlich mit einem transparenten Rostbraun und einem etwas größeren Pinsel Ölspuren und mit einem feinem Pinsel mit transparentem Schwarz Riefen und Unebenheiten auf.

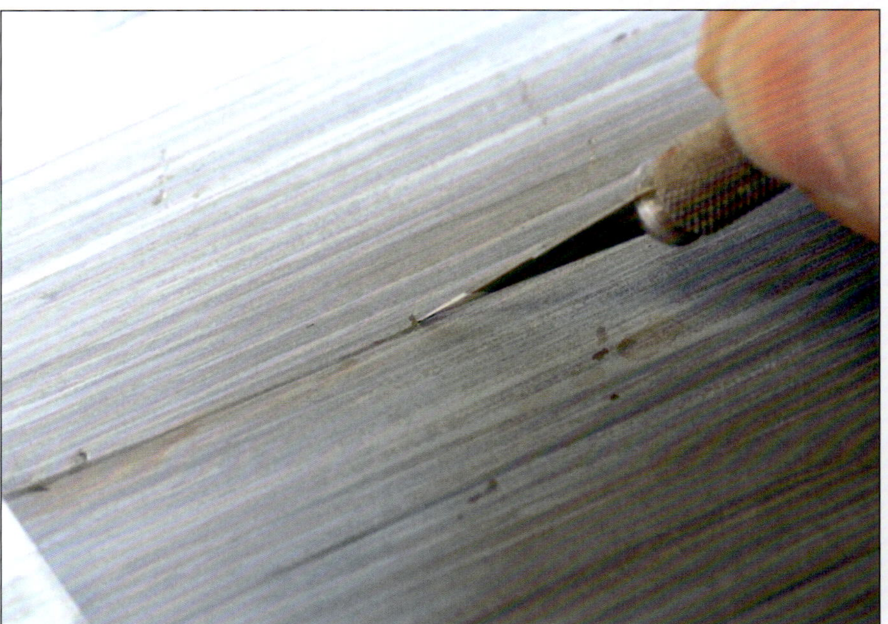

Schritt 6: Highlights

Ist alles getrocknet, können Sie je nach Maluntergrund mit einem Skalpell kleine Highlights an den Unebenheiten herausschaben, damit diese noch realistischer wirken.

Schritt 7: Reliefkante

Damit Ihr Metall einen zusätzlichen optischen Effekt bekommt, haben Sie die Möglichkeit, z. B. eine Reliefkante einzuarbeiten. Maskieren Sie dazu mit einem Stück Maskierfilm die Metallfläche. Malen Sie dann die Reliefkante mit einem Stift auf und öffnen Sie eine Seite, die Sie dann mit transparentem Schwarz ansprühen.

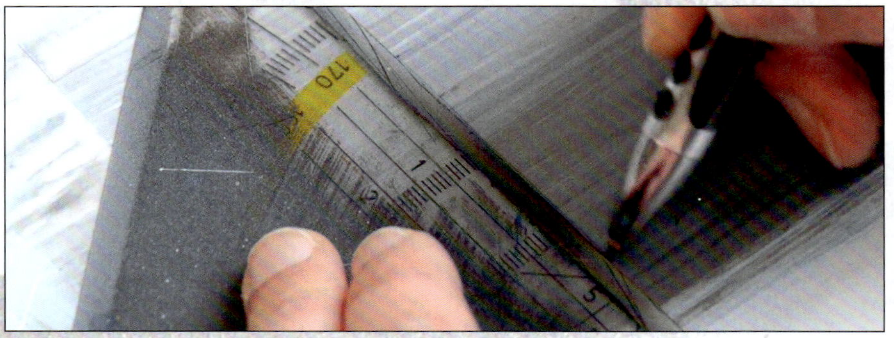

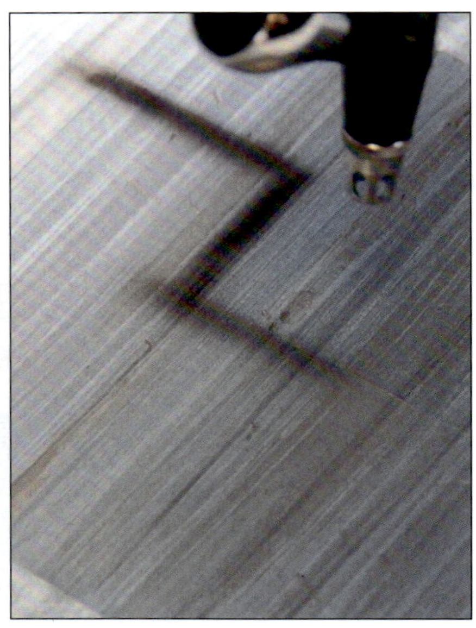

Schritt 8: Schmutzablagerungen

Mit einem Pinsel und hochtransparenten Farben können Sie dann weitere Schmutzablagerungen an der Kante auftupfen.

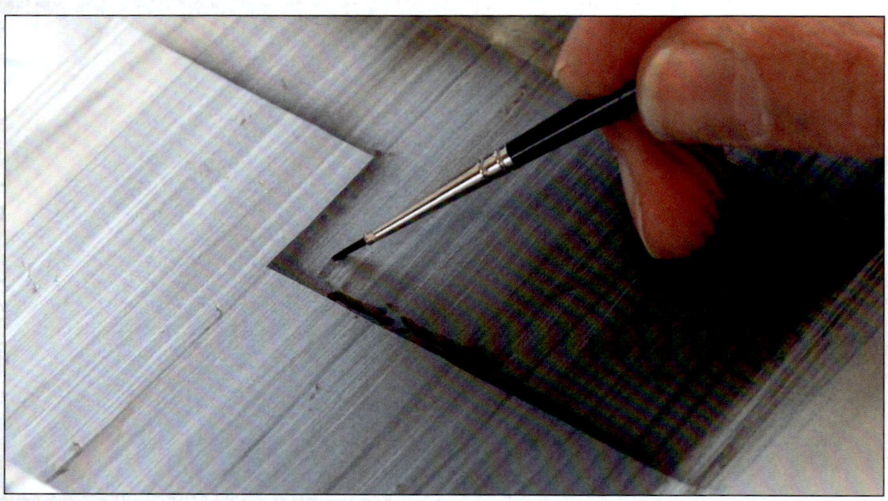

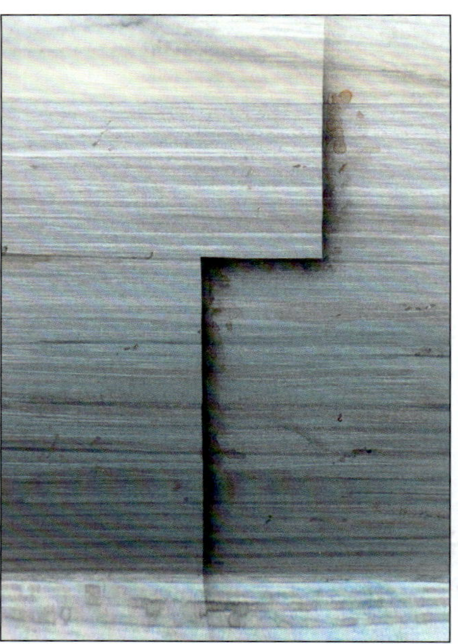

Schritt 9: Farbabstufung und weitere Details

Sprühen Sie dann die untere Ebene mit transparentem Weiß etwas über, damit eine noch deutlichere Trennung zur oberen Ebene entsteht. Zum Schluss können Sie je nach Belieben und Bedarf noch Schrauben und zusätzlichen Rost hinzufügen.

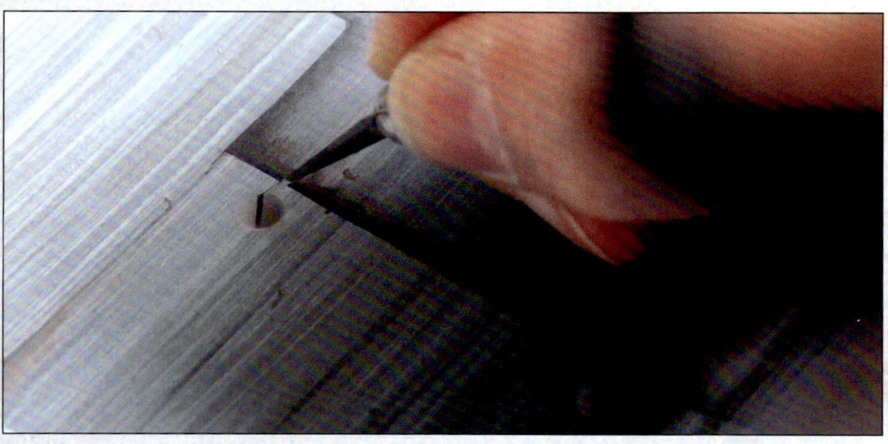

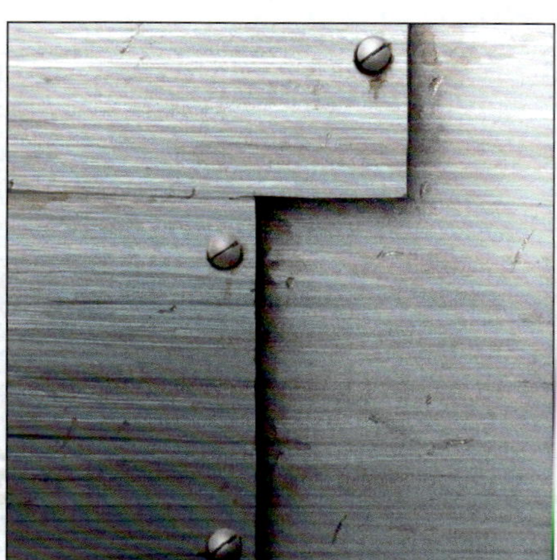

FELL...

Ob wilder Tiger, zahme Katze oder zotteliger Hund – lernen Sie, Fell zu simulieren. Mit Radieren und Schaben erzeugen Sie in Airbrush-Mischtechnik auf glatten Oberflächen wie Reinzeichenkarton oder Synthetikpapier feinste realistische Details. Also Radierer anspitzen, Pinsel zücken, Farbe mischen und los!

// GRUNDAUSSTATTUNG // Fell

Airbrush:	Airbrushgerät mit 0,2 mm Düse
Farben:	Blau, Schwarz, Weiß, Umbra, Gelb
Weitere Materialien:	Radierstift, Elektroradierer, Skalpell, Pinsel

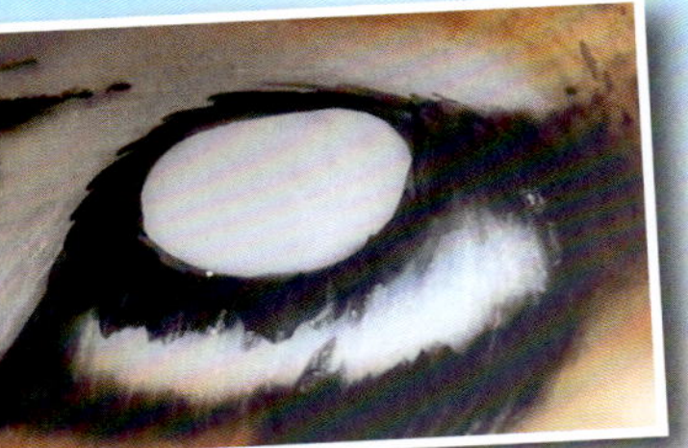

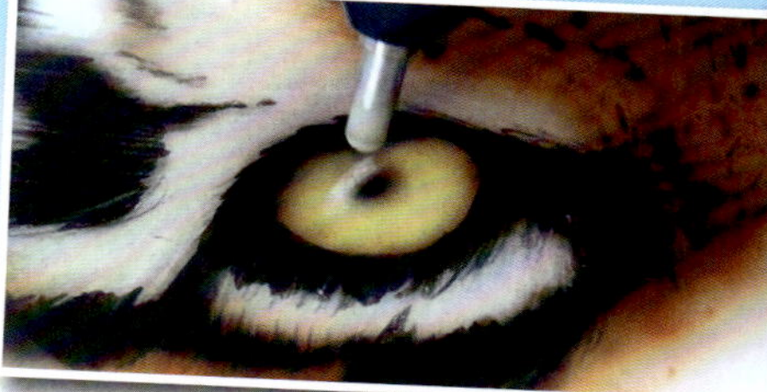

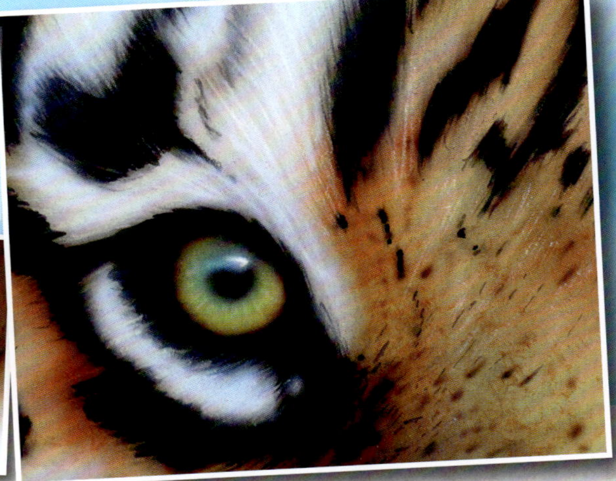

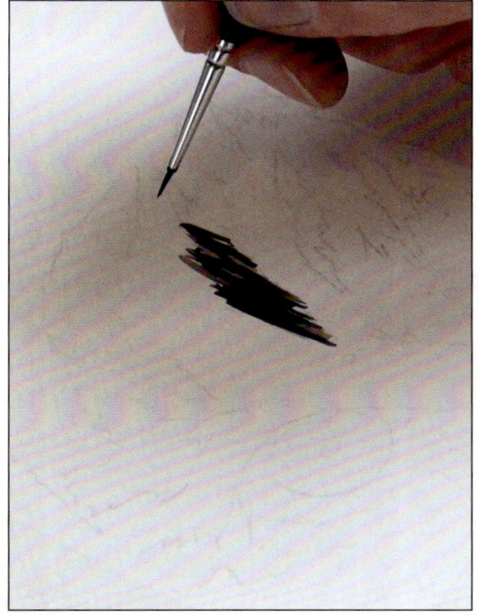

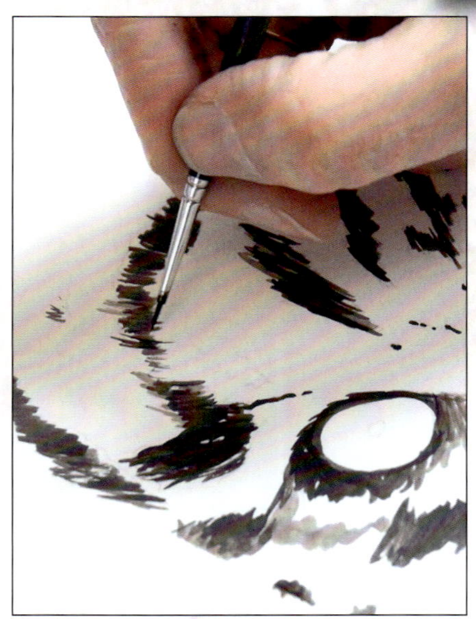

Schritt 1: Fellzeichnung

Skizzieren Sie die schwarzen Flecken und Konturen des Fells auf einen Reinzeichenkarton oder anderen Kratz- und radierfähigen Malgrund, damit Sie die wichtigen Anhaltspunkte für die weiteren Schritte haben. Mischen Sie Schwarz mit ein wenig Wasser und tragen Sie mit einem feinen Pinsel die schwarzen Flecken in Wuchsrichtung auf. Diese Methode geht schnell und hinterlässt schon eine einfache Grundform des Fells. Alternativ können die schwarzen Flecken aus Ihrer Fotovorlage mit einem Skalpell herausgeschnitten und als Schablone verwendet werden.

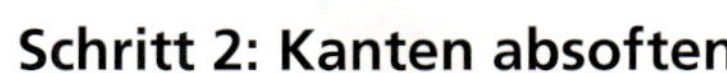

Schritt 2: Kanten absoften

In diesem Schritt übersprühen Sie die Flecken mit transparentem Schwarz. Dazu mischen Sie Schwarz mit Wasser 1:1 und sprühen so die Kanten der Flecken weicher. In diesem Prozess gelangt Overspray „erwünscht" in die hellen Fellbereiche. Daraus lässt sich später auch die Fellstruktur herausarbeiten. Desweiteren können Sie kurze Striche in Wuchsrichtung aufsprühen. Dabei laufen die Enden spitz aus. Brushen Sie dabei nur über den jeweiligen Fleck und nicht über mehrere Flecken hinaus. Das Mischen der schwarzen Farbe mit Wasser ist wichtig, damit zum Einen die Farbe nicht so pixelig aussieht und zum Anderen radierfähig ist.

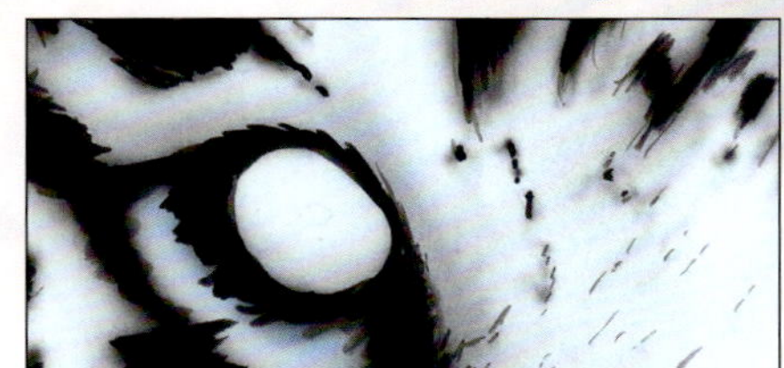

Schritt 3: Radieren

Mit Radiergummi und/oder Radierstift werden die ersten groben Fellstrukturen im hellen Fellbereich radiert. Dabei ist es wichtig, dass nur zwischen den einzelnen schwarzen Flecken radiert wird. Sie dürfen zwar auch leicht in die Flecken „hineinradieren", aber nicht komplett über sie hinweg. Radieren Sie hierbei wiederum in Wuchsrichtung des Fells. Dies können Sie in der Regel auf der Fotovorlage sehr gut erkennen. Nutzen Sie für den Prozess einen handelsüblichen Radierer, dann schneiden Sie diesen schräg an, um eine schmale Kante zu erhalten. Selbiges können Sie auch mit einem runden Radierstift machen. So gelingen etwas dünnere Radierstriche.

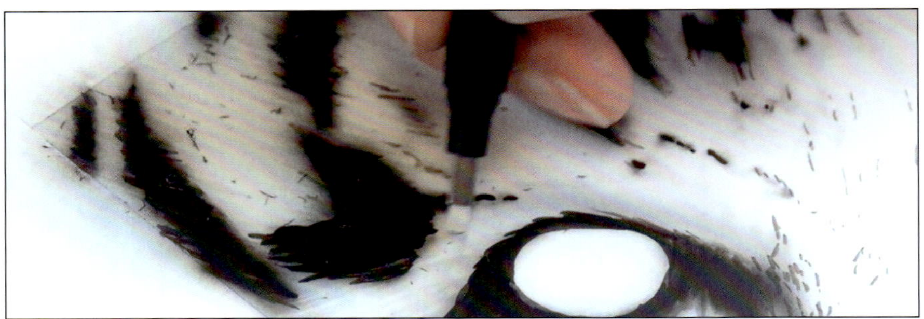

Schritt 4: Kratzen

Um die Fellstruktur noch feiner wirken zu lassen, wird mit einem Skalpell geschabt. Sie können sowohl eine runde Klinge als auch die handelsübliche dreieckige Spitzklinge verwenden. Um die Kartonoberfläche nicht zu zerstören, halten Sie das Skalpell hinten am Griff fest und schaben eher flach vorsichtig die Farbe heraus. Auch hierbei schaben Sie nur zwischen den Flecken, etwas in die Flecken hinein, aber nie komplett darüber, da diese ja schwarz erhalten bleiben sollen. Achten Sie darauf, dass die einzelnen Fellhärchen nicht stringent gerade nebeneinander liegen, sondern auch mal leicht variieren. Zusätzliche schwarze Striche mit einem Buntstift können zur Erweiterung der Fellstruktur hinzugefügt werden.

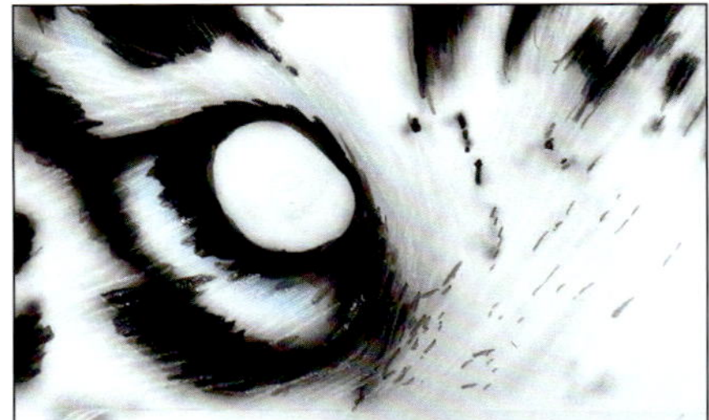

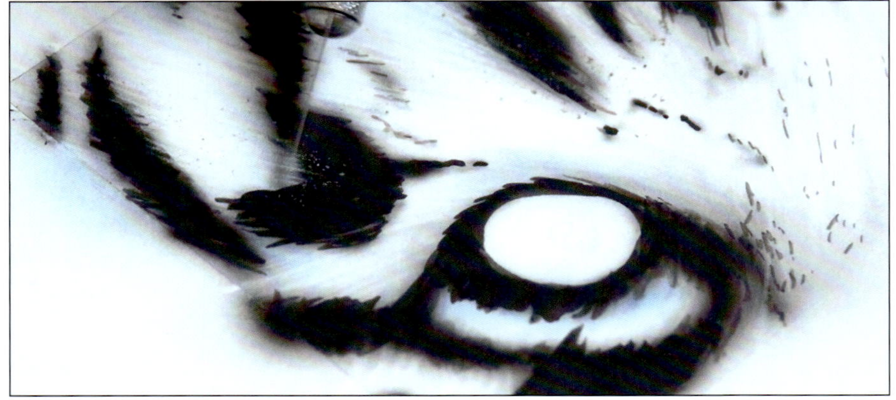

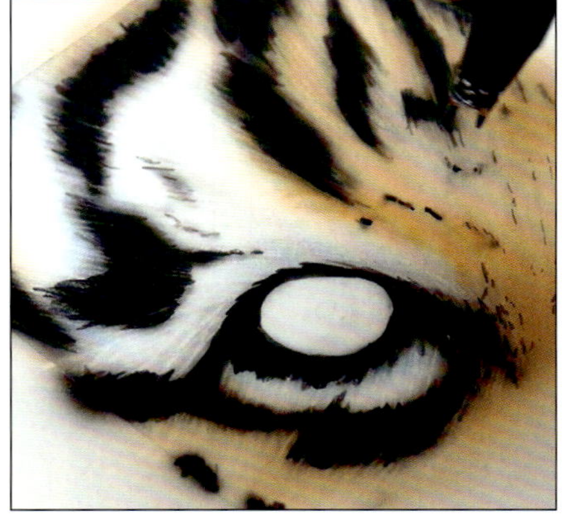

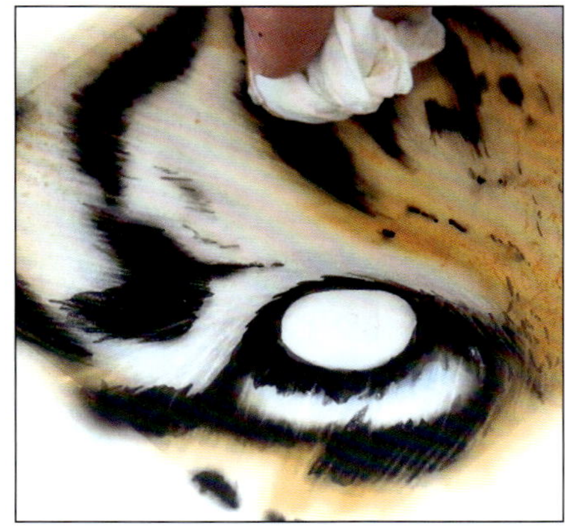

Schritt 5: Fell einfärben

Mischen Sie sich einen oder mehrere transparente Brauntöne aus Umbra, Gelb, Rot und Wasser zusammen. Übernebeln Sie mit Ihrer Mischung die Flächen, die eine braune Fellstruktur erhalten sollen. Flecken, die hell bleiben sollen, lassen Sie frei. Optional können Sie mit dem transparenten Braunton auch zusätzliche Struktur mit einem Papiertuch auftupfen.

Schritt 6: Erneut Struktur herausarbeiten

Arbeiten Sie nach dem braunen Farbauftrag mit Radierstift und Skalpell erneut die Struktur heraus.

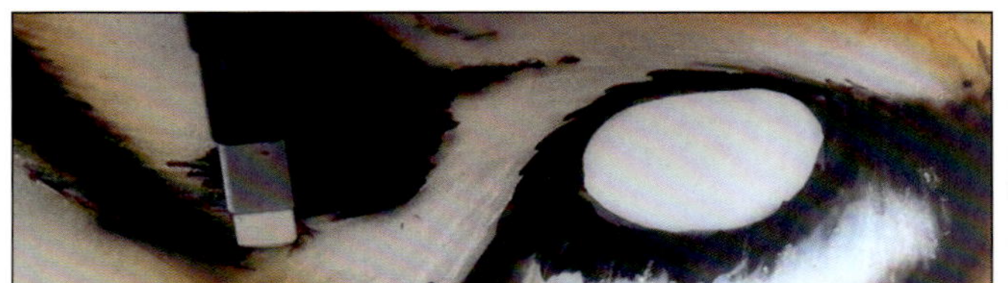

Schritt 7: Dunkelbrau

Sprühen Sie anschließend mit einem etwas dunkleren Braunton zusätzliche kleine Flecken und Härchen z. B. auf dem Nasenrücken ein.

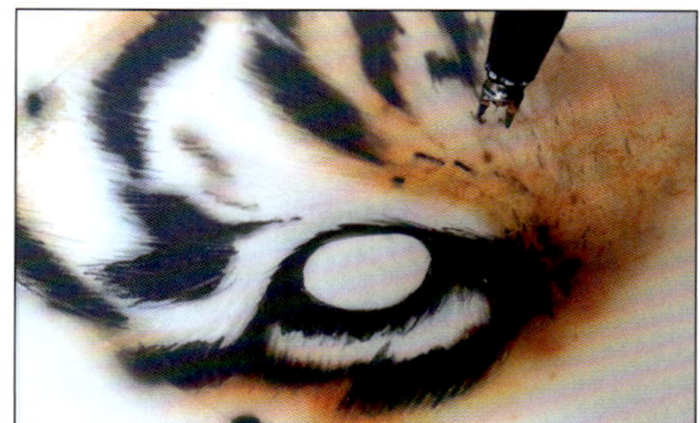

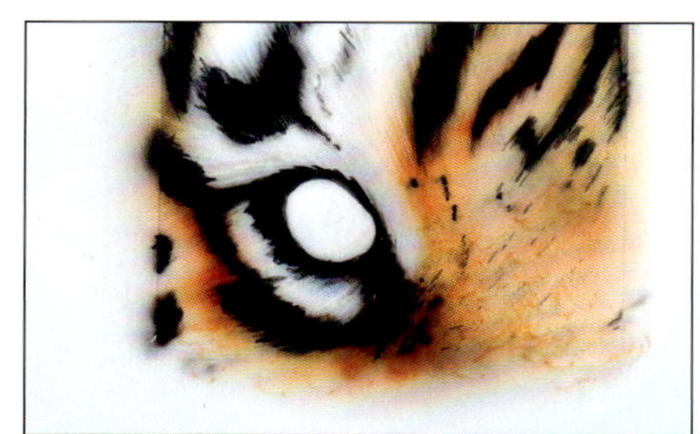

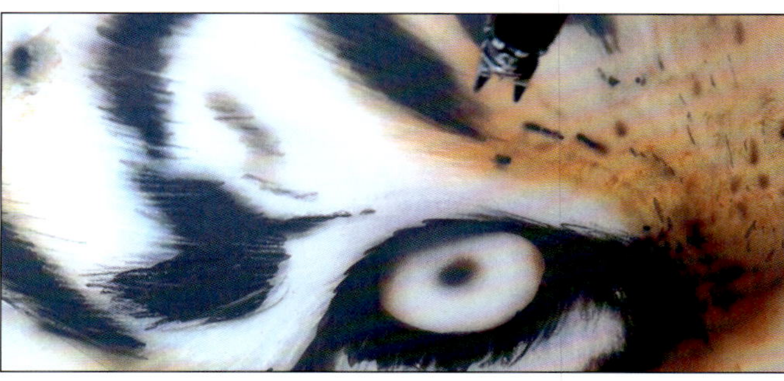

Schritt 8: Pupille / Lid

In diesem Schritt wird das Tigerauge gemalt. Es wird von den Farben kräftiger und detaillierter als auf den meisten Referenzmaterialien, sieht nachher aber auch für den Betrachter schöner aus. Zuerst wird die Pupille vom Auge mit Schwarz freihand eingesprüht und auch das Augenlid oben bekommt schon eine erste Schattierung. Dann wird der harte Augenrand mit Umbra abgesoftet.

Schritt 9: Augenfarbe und Licht

Mit transparentem Gelb wird das komplette Auge eingefärbt. Mit einem Elektroradierer oder Radierstift wird ein bogenförmiger Lichtpunkt herausradiert. Alternativ kann dabei auch ein Skalpell verwendet werden, wenn die Reflexion scharfkantiger werden soll.

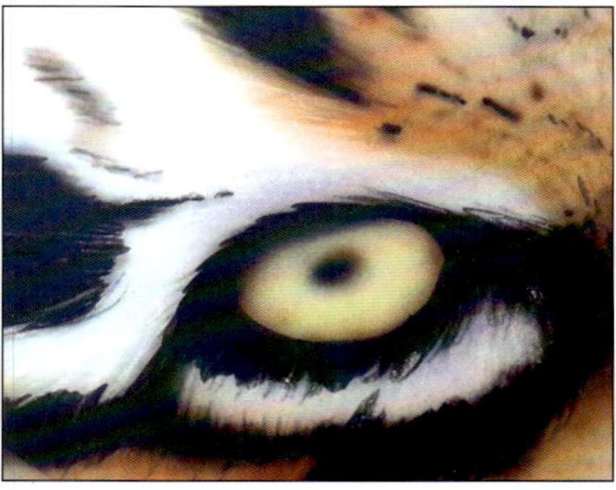

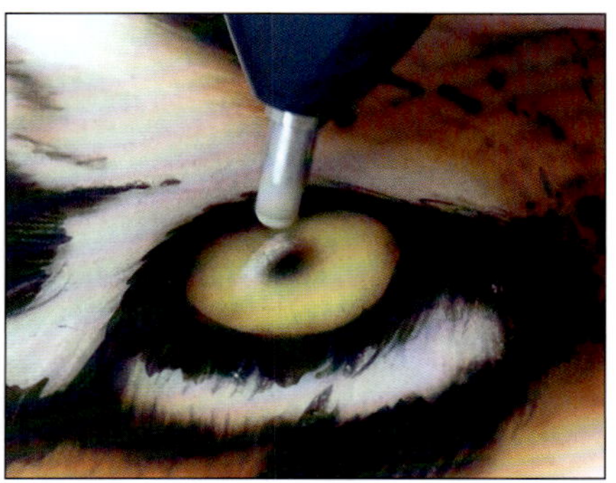

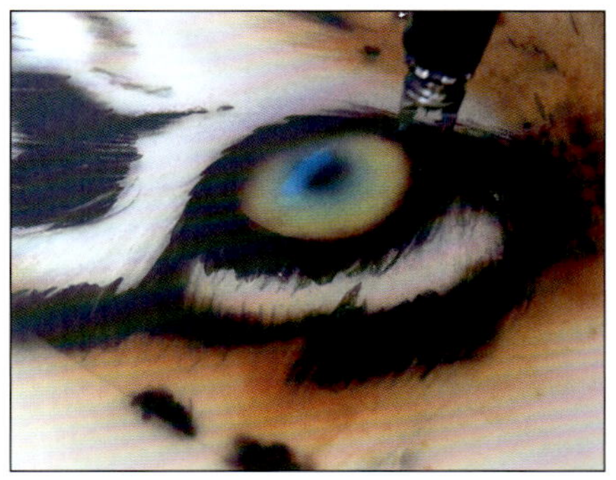

Schritt 10: Auge fertigstellen

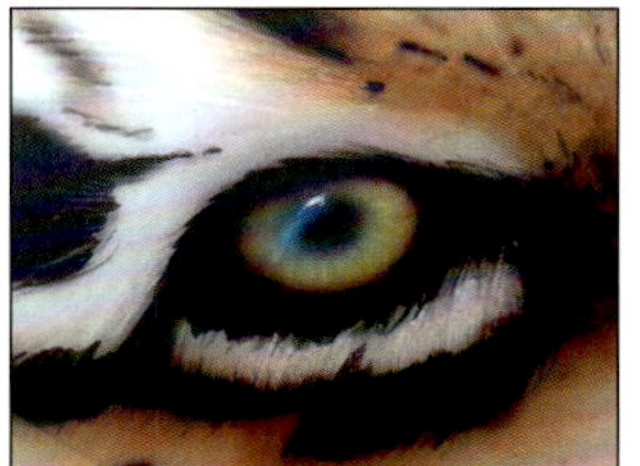

Danach übersprühen Sie den Lichtpunkt mit transparentem Blau, so dass auch ein wenig Blau um die Pupille herum verläuft und durch das zuvor aufgesprühte Gelb grün schimmert. Mit Umbra oder transparentem Schwarz kann nochmals die Augenumrandung bzw. der Übergang vom Auge zum Fell optimiert werden. Mit dem Radierstift, Elektroradierer und Skalpell wird der Lichtpunkt wieder etwas aufgehellt und vorsichtig strahlenförmig Struktur in die Iris gebracht.

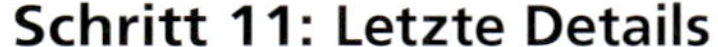

Schritt 11: Letzte Details

Im letzten Schritt können mit deckendem Weiß und dünnen Airbrush-Linien noch zusätzlich die hellen Fellbereiche verstärkt werden, da oftmals der Malgrund leicht gelblich ist. Bei Bedarf können auch noch mit schwarzen und braunen Buntstiften zusätzliche Felldetails ergänzt werden. Fertig mit der Fleißarbeit!

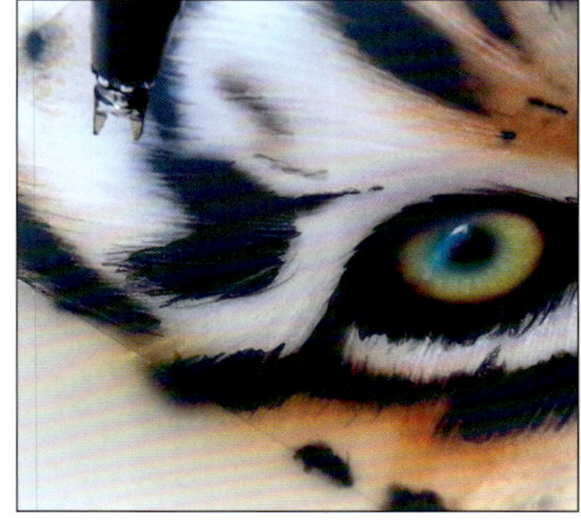

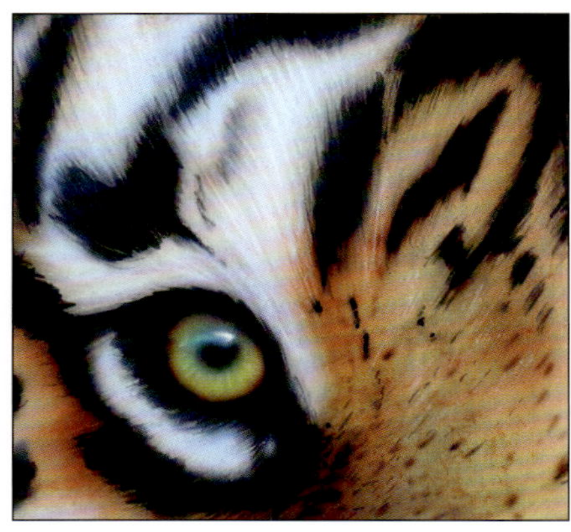

SCHUPPEN

Ob Leguan, Schlange oder Drache: Um Tiere und Fabelwesen ohne Fell darzustellen, gilt es, sich mit Schuppen auszukennen. Hier lernen Sie, wie man realistische Schuppen erstellt. Von der Vorzeichnung, über die Gestaltung in Schwarz/Weiß bis zu den fertigen Lichteffekten.

// GRUNDAUSSTATTUNG // Schuppen

Airbrush:	Airbrushgerät mit 0,2 mm Düse
Farben:	Schwarz, Braun, Grün, Weiß, Gelb
Weitere Materialien:	Elektroradierer, Radierstift, Pinsel, Buntstift

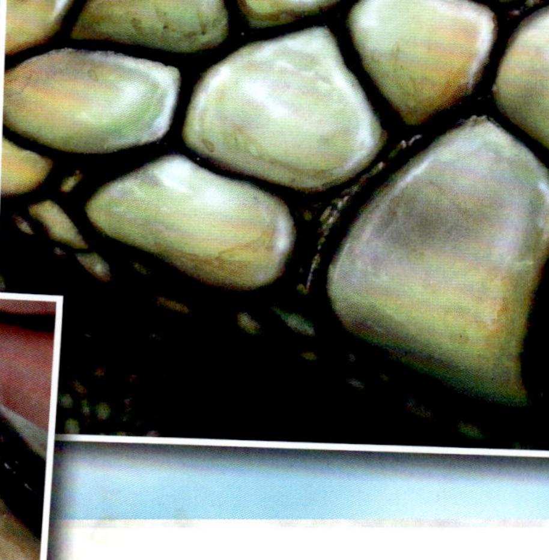

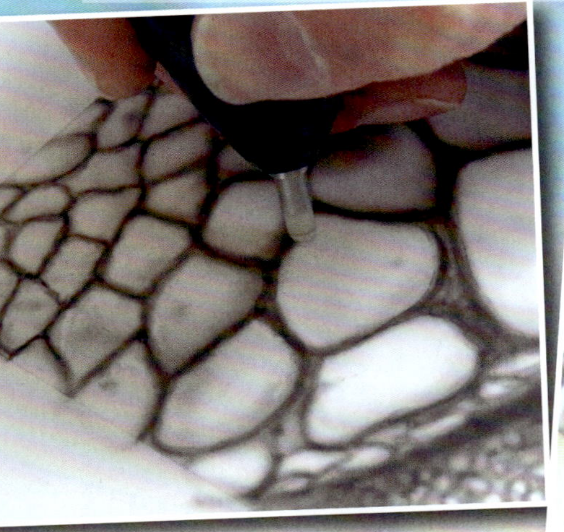

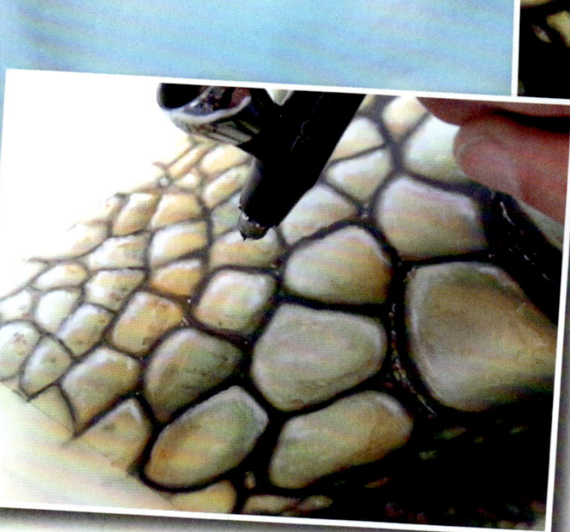

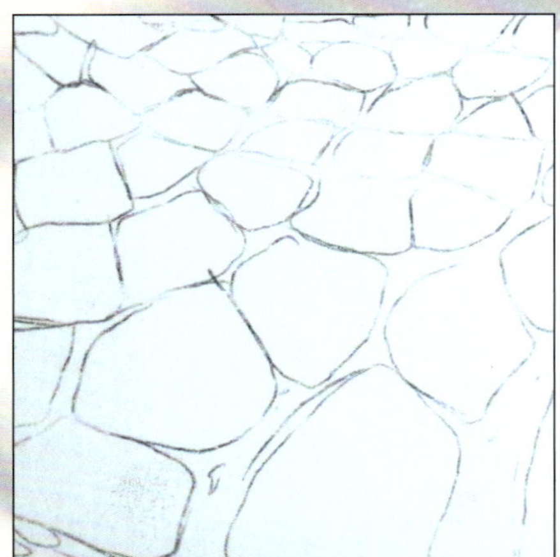

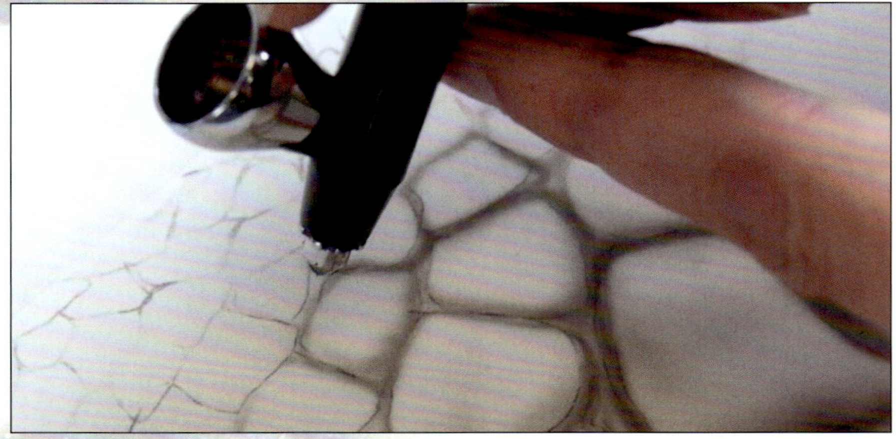

Schritt 1: Skizze

Erstellen Sie eine Skizze oder fertigen Sie auf Grund einer Fotovorlage mit dem Bleistift eine Konturzeichnung an. Diese bildet eine Grundlage für einen realistischen Look.

Schritt 2: Schuppen in Schwarz

Mischen Sie dann mit einem Tropfen Schwarz und mindestens 10 Tropfen Wasser ein transparentes Schwarz-Wasser-Gemisch. Durch die Mischung mit Wasser wird die schwarze Farbe in die Lage versetzt, nach anschließender Trocknung auf dem Malgrund radierfähig zu sein. Durch die zarte Grauabstufung der Farbe haben Sie die Möglichkeit, die Schuppenoutlines und die feinen Schattierungen Schicht für Schicht aufzusprühen. Starten Sie an den Außenlinien der Schuppenformen und sprühen Sie dann zusätzlich erste Schattierungen innerhalb der Schuppenform ein.

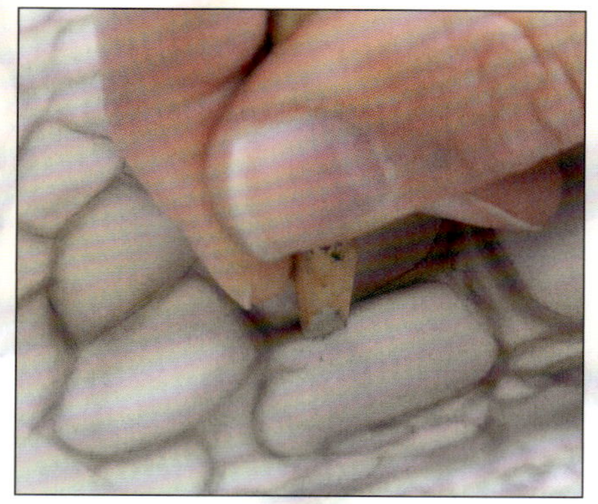

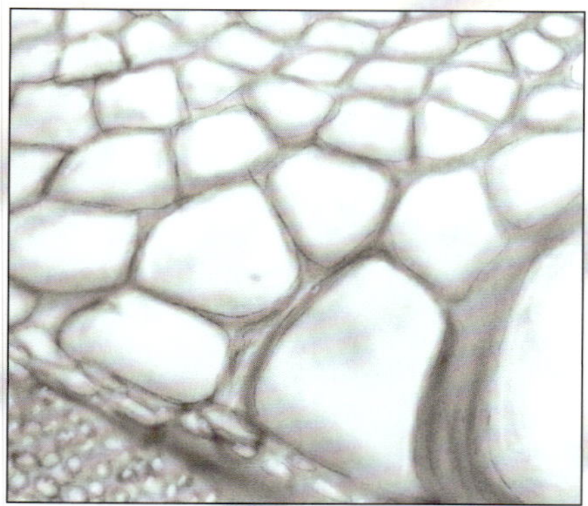

Schritt 3: Struktur radieren

Radieren Sie dann Lichtpunkte und erste Strukturen mit einem Radierstift heraus. Achten Sie dabei auf Ihr Vorlagenmotiv oder bestimmen Sie die Lichtquelle selber.

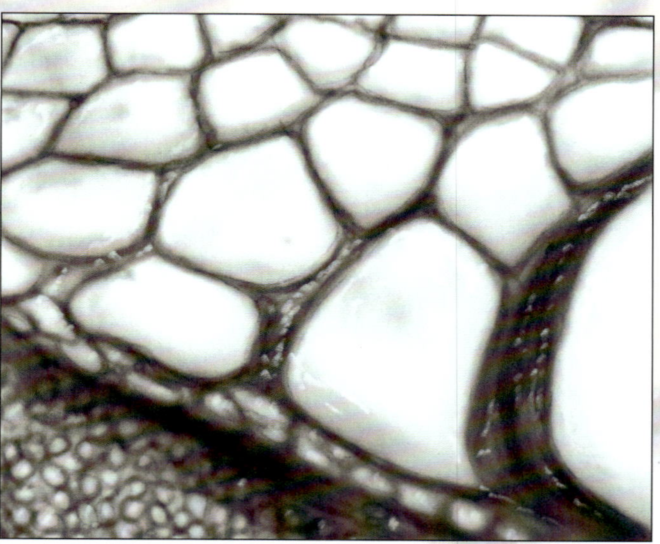

Schritt 4: Kontrast erhöhen

Als Nächstes werden die Outlines und schwarzen Bereiche mit leicht transparentem Schwarz weiter aufgefüllt und verstärkt. Mit Radierstiften und Elektroradierer können Sie weitere Highlights hinzufügen. Somit haben Sie ein Schwarz-Weiß-Konstrukt, welches im nächsten Schritt nur noch koloriert werden muss.

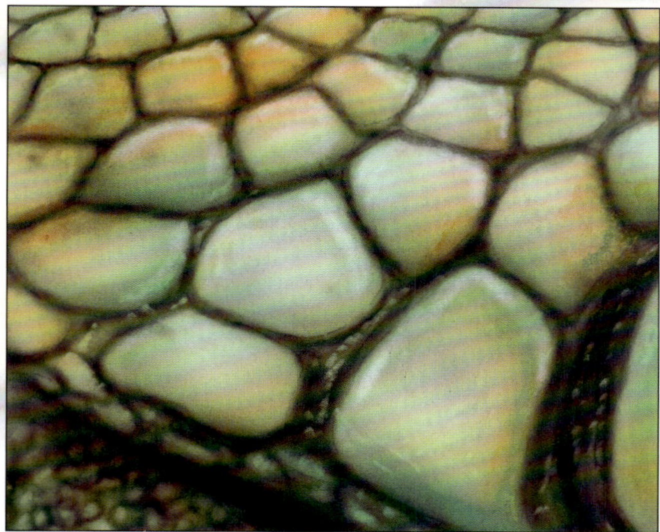

Schritt 5: Einfärben

Mit transparenten Grün- und Brauntönen übernebeln Sie partiell nach Vorlage oder Wunsch die Schuppenbereiche. Wie Sie sehen, bleiben Kontrast, Formgebung und Tiefe vorhanden und werden durch den transparenten Farbauftrag eingefärbt. Danach können Sie mit Radierstift und Elektroradierer wichtige Highlights nochmals herausradieren.

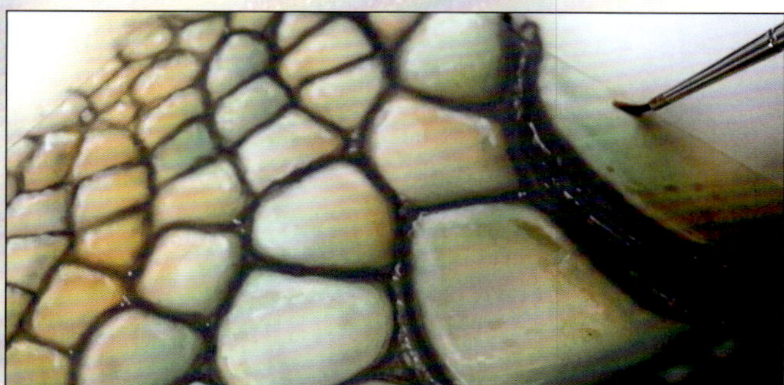

Schritt 6: Details

Verwenden Sie zum Schluss nochmals leicht verdünntes Schwarz und einen schwarzen Buntstift, um Konturen abzudunkeln. Für weitere Strukturen innerhalb der Schuppen können Sie mit dem Pinsel oder einem Papiertuch stark transparente Farbe auftupfen.

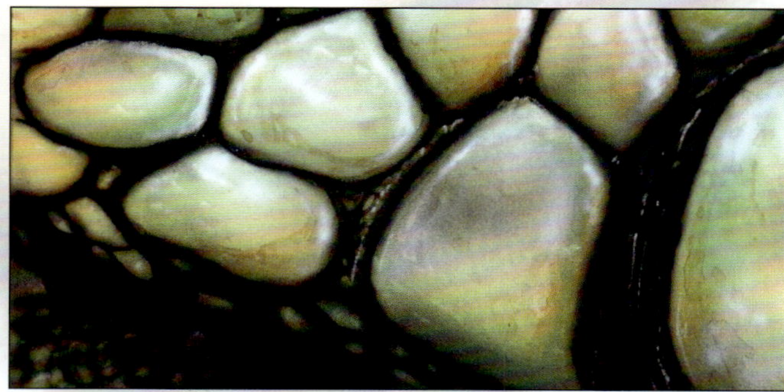

Schritt 7: Fertige Struktur

Um die Schuppenoberfläche zu finalisieren, setzen Sie mit dem Elektroradierer und deckendem Weiß letzte Highlight.

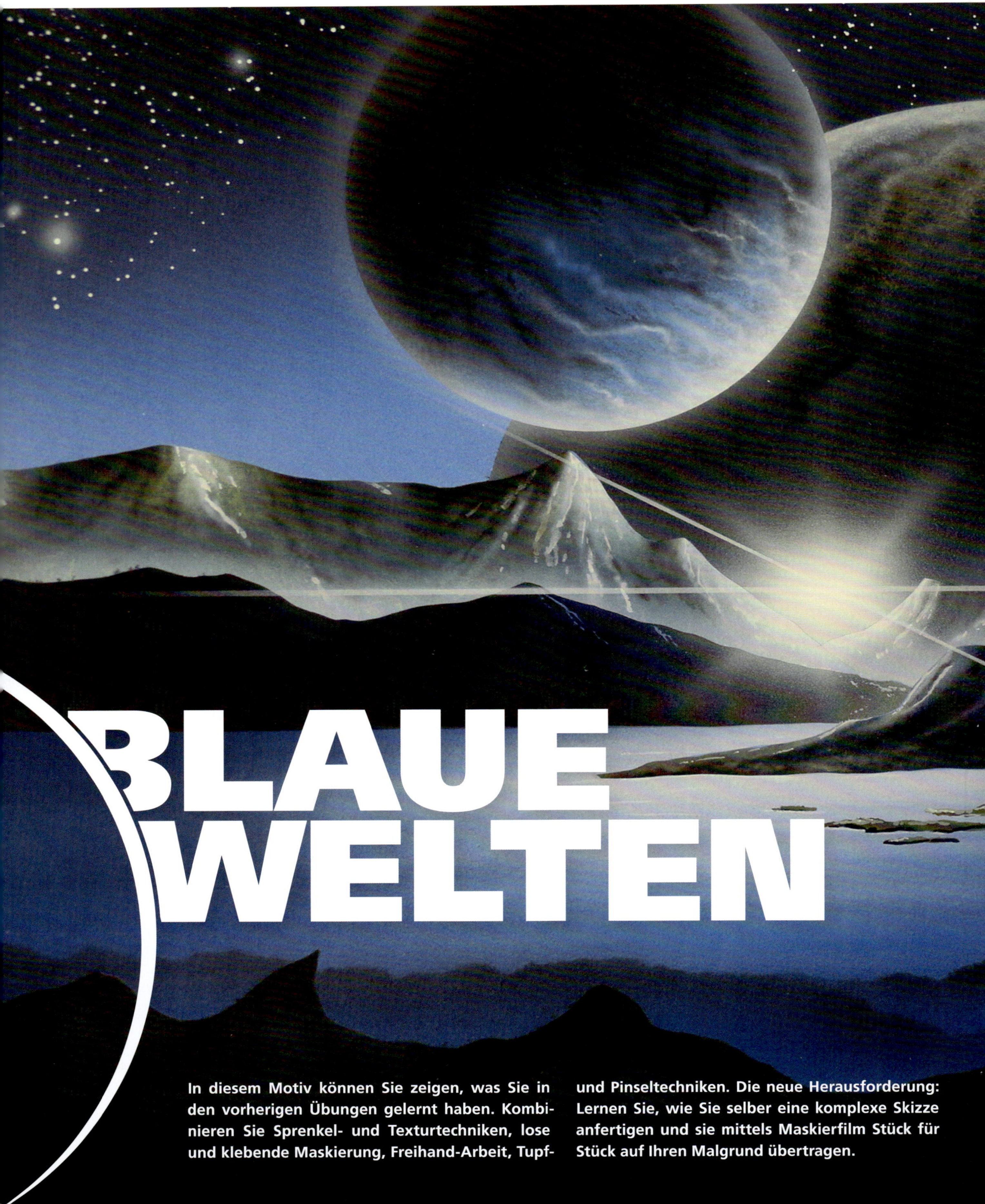

BLAUE WELTEN

In diesem Motiv können Sie zeigen, was Sie in den vorherigen Übungen gelernt haben. Kombinieren Sie Sprenkel- und Texturtechniken, lose und klebende Maskierung, Freihand-Arbeit, Tupf- und Pinseltechniken. Die neue Herausforderung: Lernen Sie, wie Sie selber eine komplexe Skizze anfertigen und sie mittels Maskierfilm Stück für Stück auf Ihren Malgrund übertragen.

// GRUNDAUSSTATTUNG // Blaue Welten

Airbrush:	Double Action 0,2 mm
Farben:	Eisblau, Schwarz, Weiß, Umbra
Untergrund:	Schoellershammer Reinzeichenkarton 4G dick
Weitere Materialien:	Kreisschneider, Maskierfilm, Skalpell, Papiertuch, 0er Pinsel

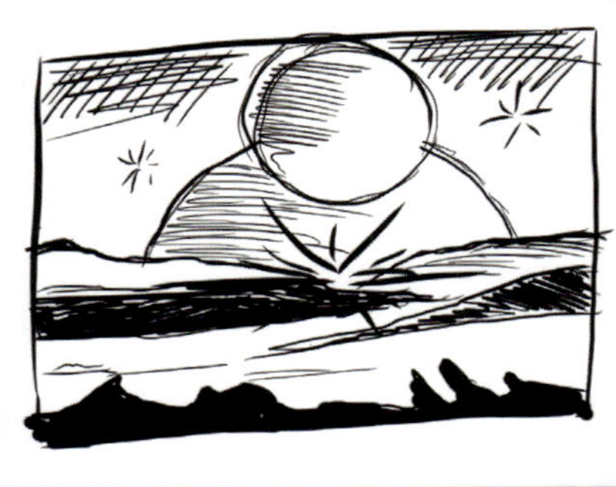

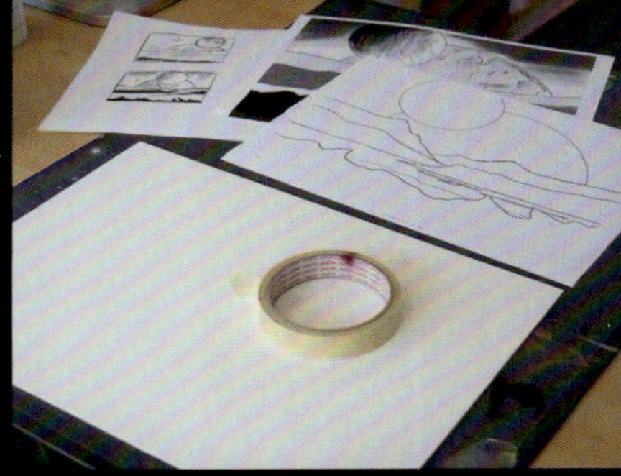

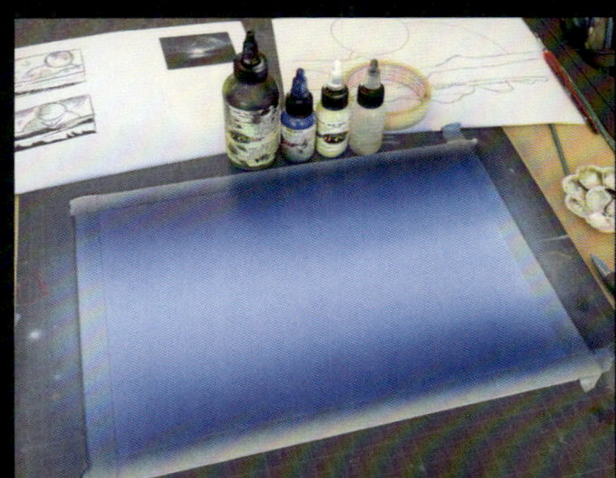

Schritt 1: Skizze

Um eigene Motive zu erzeugen, starte ich gerne mit einer Skizze bzw. Thumbnails, um das geplante Weltraummotiv im Format unterzubringen und die Anordnung der Objekte zu erforschen. Gefällt mir eine Skizze, gehe ich mit einem konkreteren Entwurf, in diesem Fall schon mit einer farblichen Verteilung voran. Davon kann ich später Outlines auf meinem Malgrund oder Maskiermittel übertragen.

Schritt 2: Blauverlauf

Bevor der erste Farbauftrag kommt, klebe ich einen Passpartoutrand mit Klebeband auf. Das begrenzt ein wenig die Fläche und sieht zum Schluss nach dem Abziehen immer hübscher aus. Ist der Rand abgeklebt, mischt man als erstes für den Hintergrund ein Blau-Weiß-Wassergemisch. Das Weiß und das Wasser machen die Farbe zarter im Auftrag, so dass man die Farbpigmente nicht so stark sieht. Es wird dadurch insgesamt weicher beim Farbverlauf. Ich sprühe dann einen Farbverlauf, oben angefangen von Dunkelblau über Hellbau bis zum unteren Rand wieder Dunkelblau. Für den mittleren Farbbereich mische ich einen großen Anteil Weiß zu nur wenigen Tropfen Blau hinzu. Ist es in der Mitte zu dunkel, kann man zur Korrektur auch nur Weiß verdünnt mit Wasser verwenden. Ich sprühe jeweils von links nach rechts und von rechts nach links rüber, damit der Farbverlauf harmonisch wird. Oben und unten dunkle ich danach meinen Farbverlauf noch ab. Dazu nutze ich eine Mischung aus Schwarz, Blau und Wasser. Das Wasser macht die Farbe wieder transparenter und den Verlauf weicher. Dabei sprühe ich in dünnen Schichten, bis mir der Farbverlauf gefällt.

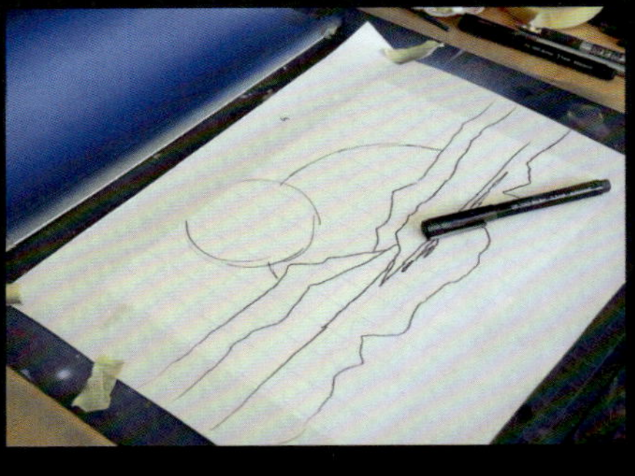

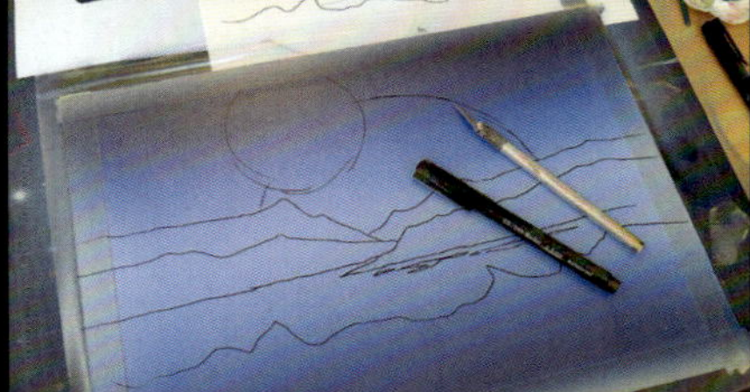

Schritt 3: Motiv auf Maskierfilm übertragen

Ist der Hintergrund getrocknet, was bei dem verwendeten Reinzeichenkarton sehr schnell geht, dann kann die Skizze auf den Maskierfilm übertragen werden. Wichtig ist dabei, dass die Maskierfilmschicht oben liegt, damit es später seitenrichtig aufgeklebt werden kann. Die Konturen können mit einem permanenten Filzstift hevorragend und zügig durchgezeichnet werden. In diesem Prozess hat man auch noch die Option, Korrekturen und Veränderungen an der Landschaft vorzunehmen. Danach wird der Maskierfilm auf dem bisherigen Bild positioniert und aufgeklebt. Alternativ kann man auch über den Farbverlauf ein Stück blanken Maskierfilm aufziehen und erst dann die Skizze freihand übertragen. Die einzelnen Bestandteile des Maskierfilms, die im Anschluss ausgeschnitten werden, können Sie jeweils auf die leere Trägerfolie zurückkleben.

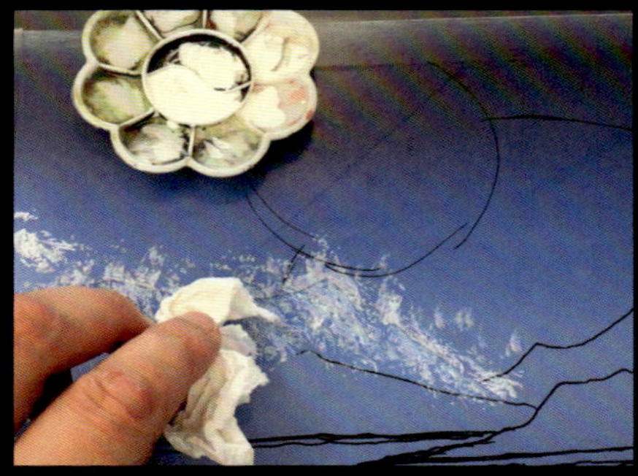

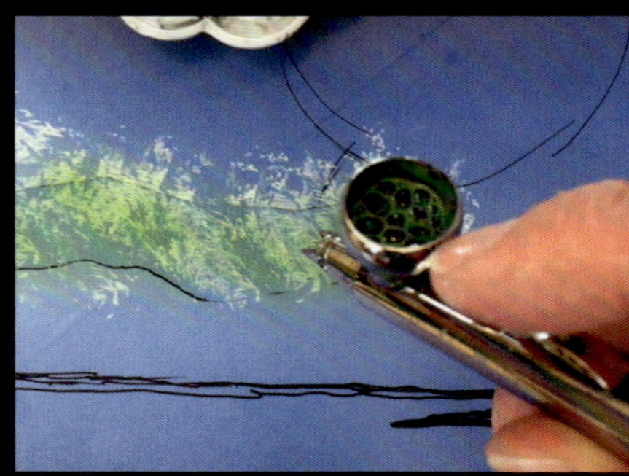

Schritt 4: Bergstrukturen

Der erste Berg oben links wird nun freigelegt. Mit einem Papiertuch und deckendem Weiß wird unregelmäßig eine Struktur aufgetupft. Im Anschluss sprühe ich etwas Grün also eine Mischung aus Gelb, Blau und Wasser darüber.

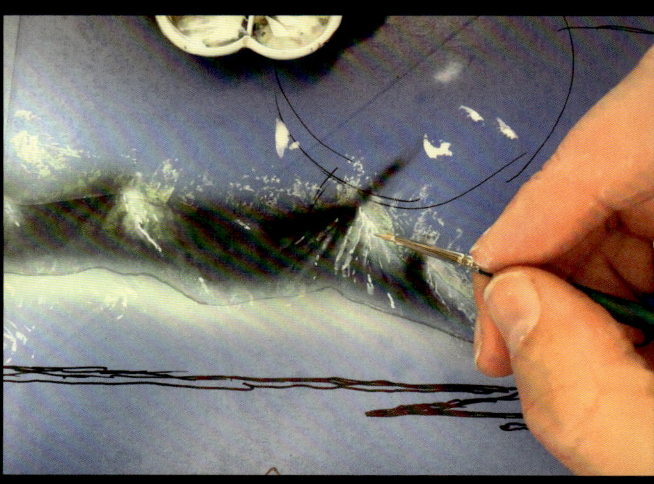

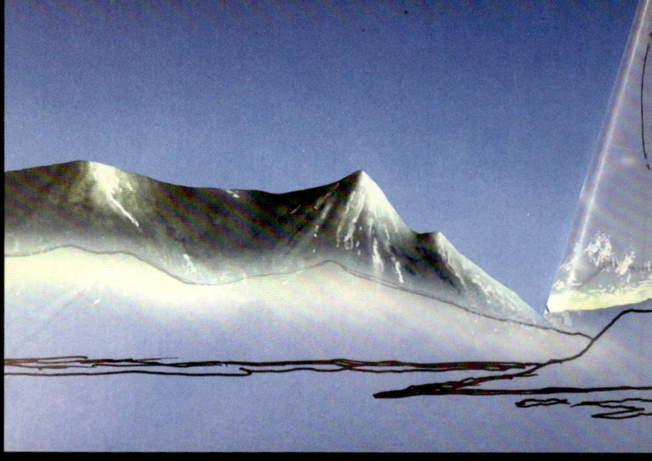

Schritt 5: Schatten und Schnee

Danach werden die Schattenbereiche der Berge aufgesprüht. Dafür nutze ich eine Mischung aus Umbra, Schwarz und Wasser. Ich unterteile mir die Bergkuppen gedanklich in zwei Hälften und sprühe auf der linken Berghälfte etwas Schatten auf. Für zusätzliche Struktur sorgen dünne gezitterte Linien. Die rechte Seite der Bergkuppen sprühe ich leicht mit deckendem Weiß über. Somit werden die Berge dreidimensional. Mit einem feinen Pinsel und deckendem Weiß male ich zum Schluss noch Schneehänge hinein. Die untere Kante vom Berg wird mit Weiß und anschließend mit transparentem Blau noch mal angenebelt, damit später die einzelnen Bergebenen schön voneinander getrennt sind.

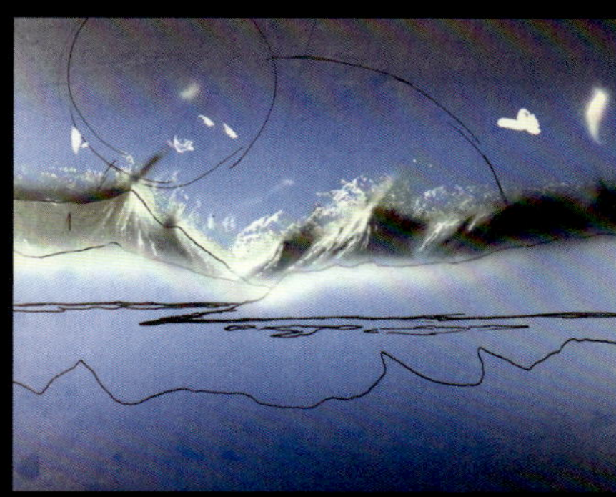

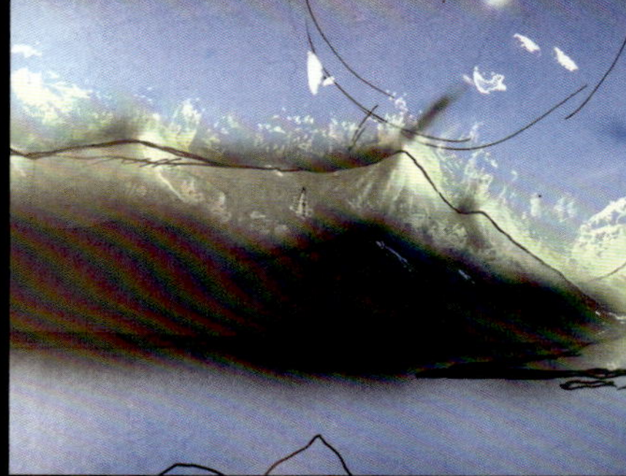

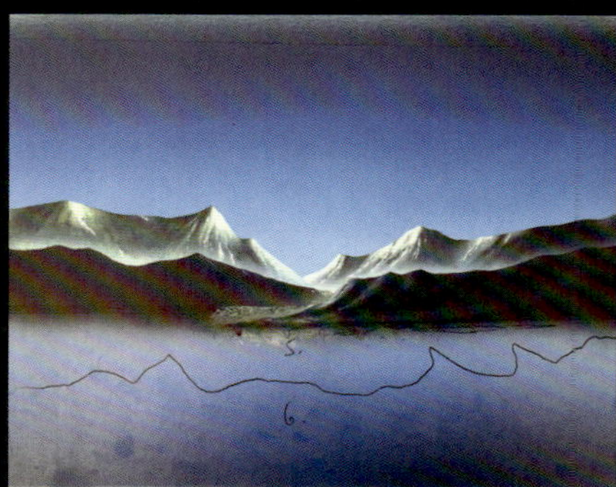

Schritt 6: Berg links

Der linke Berg wird wieder maskiert und der rechte obere Berg freigelegt. Hier können Sie wie im Schritt 5 beschrieben vorgehen, bloß dass die Lichtsituation umgekehrt ist, also rechts Schattenbereiche und links die Lichtkanten.

Schritt 7: Berge fertigstellen

Dann wird wieder der fertige Berg maskiert und der mittlere linke Berg demaskiert. Hier kann man auch tupfen, aber sowohl der linke wie auch der rechte Berg mit der Landzunge werden deutlich nach außen hin dunkler gestaltet. Zum Abdunkeln verwende ich ein Schwarz-Blau-Wasser-Gemisch. Da ganz zum Schluss noch eine Lichtquelle in der Mitte gesprüht wird, ist die Landzunge des rechten Berges mit einer etwas helleren Lichtkante versehen, da hier die Lichtstrahlen ein wenig auftreffen und das Ganze dadurch realistischer wirkt.

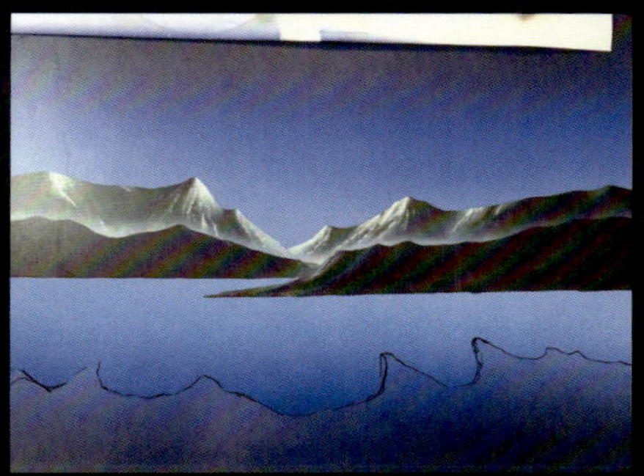

Schritt 8: Neu maskieren

Sind die ganzen Berge in der Bildmitte fertig, dann können alle Maskierfilmteile abgenommen werden. Für den See wird alles komplett nochmal mit einem neuen Stück Maskierfolie versehen. Sie können aber selbst entscheiden, ob Sie die vorhandenen Maskierungen verwenden wollen oder, so wie ich, das Ganze komplett neu ausschneiden. Ich fand es ganz praktisch, um Ihnen den aktuellen Zwischenstand zu zeigen. Ist alles maskiert, legen Sie nun den Bereich für den See frei. Das heißt, die oberen Berge samt Himmel und die Felsen im Vordergrund sind maskiert.

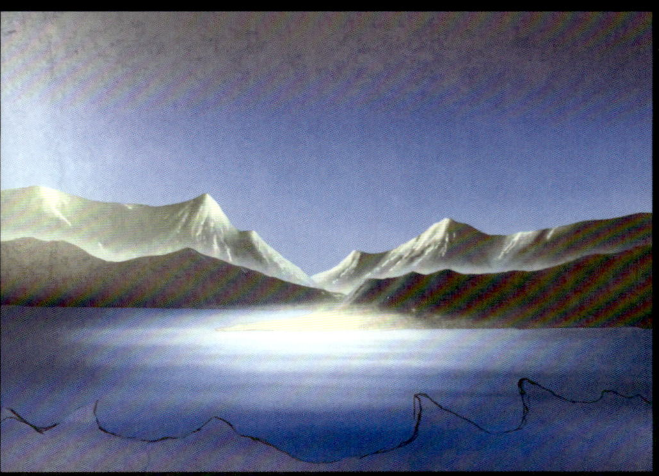

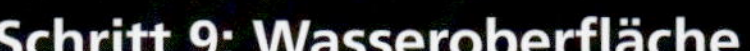

Schritt 9: Wasseroberfläche

Mit deckendem Weiß sprühen Sie nun die Lichtquelle und eine Andeutung der Wasseroberfläche ein. Das klappt am besten, wenn Sie einige dünne horizontale Linien sprühen. Das Sprühen von Linien üben Sie ggf. nochmal vorher auf einem separaten Blatt Papier. Links und rechts am See wird die Fläche mit einem Blau-Schwarz-Wasser-Gemisch oder einem Blau-Wasser-Gemisch abgedunkelt.

Schritt 10: Inseln

Mit einer kleinen Pinselgröße malen Sie ein paar Inseln in den See hinein. Starten Sie dabei zunächst mit einer dunklen Basis und tupfen Sie dann mit hellen Farben etwas Struktur darauf. Die Inseln im Bereich der Lichtquelle dürfen etwas heller sein als die Inseln, die sich außerhalb befinden.

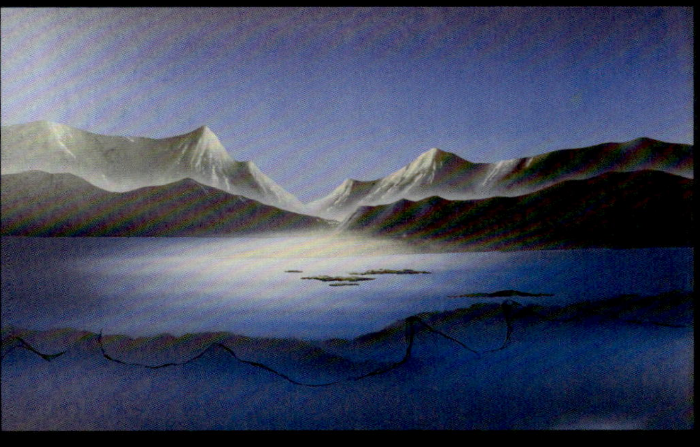

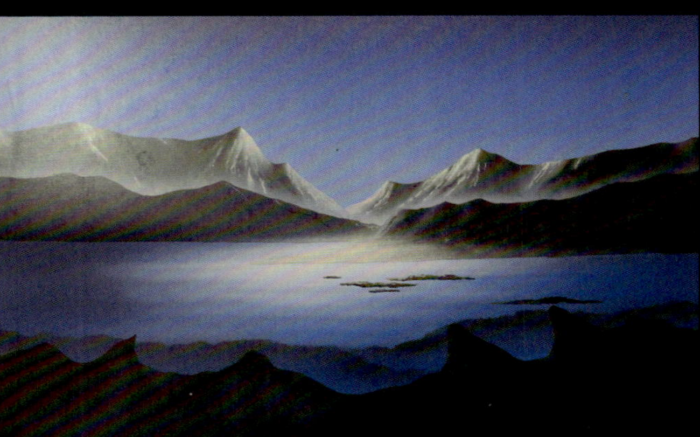

Schritt 11: Vordergrund

Jetzt geht es weiter mit dem Vordergrund. Ich nutze eine gerissene, lose Papierschablone zur Andeutung von weiteren Landschaftsbereichen und sprühe mit einem Schwarz-Wasser-Gemisch über die Kanten innerhalb der unteren Seefläche. Kleben Sie dann die Seefläche mit dem passenden Maskierfilmstück wieder zu und legen Sie den felsigen Vordergrundbereich frei. Im Grunde können Sie die ganze Silhouette schwarz aussprühen oder gerne andeutungsweise mit Licht und Schatten kombinieren.

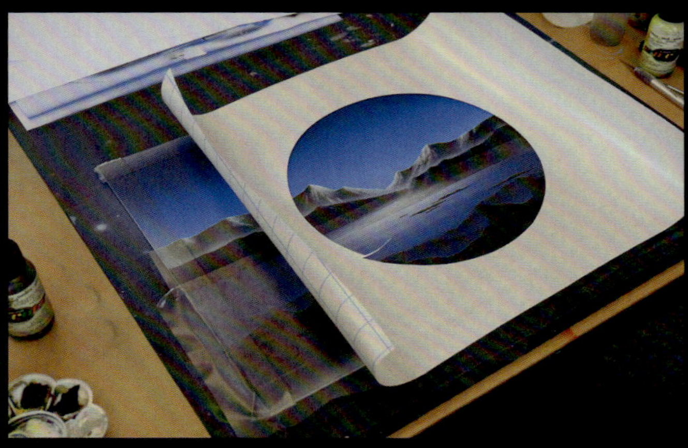

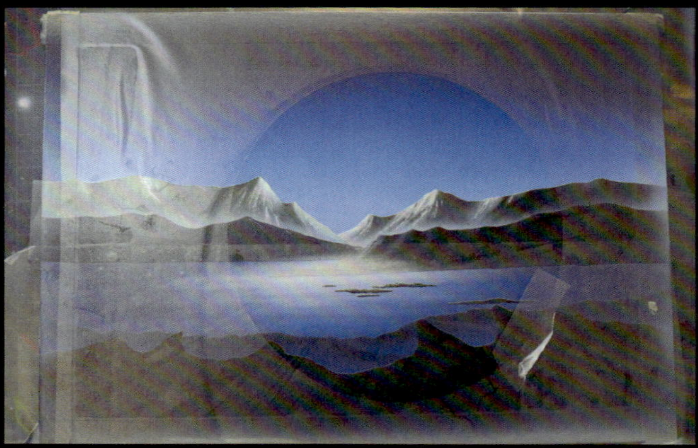

Schritt 12: Planeten maskieren

Im nächsten Schritt wird der Himmel freigestellt und alle unteren Bereiche des Motivs abgedeckt, damit die Planeten ihren Auftritt bekommen. Mit einem Kreisschneider oder einem mittelgroßen Teller schneiden Sie einen großen Kreis aus dem Maskierfilm aus. Die äußere Maskierung wird nun nur zum Teil über die Berge geklebt. Ich habe die Maskierung nicht ganz in der Mitte platziert, da noch ein zweiter kleinerer Planet über den großen drüber kommt. Den inneren Bereich der Maskierung können Sie zu Korrekturzwecken gerne noch aufheben. Damit sich die Klebefolie einfach montieren lässt, positioniere ich die äußere Maskierung an die richtige Stelle, fixiere diese mit einem Reststück Maskierfilm und ziehe dann erst von der Seite aus die Trägerschicht nur ein Stück ab. Dann ein kleines Stück des Maskierfilms fixieren, und der Rest lässt sich dann spielend einfach abziehen. Danach drücken Sie die Kanten gut an, damit keine Farbe unter die Maskierung läuft.

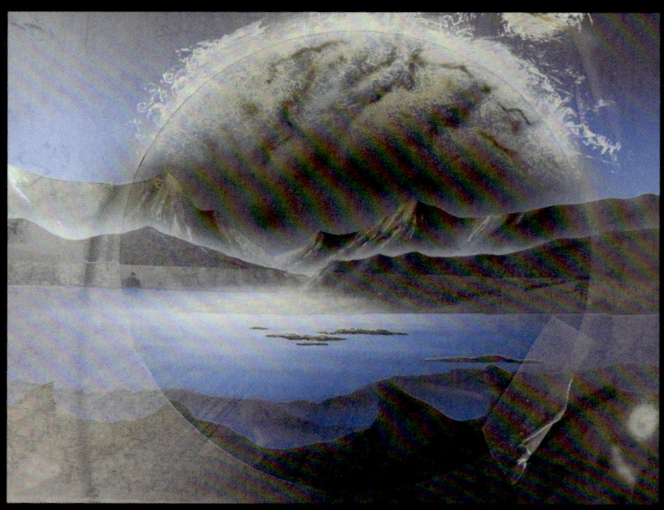

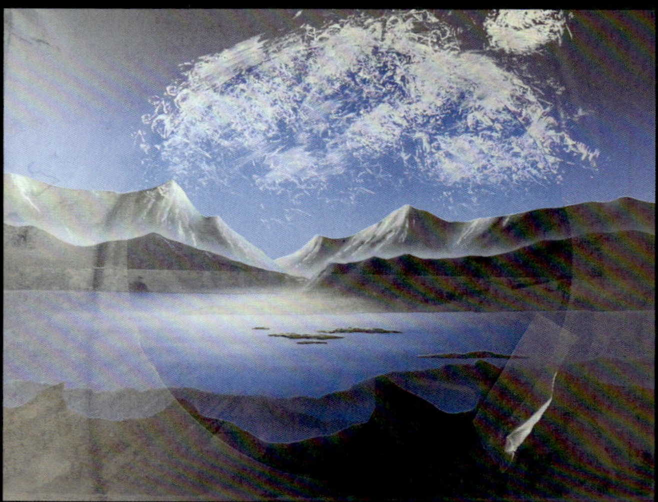

Schritt 13: Strukturen tupfen und brushen

Bevor es mit dem Airbrushgerät weiter geht, tupfe ich mit einem Papiertuch und Weiß Strukturen auf. Nicht vergessen, dabei immer mal das Tuch etwas zu drehen, damit es nicht aussieht wie ein Stempelabdruck. Wischen gibt ebenfalls interessante Effekte. Danach sprühe ich mit Weiß die obere Lichtkante des Planeten auf. Dabei kann man einige getupfte Bereiche auch schon mit übernebeln, um wolkige Verbindungen zu bekommen. Mit transparentem Braun wird die Struktur des Planeten nun übernebelt. Hier sieht man sehr schön, wie die zuvor aufgetupfte Struktur erhalten bleibt und mit dem Braun eingefärbt wird. Feinere Strukturdetails können Sie durch gezitterte Linien hinzufügen. Dabei verwende ich ein transparentes Braun mit weniger Wasseranteil. Dies dient auch zum Abdunkeln des unteren Planetenbereichs.

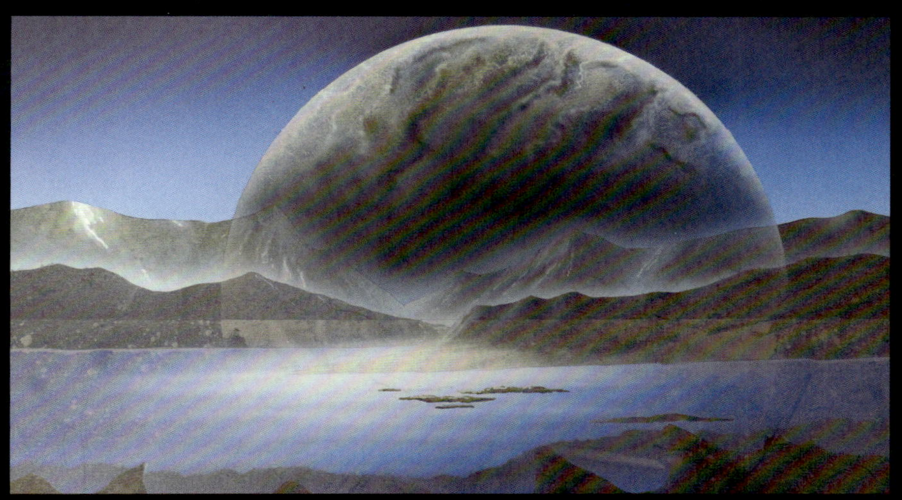

Schritt 14: Strukturfarben und Lichtkanten

Mit transparentem Dunkelblau, also einer Mischung aus Blau, etwas Schwarz und Wasser, kommen weitere Planetenstrukturen und Einfärbungen hinzu. Härtere Kanten erzeuge ich mit einer gerissenen Papierschablone. Anschließend wird die Lichtkante oben noch mal mit Weiß überarbeitet und mit gezitterten Linien atomsphärische Wolken aufgesprüht. Die Planetenmaskierung kann nun entfernt werden. Dann sieht man den aktuellen Zwischenstand.

Schritt 15: Kleiner Planet

Als Nächstes kommt der kleinere Planet, der über dem großen liegt. Mit einem Kreisschneider messe ich die Größe für den Planeten aus. Dieser darf im oberen Motivbereich ruhig angeschnitten sein. Dann wird dieser aus Maskierfilm ausgeschnitten und das äußere Maskierfilmstück aufgeklebt. Von der Herangehensweise ist der kleine Planet identisch mit dem Großen. Erst tupfen in diesem Fall eine Seite mit Weiß, die andere mit Schwarz, um die erste Struktur aufzubauen. Dann wieder mit deckendem Weiß die Lichtkante ausarbeiten, und anschließend mit transparenten Blau den Planeten einfärben. Mit transparentem Schwarz wird die linke Seite des Planeten abgedunkelt und mit gezitterten Linien auch Wolken simuliert. Zum Schluss wieder mit deckendem Weiß die Lichtkante betonen und zusätzliche gezitterte Wolkenelemente einsprühen. Ist alles getrocknet, kann die Maskierung abgenommen werden.

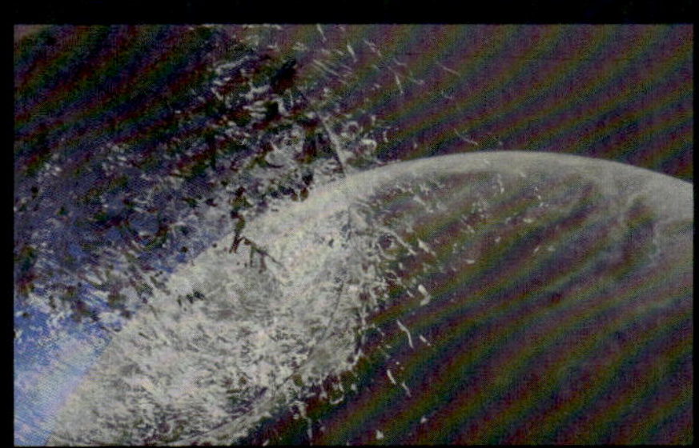

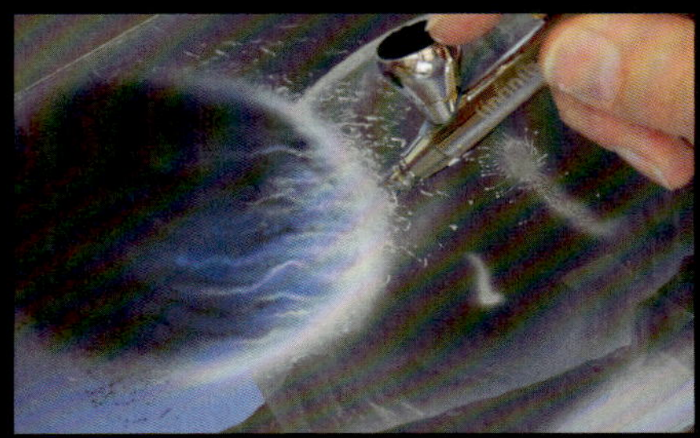

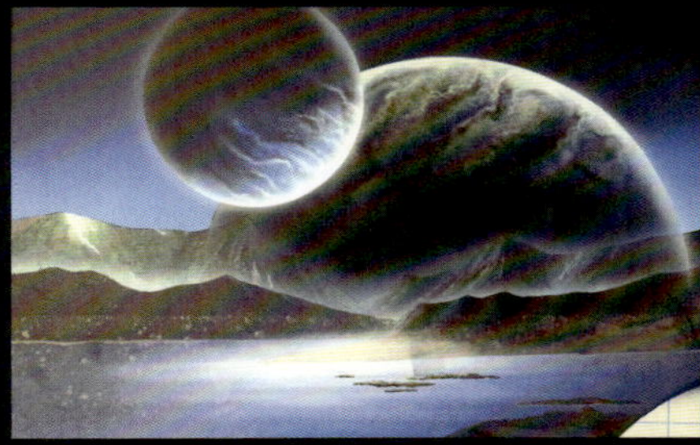

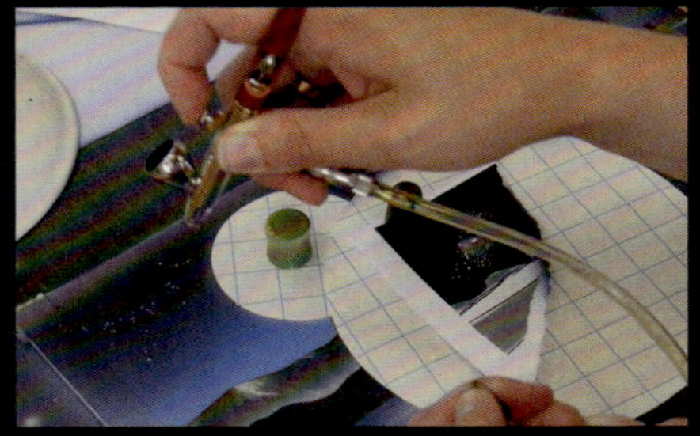

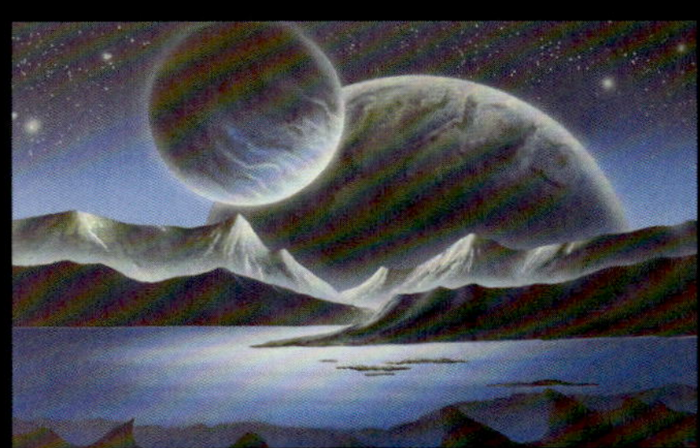

Schritt 16: Korona

Da noch Weiß im Airbrushgerät ist, sprühe ich ganz vorsichtig unter Zuhilfenahme der linken Stützhand eine Korona um den Planeten. Üben Sie dies bitte bei Bedarf vorher auf einem separaten Papier, da dieser Schritt z. B. für einen Airbrush-Einsteiger nicht ganz einfach ist. Auch der große Planet kann auf Wunsch einen leichten Korona-Effekt bekommen.

Schritt 17: Sterne sprenkeln

Decken Sie dann die beiden Planeten mit den verbliebenen Maskierteilen zum Schutz ab. Mit der Schlauch-Abknick-Methode, bei dem der Schlauch geknickt und der Hebel schnell nach unten und hinten gezogen wird, sprenkeln Sie mit Weiß Sterne im oberen Bereich auf der linken und rechten Seite auf. Sind diese getrocknet, können Sie den einen oder anderen Stern mit einem Sprühpunkt versehen, um einen kleinen leuchtenden Stern zu realisieren. Danach können alle Maskierungen vorsichtig abgezogen werden.

Schritt 18: Lichtquelle

Im letzten Schritt kommt noch die Lichtquelle zwischen den Bergen dazu. Füllen Sie wieder ein deckendes Weiß ins Airbrushgerät ein und achten Sie darauf, dass das Gerät vorher gereinigt wurde, damit ein sauberes Weiß herauskommt. Sprühen Sie als erstes einen weißen, größeren Sprühpunkt zur Orientierung zwischen die Berge.

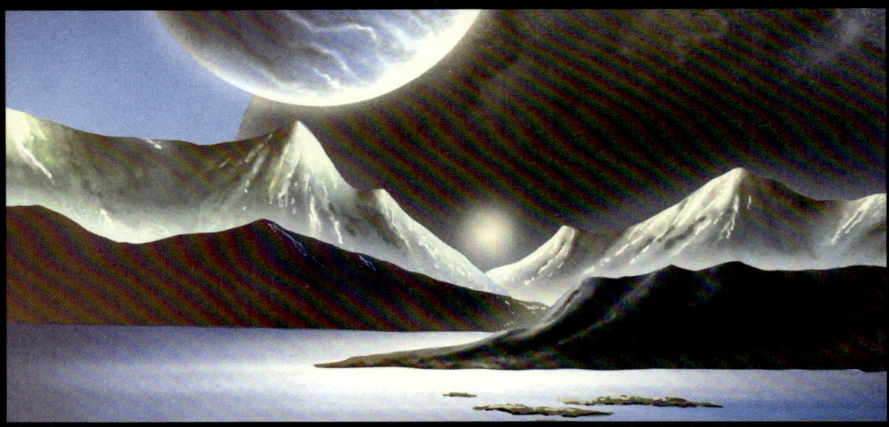

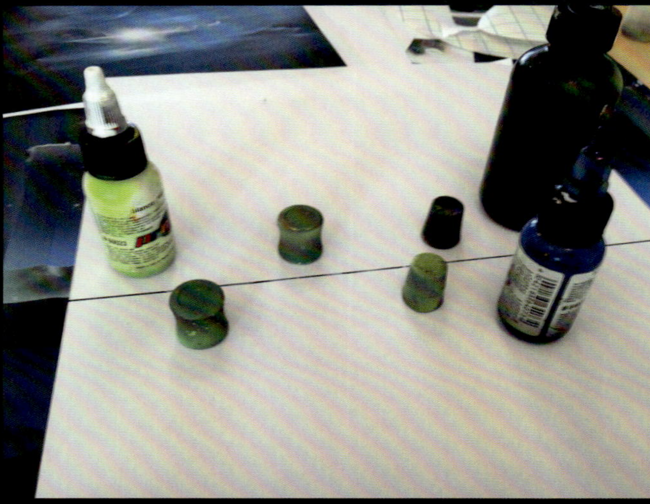

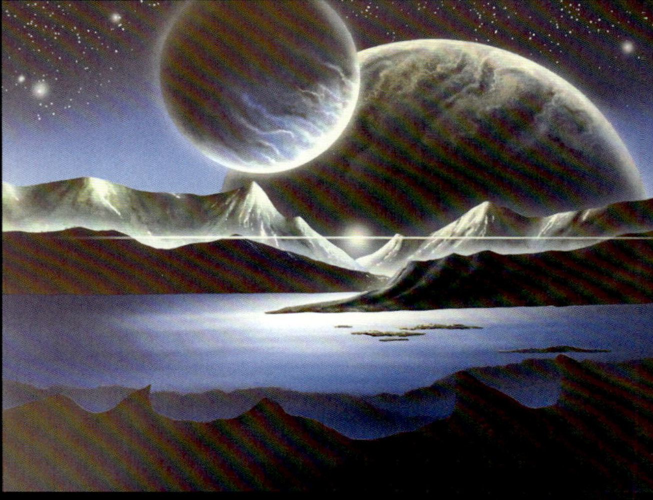

Schritt 19: Lichtstrahl

Ist dieser getrocknet, legen Sie zwei Blätter Papier zentriert darüber, um einen Schlitz für einen Lichtstrahl zu formen. Sprühen Sie dann den Schlitz mit Verläufen nach links und rechts aus. Prüfen Sie zwischendurch vorsichtig das Ergebnis, wenn Sie nicht sicher sind, ob schon genug Farbauftrag vollzogen wurde.

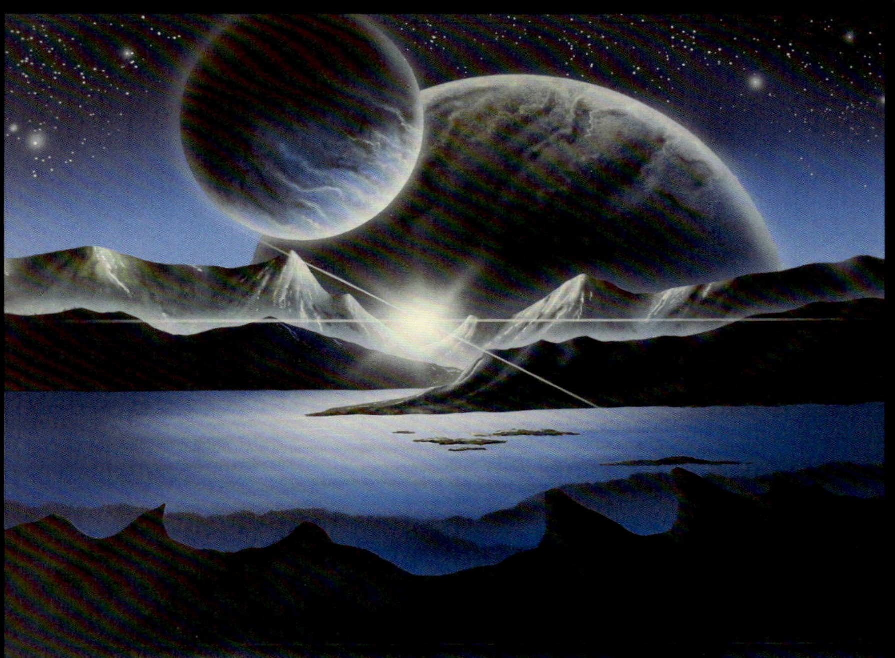

Schritt 20: Strahlendes Licht

Freihand werden dann zusätzliche Strahlen aus der Mitte herausgeformt. Sprühen Sie dabei einen Strahl von dünn auf dick. Dieses ggf. bitte vorher auch auf einem separaten Papierbogen ausprobieren. Zum Schluss ergänze ich die Lichtquelle um einen kleineren diagonalen Strahl. Hier gehe ich genauso vor wie bei dem großen Strahl. Bei Bedarf können nun noch finale kleine Ergänzungen und Korrekturen vorgenommen werden – fertig ist die Weltraumlandschaft.

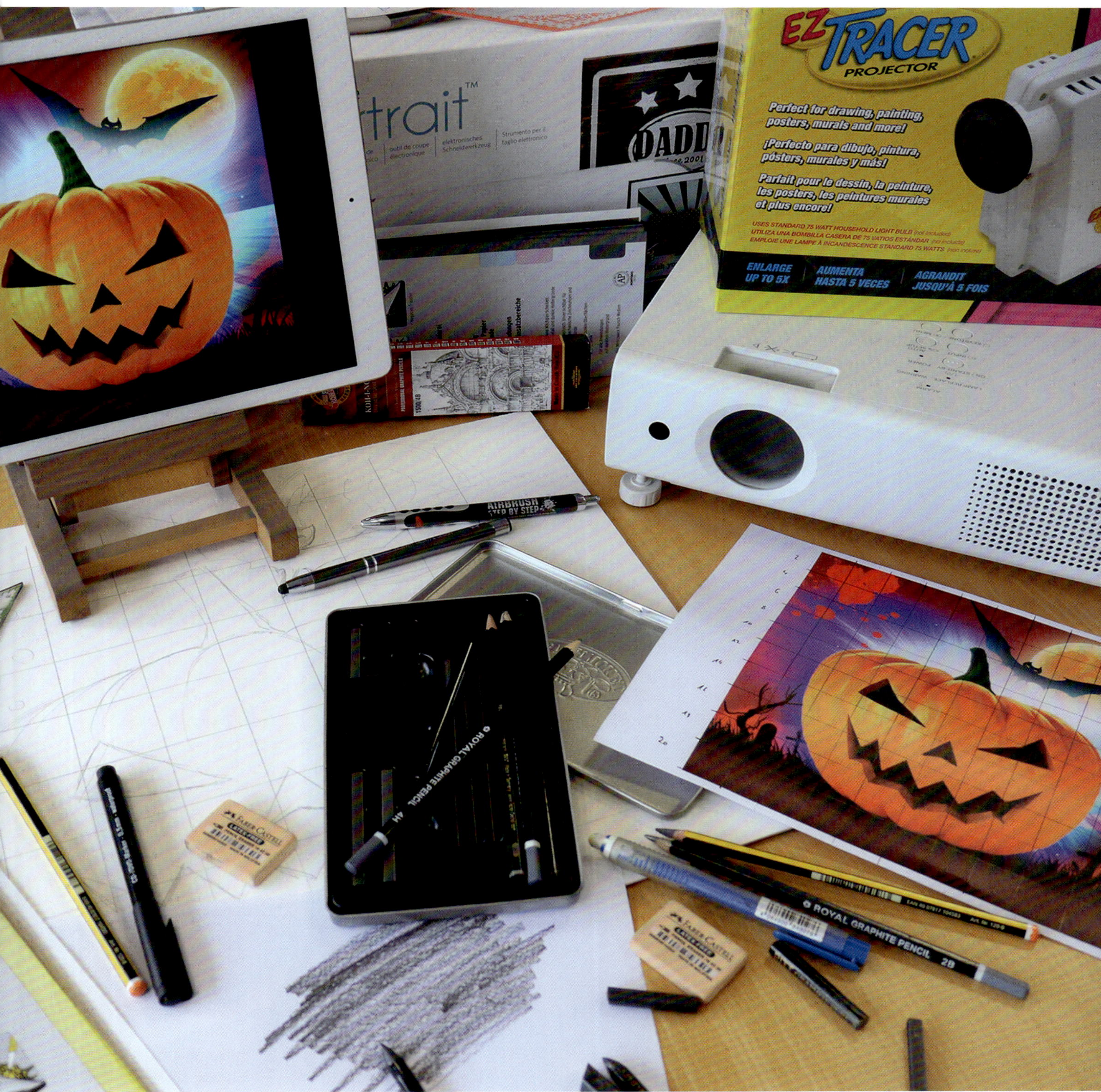

Motive auf den Malgrund übertragen

Je komplexer Ihre Motive werden, desto größer wird die Notwendigkeit, Ihre Skizze oder die Vorzeichnung von einer Fotovorlage auf Ihren Malgrund zu bringen. Natürlich kann man es einfach abmalen, aber technische Hilfen ermöglichen dem Künstler, viel Zeit zu sparen und dabei auch noch Proportionen und Details korrekt wiederzugeben. Dabei funktioniert aber nicht jede Technik auf jedem Untergrund. Die Auswahl der richtigen Methode richtet sich nach Untergrund, Motivgröße, Geldbeutel und Bequemlichkeit. Im Folgenden finden Sie die gängigsten Möglichkeiten, damit Sie selbst entscheiden können, welche Übertragungstechnik für Ihr Bildmotiv und Ihre Situation am besten geeignet ist.

// DER KLASSIKER: DIE RASTERMETHODE

Schon bevor es technische Hilfsmittel gab, wendeten Künstler jeglicher Maltechniken die Übertragung per Rastermethode an. Schon die alten Meister vergrößerten damit ihre Skizzen, um sie auf den Keilrahmen zu bekommen. Zuerst wird auf die Vorlage ein Raster gezeichnet, ähnlich wie ein Schachbrett. Die Quadrate sollten gleich groß sein und alle Teile des Originalbildes umfassen. Dann wird auf dem Untergrund das gleiche Raster ganz dünn mit einem spitzen Bleistift aufgezeichnet. Es muss genauso viele Kästchen enthalten wie das Raster auf der Vorlage. Variabel ist jedoch die Größe der Quadrate. Mit größeren Quadraten auf dem Zielmalgrund vergrößern Sie beim Übertragen Ihr Motiv maßstabsgerecht, mit kleineren Quadraten können Sie es verkleinern. Nur das Seitenverhältnis der Quadrate muss gleich bleiben. Das Raster auf dem Originalbild dient dem Auge zur Orientierung. Auch komplexe Strukturen oder anspruchsvolle Perspektiven lassen sich so einfacher abzeichnen und übertragen. Berücksichtigen Sie dabei nur die wesentlichen Konturen. Feine Details sollten Sie zunächst vernachlässigen. Die Rastermethode erfordert im Gegensatz zu anderen Techniken durchaus Konzentration und zeichnerisches Talent, denn gezeichnet wird ja immer noch Freihand. Anders als beim Abpausen oder anderen Techniken kann der Stift nicht einfach vorgegebene Konturen abfahren. Somit dauert diese Technik in der Regel auch etwas länger, hat aber den Vorteil, dass sie keine zusätzlichen Geräte oder Materialien erfordert und somit kostengünstig und jederzeit anwendbar ist.

Die Rastermethode eignet sich vor allem auf klassischen, flachen Malgründen wie Papier oder Reinzeichenkarton, denn die eingezeichneten Gitterlinien müssen später auch wieder ausradiert werden.

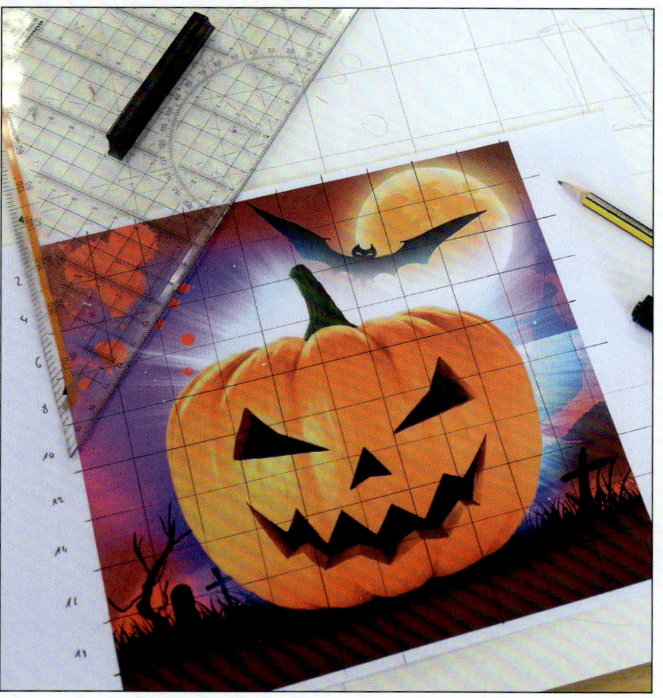

// DIE KINDERTECHNIK: GRAPHIT DURCHDRÜCKEN

Eine ebenso schnelle und günstige Methode, die Sie vielleicht sogar noch aus dem Kunstunterricht in der Schule kennen, ist das Verwenden von Graphit- oder weichen Bleistiften. Man benötigt zunächst einen Ausdruck des Motivs. Die Rückseite wird dann mit dem Graphit- oder weichem Bleistift schraffiert. Dann wird die Vorlage auf den Malgrund gelegt und die Konturen mit einem Stift durchgedrückt.

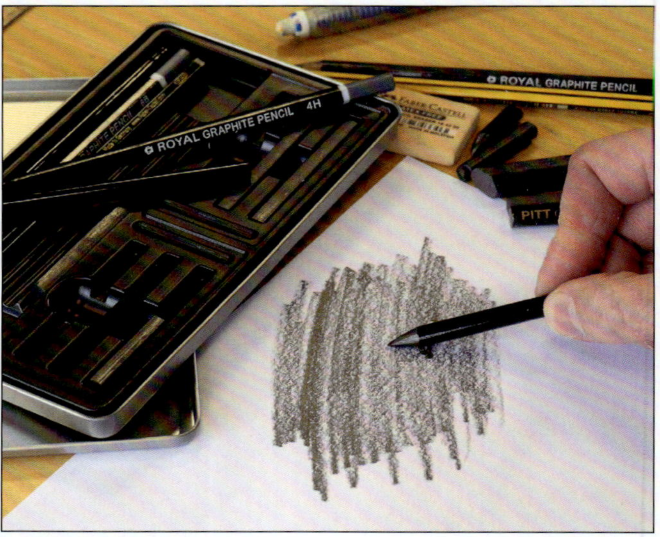

Je nach Härtegrad des Graphit- oder Bleistiftes sowie nach Stärke des Andrucks beim Durchzeichnen entstehen zarte helle oder dickere fette Linien. Verwendet man zu weiche Graphitstifte, besteht auch die Gefahr, dass schon beim Auflegen der Handfläche ein Abrieb stattfindet und so Flecken in die Skizze kommen. Grundsätzlich lässt sich dies jederzeit mit einem Radiergummi korrigieren.

Tipp: Fixieren Sie die Vorlage bei der Übertragung mit einem schwachklebenden Klebeband oder einem Stück Airbrush-Maskierfilm, damit diese nicht verrutscht.

Grundsätzlich eignet sich diese Methode am besten für kleinere und mittelgroße Motive. Sonst endet das Auftragen des Graphits in einer Materialschlacht und großer Schmiererei und nimmt auch ziemlich viel Zeit in Anspruch. Und der Untergrund muss natürlich hell sein, damit das graue Graphit auch sichtbar ist.

// FÜR WIEDERHOLUNGSTÄTER: ÜBERTRAGUNG PER TRANSPARENTPAPIER

Diese Technik beginnt zunächst mit dem klassischen „Abpausen" des Motivs mithilfe von Transparentpapier. Dieses gibt es sowohl von der Rolle als auch vom Block oder als Bogenware. Drehen Sie dann das Transparentpapier um und zeichnen Sie die aufgezeichneten Konturen auf der Rückseite nochmal mit einem weichen Blei- oder Graphitstift nach. Ist dieser Prozess erledigt, legen Sie das Trans-

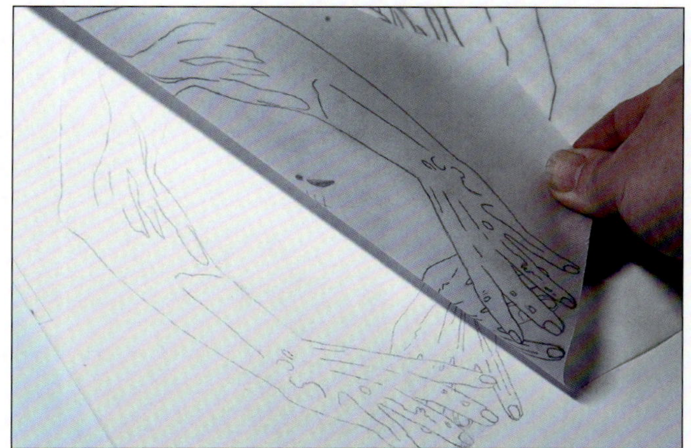

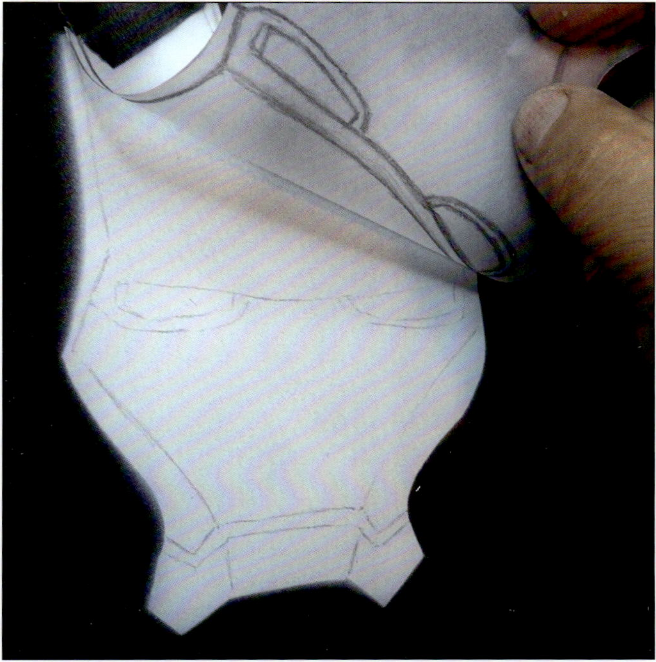

parentpapier auf Ihren Malgrund. Dann können Sie mit einem Falzbein die Konturen auf Ihren Malgrund durchreiben. Das doppelte Aufzeichnen ermöglicht Ihnen die seitenrichtige Darstellung des Motivs.

Im Gegensatz zur Graphittechnik verbrauchen Sie hier weniger Graphit und riskieren weniger Schmiererei auf dem Malgrund. Zudem können Sie die Konturzeichnung mehrfach aufreiben und erhalten – quasi wie bei einem Stempel – immer wieder ein exaktes Abbild der Konturzeichnung. So können Sie das Motiv dann nicht nur auf den Malgrund, sondern z.B. auch auf Maskierfilm oder andere Materialien zum Herstellen eigener Schablonen übertragen. Auch diese Technik funktioniert nur auf hellen Untergründen.

// FÜR CUSTOM PAINTER: SARAL-PAPIER

Die Übertragung mittels Saral-Papier funktioniert im Prinzip ähnlich wie die Graphitstifttechnik, nur dass man – etwas eleganter – hier das bereits fertig „bestrichene" Saral-Papier verwendet. Dabei handelt es sich um ein farbiges, wachsfreies Transferpapier, dessen Beschichtung sich radieren, auswaschen und mehrfach verwenden lässt. Das Saral-Papier wird einfach unter das Foto oder die Skizze gelegt und dann mit einem Kugelschreiber durchgezeichnet. Der Vorteil gegenüber Graphit ist, dass Saral nicht nur in Grau, sondern auch in den Farben Weiß, Rot, Blau und Gelb erhältlich ist. Somit lässt es sich auch auf dunklen Untergründen einsetzen. Saral-Papier lässt sich auf allen möglichen Untergründen einsetzen, von Papier und Karton, über Holz, Textilien, Metall, Kunststoff bis hin zu Keramik und Glas. Saral-Papier ist deshalb besonders bei Custom Paintern beliebt, die auf unterschiedlichsten Untergründen arbeiten. Saral-Papier ist als Rolle von 0,30 x 3,6 m zum Preis von rund 20 Euro oder als A4-Blatt-Sammlung à 5 Bögen zum Preis von rund 5 Euro im Künstlerbedarfsfachhandel erhältlich.

// VOM SCHNEIDER ABGEGUCKT: PRYM KOPIERPAPIER

Eine gute Alternative zum Saral-Papier ist das Kohlepapier der Marke Prym aus dem Schneidereifachhandel. In einer Packung befinden sich ein gelber und ein weißer Bogen in der Größe 82 x 57 cm. Damit lassen sich Konturzeichnungen einfach mit einem Kugelschreiber auf dunkle Untergründe durchzeichnen, z.B. auch auf Tanks, Motorhaube oder Autotüren. Dem ursprünglichen Zweck entsprechend funktioniert es natürlich auch sehr gut auf Textilien. Der Übertragungsbogen wird einfach zwischen Vorzeichnung und Untergrund gelegt. Die durchgedrückte Vorzeichnung kann mit in das gewünschte Motiv eingearbeitet oder

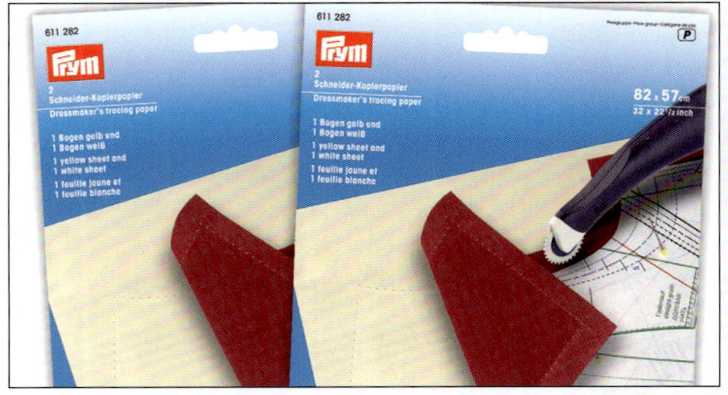

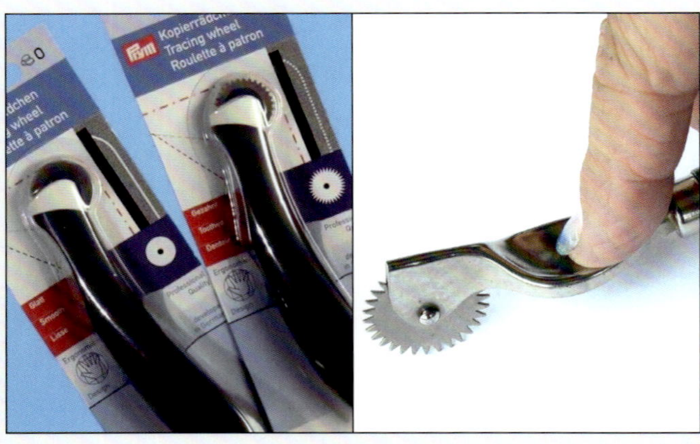

mit Cleaner beseitigt werden. Die Bögen sind mehrfach wiederverwendbar. Das Prym Schneider-Kopierpapier ist zu einem Preis von 5 Euro im Fachhandel für Schneiderbedarf erhältlich.

// NOCH EIN TAPFERES SCHNEIDERLEIN: DIE KOPIERRAD-METHODE

Auch diese Methode haben sich findige Airbrush-Künstler bei den Schneidern abgeschaut. Dort verwendet man ein scharf gezacktes Kopierrad, um Schnittmuster auf Stoffe durchzudrücken. Als Airbrusher möchte man sicher keine kleinen Löcher in seinem Malgrund haben, aber der Vorlage schadet dies in der Regel nicht. So kann man mit dem Kopierrad die Konturen der Vorzeichnung oder Fotovorlage abfahren und erhält so eine perforierte Linie. Dann legen Sie die perforierte Vorlage auf den Malgrund. Nun können Sie z. B. mit einem Staubbeutel und farbiger Kreide die Linien „bestäuben". Die Farbe sickert dann durch die kleinen Löcher und hinterlässt eine gestrichelte Linie auf dem Malgrund. Diese Methode eignet sich sehr gut bei größeren Flächen, denn sie ist schnell und effektiv. Die perforierte Vorlage lässt sich mehrfach verwenden und kann durch Umdrehen der Vorlage auch spiegelverkehrt aufgetragen werden. Dies eignet sich z. B. für symmetrische Grafiken oder identische Abbildungen auf zwei Seiten eines Fahrzeugs oder Helm. Allerdings eignet sie sich weniger für feine Details, da sie eine vergleichsweise schwache und unterbrochene Linie hinterlässt.

// NUR MIT PAPIER: LEUCHTTISCHE

Zum Übertragen von Motiven auf Malgründe eignen sich Leuchttische nur, wenn es sich bei Malgrund und Vorlage jeweils um halbwegs lichtdurchlässiges Papier handelt. Airbrush-Papier funktioniert noch, Reinzeichenkarton geht dagegen nicht. Praktisch sind Leuchttische noch im Entstehungsprozess von Motiven, wenn man z. B. Motive aus verschiedenen Vorlagen komponiert. Einfach die Vorlage auf den Leuchttisch legen, Mal- oder Skizzenpapier darüber und los geht's. Moderne Leuchttische sind inzwischen mit LED-Lampen ausgerüstet, die langlebiger und stromsparender sind und die Arbeitsplatte weniger aufheizen.

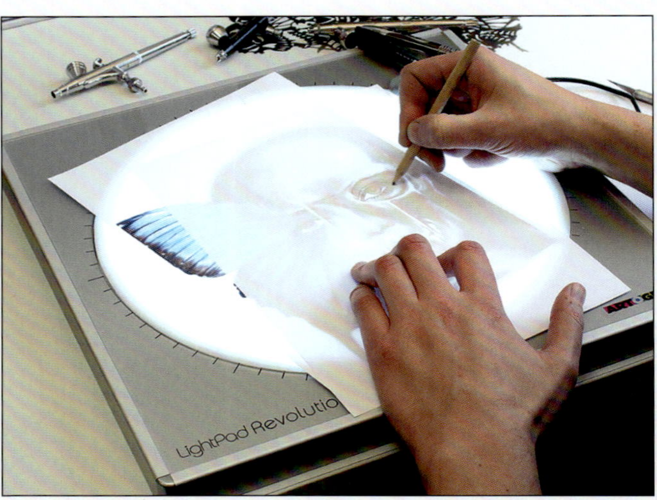

Tipp: Leuchttische unterstützen auch sehr gut bei der Arbeit mit Transparentpapier, um Konturen noch besser sehen zu können. Mit ein paar Lampen lässt sich auch ein Glastisch sehr einfach in einen Leuchttisch umfunktionieren.

// PROJIZIEREN VON GEGENSTÄNDEN: TRACER/PAXISCOPE

Tracer und Paxiscope funktionieren im Prinzip genauso wie Tageslichtprojektoren, nur dass es nicht nötig ist, die Vorlage erst noch auf Folie zu bringen. Diese Projektoren verarbeiten sogenannte opake Bildvorlagen, d. h. auch Fotos, Zeitschriften, Bücher, Zeichenpapier oder ähnliche Vorlagen lassen sich direkt in das Gerät einlegen und projizieren. Bekannteste Vertreter sind u. a. das Paxiscope von Braun sowie die diversen Geräte der Marke Artograph. Je nach Modell fassen die Geräte Vorlagen in der Größe zwischen ca. 10 und 25 cm, vergrößern sie z. T. auf das bis zu 30-Fache und verkleinern sie bis zu 80 Prozent. Durch die extreme Lichtleistung heizen sich die Geräte stark auf, so dass einige mit leistungsstarken Kühlgebläsen und Tempe-

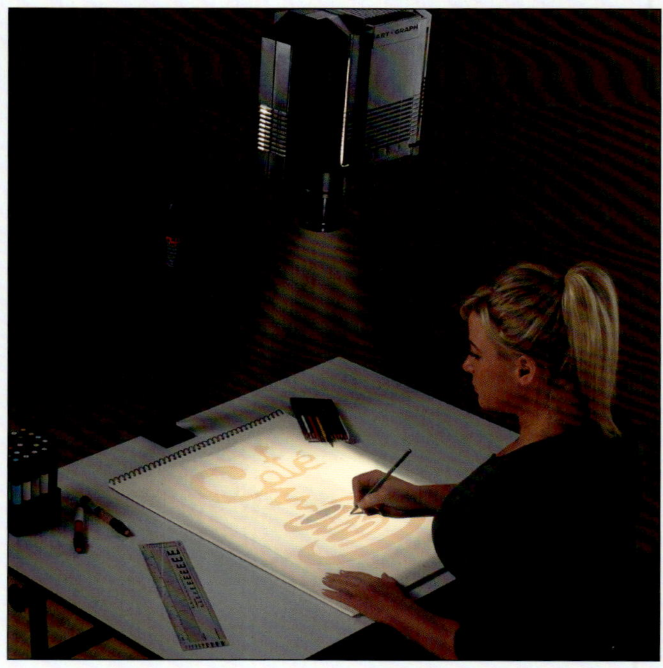

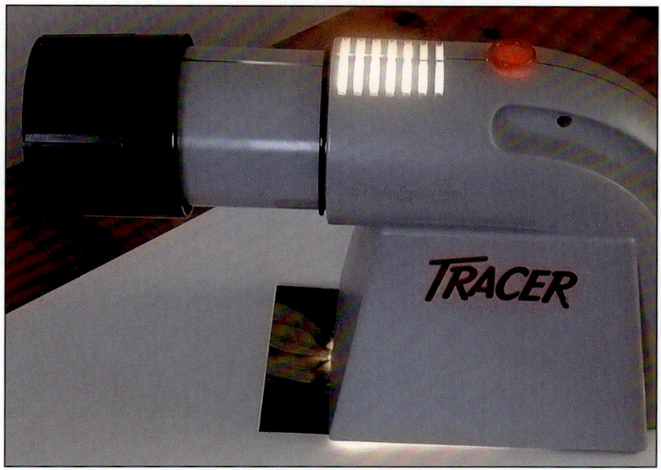

raturschutzschaltern ausgestattet sind. Dennoch sollten die Geräte niemals zu lange in Betrieb gehalten werden. Einige Modelle sind auch mit einstell- und abnehmbaren Tischstativen erhältlich, die auch vertikales Projizieren ermöglichen. Zu bedenken ist, dass sich die Geräte am besten in abgedunkelten Räumen verwenden lassen.

// WIE IN DER SCHULE: TAGESLICHTPROJEKTOR

Wer noch im letzten Jahrtausend zur Schule gegangen ist, kennt sicherlich noch den guten alten Tageslichtprojektor. Motive oder Grafiken, die auf Folie gedruckt, gemalt oder kopiert werden, lassen sich damit klassischerweise „an die Wand werfen". Dies lässt sich natürlich auch nach wie vor für die Motivübertragung nutzen: Zeichnen Sie z.B. Ihre Skizze auf eine projektortaugliche Vorlage durch oder drucken Sie Ihre Fotovorlage direkt auf eine Laser- oder Inkjet-Folie. Dann können Sie die Vorlage auf Ihren Untergrund, z.B. eine Leinwand, ein großes Fahrzeug, eine Zimmerwand o.ä., projizieren und dort mit einem geeigneten Stift aufzeichnen. Bei der Projektion wird Ihre Vorlage automatisch vergrößert. In welchem Maße, können Sie durch Einstellungen am Gerät sowie durch die Entfernung von Untergrund und Projektor variieren. Daher eignet sich die Projektion vor allem für großformatige Projekte. Gebrauchte Tageslichtprojektoren sind aufgrund fortgeschrittener Technik günstig zu erstehen. Aufgrund ihrer Technik gehören sie nicht gerade zu den leichtesten und kompaktesten Geräten und sind daher besser nur im heimischen Studio einzusetzen. Je nach Ausstattung verfügen die Geräte über unterschiedliche Lichtstärken, die das Projizieren in mehr oder weniger beleuchteten Räumen ermöglichen.

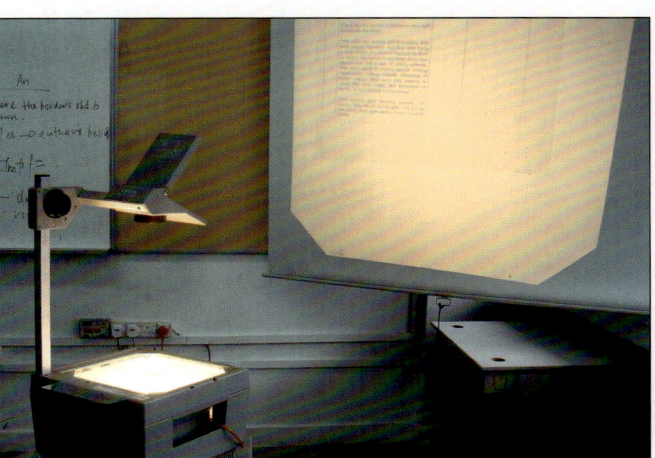

// ZEITGEMÄSS: BEAMER

Die meisten Künstler arbeiten inzwischen ganz oder teilweise digital, um ihre Motive für die Airbrush-Lackierung vorzubereiten. Dies reicht von der reinen Vorlagenrecherche im Internet und dem Download entsprechender Fotos bis hin zur digitalen Komposition von Motiven und dem digitalen Malen und Zeichnen. Liegen die Vorlagen also

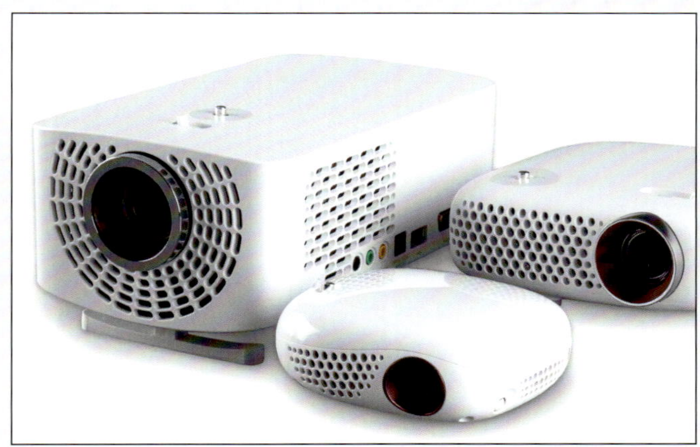

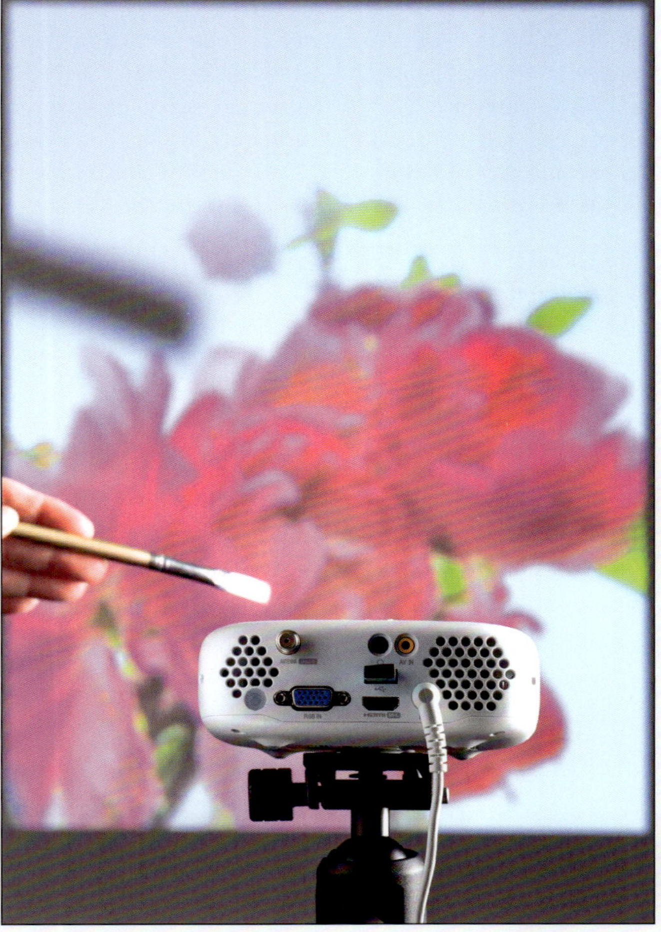

sowieso bereits digital vor, macht es Sinn, sie auch direkt von dort auf den Malgrund zu bringen. Bei größeren Formaten bietet sich ein Beamer an, dem digitalen Pendant zum Tageslichtprojektor bzw. Tracer. Grundsätzlich lässt sich für diesen Zweck jeglicher Beamer nutzen, der z.B. als Heimkinoprojektor in der Familie oder für geschäftliche Präsentationen in der Firma vorhanden ist. Darüber hinaus bietet der Künstlerbedarfshandel spezielle Beamer für Künstler und Designer an, z.B. von Artograph. Sie bieten zusätzliche Funktionen an wie z.B. die Einblendung verschiedener Raster mit und ohne Vorlagenfoto, die bei der Übertragung der Motive helfen. Die Bilder können in Schwarz-Weiß umgewandelt, ein- und ausgeblendet, gezoomt, gedreht und gespiegelt werden.

Viele Beamer lassen sich nicht nur an den klassischen PC oder Laptop anschließen, sondern mittels USB oder Adapter auch direkt an Digitalkameras, Smartphones oder Tablets. Ebenso wie alle anderen Projektoren eignen sich auch Beamer vor allem für große Untergründe wie Leinwände, Fahrzeuge, Zimmer- oder Hauswände.

// DIGITALES AUF PAPIER: AUSDRUCK AUF DEN MALGRUND

Es ist so naheliegend: Wer im Büro arbeitet, druckt täglich Dutzende Seiten per Laser- oder Inkjet-Drucker aus. Warum nicht auch die digitale Vorzeichung direkt auf den Malgrund drucken? Airbrushpapier ist für die meisten Drucker kein Problem. Bei Reinzeichenkarton oder Leinwand sollte man sich besser an den örtlichen Copyshop oder einen Online-Dienstleister wenden. Die können meist auch größere Formate oder sogar Leinwände auf Keilrahmen bedrucken. Voraussetzung ist, man legt digital eine Strichzeichnung z.B. mit einem Grafiktablett oder Pendisplay an und reduziert die Deckkraft herunter, um einen schwachen Ausdruck zu erhalten. Dieser lässt sich zwar nicht mehr wegradieren, aber je nach Motiv und Farbtechnik verschwindet er sowieso oder wird im Motiv eingebettet.

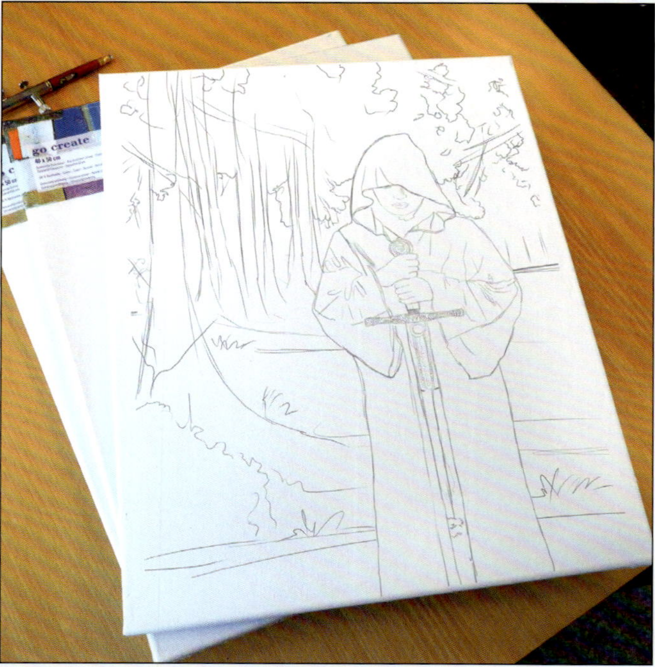

Tipp: Leinwände, die mit einem Tintenstrahldrucker bedruckt werden, haben eine sehr feine Oberfläche, auf der man mit Airbrushfarben hervorragend detailliert und scharf arbeiten kann.

// DER TREND: APPS FÜR SMARTPHONE UND TABLET

Ein Smartphone oder Tablet haben inzwischen viele Künstler in der Tasche. Es wird gerne genutzt, um kurzfristig Vorlagenfotos zu schießen, um beim Malen das Vorlagenfoto als Referenz anzuzeigen und in Details reinzuzoomen.

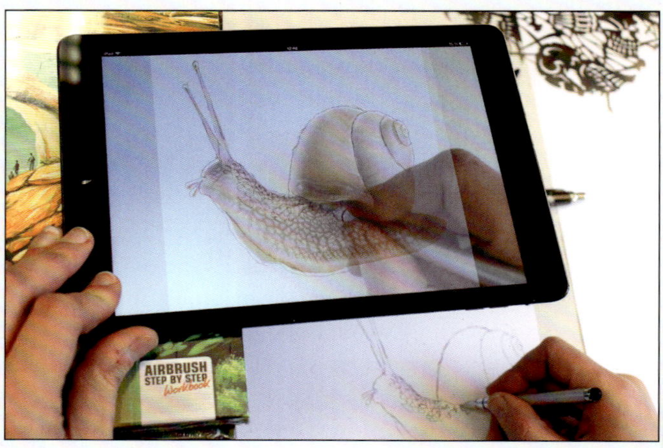

Die App „Camera Lucida" für iPad und iPhone sowie „Artist's Eye" für Android-Geräte ermöglichen auch das Übertragen von Motiven auf den Malgrund auf der Basis des 1806 erfundenen Zeicheninstruments „Camera Lucida". Innerhalb der Anwendungen lässt sich das gewünschte Malmotiv fotografieren oder ein Bild wird aus der geräteinternen Bildergalerie geladen. Das Foto erscheint dann auf dem Bildschirm. Aktiviert man nun die Zeichenfunktion, lässt sich das Foto auf „transparent" einstellen und wird dann auf dem Display mit dem Live-Bild des Malgrundes überlagert, auf den man die Kamera richtet. So lassen sich dann die Konturen des Gegenstandes auf dem Papier nachzeichnen. Die Handführung wird über den Bildschirm kontrolliert. Die Apps haben darüber hinaus mehrere Verarbeitungsfilter, die den Zeichenprozess erleichtern können. Wichtige Voraussetzung für die Anwendung ist allerdings, das Smartphone oder Tablet fest über dem Malgrund zu fixieren, um Wackeln oder unterschiedliche Abstände zu vermeiden. Die „Camera Lucida"-App ist im iTunes-Store erhältlich. „Artist's Eye" gibt es bei Google Play.

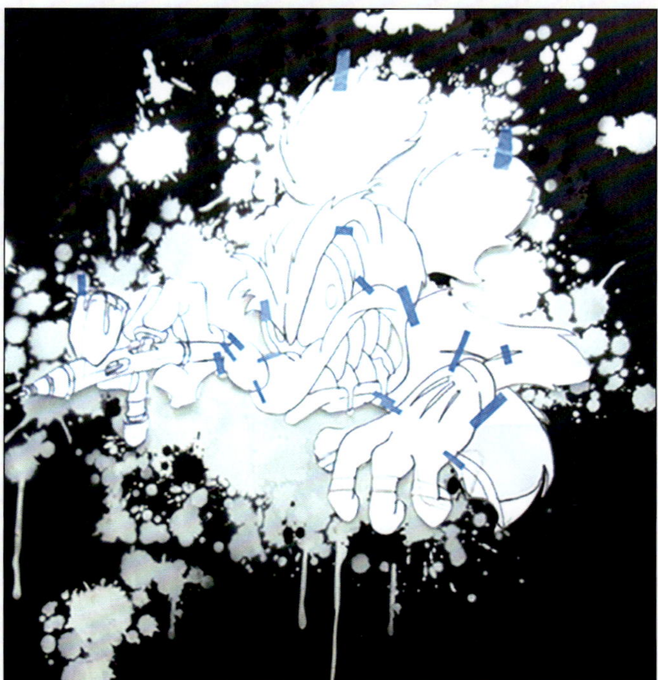

// OHNE VORZEICHNUNG: MOTIVÜBERTRAGUNG MIT SCHABLONEN

Wenn man mal von der bisher geschilderten, klassischen „Vorzeichnung" auf dem Malgrund absieht, dann sind auch Schablonen eine Möglichkeit, Motive auf den Malgrund zu übertragen. Schneiden Sie dazu z. B. einfach die Konturen des Motivs aus Ihrem Vorlagenfoto heraus, legen Sie sie auf den Malgrund und nebeln Sie sie leicht mit einem zum Motiv passenden hellen Farbton an. Für diese Technik empfiehlt es sich, viele Kopien der Vorlage anzufertigen, um die verschiedenen ineinandergreifenden Teile ausschneiden zu können. Auch klebender Maskierfilm lässt sich bei dieser Übertragungsform benutzen. Dazu müssen Sie allerdings die Konturen erst noch auf den Maskierfilm bringen. Dies können Sie mit nahezu allen in diesem Artikel genannten Techniken machen, die auch auf Papier funktionieren. Vieles ist mit Maskierfilm sogar einfacher, weil auch die Trägerschicht des Films lichtdurchlässig ist. Sind die Formen auf den Film aufgebracht, lassen sich die einzelnen Teile auf den Malgrund kleben und und aussprühen.

Wenn Sie Ihr Motiv digital vorbereiten, können Sie es auch in einem Vektorprogamm verarbeiten und über einen Schneidplotter (siehe nächstes Kapitel) ausgeben. So erhalten Sie je nach Material sehr präzise lose oder klebende Schablonen für Ihr Motiv, das Sie dann stückweise auf den Malgrund arbeiten können.

NOCH MEHR TIPPS UND TRICKS:

Motive auf mehreren Seiten drucken

Heutige Drucker und Computer erlauben, das Vorlagenmotiv z. B. mit dem Adobe PDF Reader auf mehrere Seiten auszugeben. Die können dann für eine größere Vorlage zusammengelebt werden.

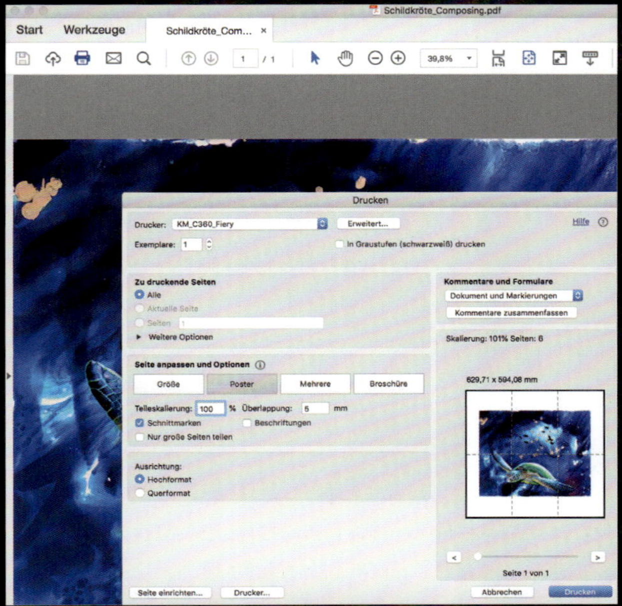

Copyshops nutzen

Viele Bürobedarfsmärkte und Kopierläden bieten zahlreiche Kopier- und Druckmöglichkeiten gegen geringe Gebühr an, darunter z. B. großformatige Poster oder die Bedruckung von speziellen Papier- und/oder Foliensorten. Auch Plottservices können in Anspruch genommen werden. So lassen sich Vorlagen und Malgründe in diversen Größen und Materialien vorbereiten.

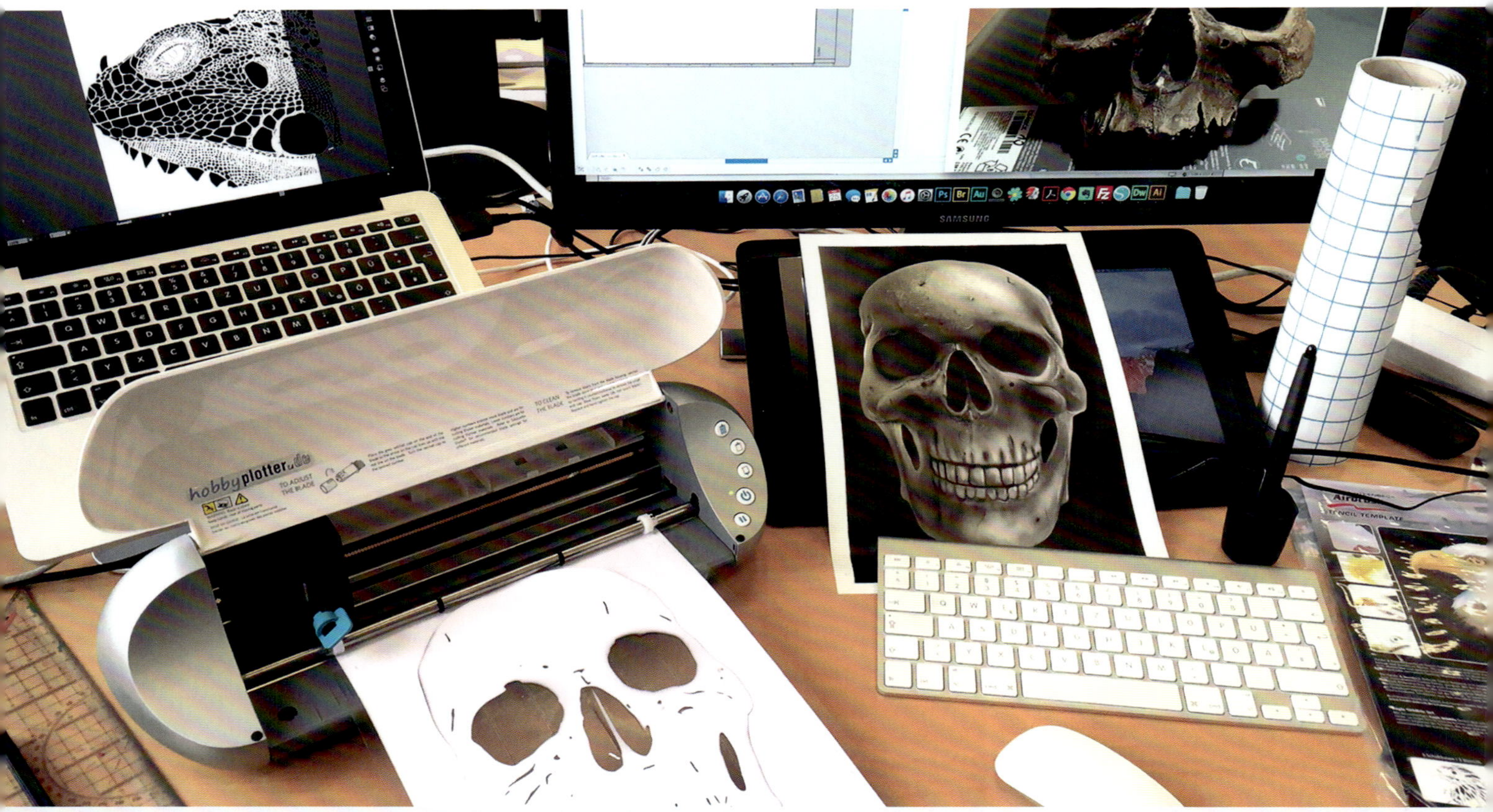

Arbeiten mit dem Schneidplotter

Als Anfänger schneiden Sie Ihre Schablonen und Maskierungen, wie in den Anleitungen gezeigt, sicherlich erstmal manuell mit Schere und Cutter oder Sie greifen gleich auf fertige Schablonen aus dem Fachhandel zurück. Wenn Ihre Illustrationen allerdings komplexer und detaillierter werden, dann kann Ihnen ein Schneidplotter die mühevolle Schneidarbeit vor allem bei kleinteiligen Motiven oder Schriften abnehmen.

// WAS IST EIGENTLICH EIN SCHNEIDPLOTTER?

Schneidplotter sind elektrische Geräte, die beliebige Formen aus Papier, Mylar, Karton, Vinyl und sogar Stoffen ausschneiden können. Sie finden dort Anwendung, wo die geraden Schnitte von Papierschneidemaschinen nicht ausreichen und das Schneiden mit einem Cutter oder Skalpell zu aufwendig oder ungenau ist. Dies betrifft vor allem Schrift-Maskierungen, die man mit Airbrush aussprühen möchte. Geplottete Schablonen haben je nach Material auch den Vorteil, dass sie sich immer wieder verwenden lassen, ohne großen Schaden zu erleiden.

Ein Schneidplotter ist vielleicht am ehesten mit einem handelsüblichen Drucker vergleichbar, wie er in fast jedem Haushalt mit dem PC verbunden ist. Der Unterschied ist, dass der Drucker Texte und Bilder auf die gewünschte Stelle auf das Papier druckt, der Schneideplotter hingegen eine Klinge benutzt, um bestimmte Formen und Wege auszuschneiden. Dazu bewegt der Schneidplotter das Material vor und zurück, während der Schneidekopf sich senkrecht dazu bewegt und das Material schneidet. Aber nicht nur das Schneiden gehört zu den Funktionen eines Schneidplotters. Mit einem (zumeist optional erhältlichen) Stift kann er auch zeichnen, perforieren oder prägen.

Grundsätzlich gibt es zwei Arten von Schneidplotter. Die einen verfügen über einen Scanner, mit dem sich Papiervorlagen einscannen und per Knopfdruck ausplotten lassen. Alle Arbeiten lassen sich über einen kleinen LCD-Bildschirm und die Kontrolltasten am Gerät durchführen. Die

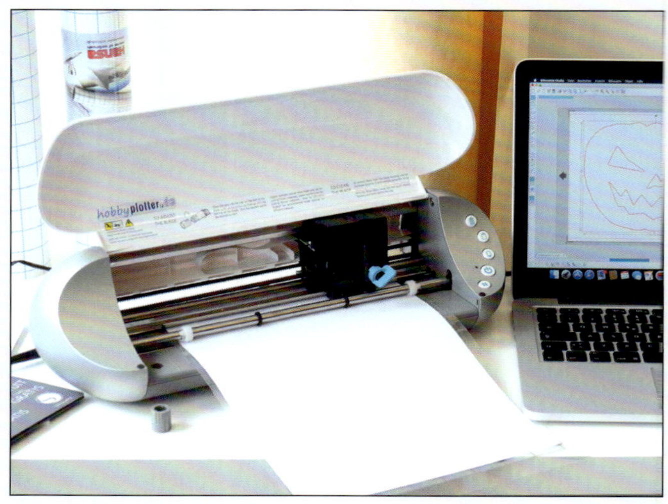

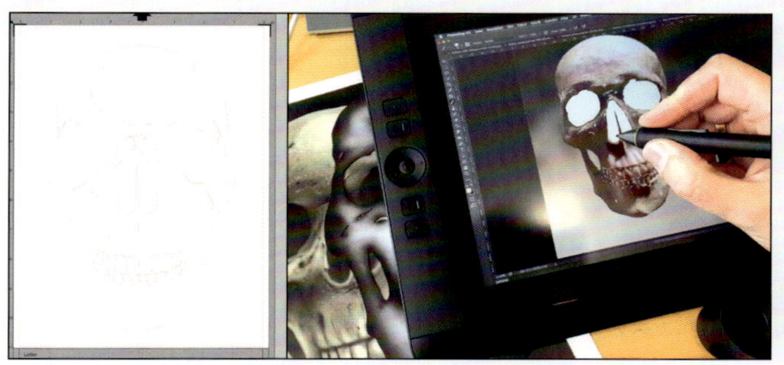

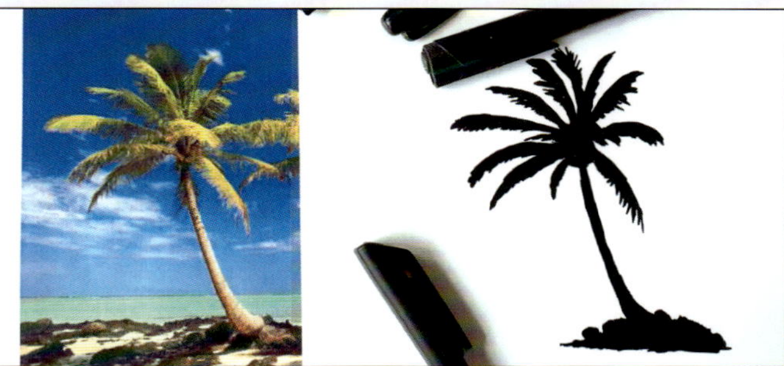

zweite – weitaus größere und gängigere – Gruppe sind Geräte mit Computeranschluss. Dank des Computeranschlusses lässt sich das gesamte Spektrum der digitalen Vorlagengestaltung nutzen. In der Regel wird der Plotter über eine USB-Schnittstelle betrieben. Einige Geräte können aber auch drahtlos die Daten über Bluetooth empfangen und lassen sich somit unabhängig dort aufstellen, wo Platz ist.

// GRUNDVORAUSSETZUNGEN UND SOFTWAREOPTIONEN

Es gibt Plotter, die nur mit einem Windows-Betriebssystem funktionieren. Andere arbeiten auch mit MacOS. Damit der Schneidplotter überhaupt arbeitet, benötigt er eine Vektorgrafik mit Koordinaten, die dann interpretiert und mit dem Messer geschnitten werden. Diese kann direkt in der häufig mitgelieferten Plottersoftware erzeugt werden. Alternativ kann mit Hilfe eines speziellen Treibers auch direkt aus einer Vektorgrafiksoftware wie Corel Draw oder Adobe Illustrator geplottet werden.

// ARBEITSPROZESS

In der Regel startet man mit einer Bitmap-Grafik, also einem pixelorientierten Bild (sprich digitales Foto), welches dann in eine Vektorgrafik umgewandelt wird. Diesen Prozess nennt man Vektorisierung. Der Arbeitsaufwand ist relativ gering. Am besten eignet sich ein Schwarz-Weiß Bild, welches im Vektorisierungsprozess in nur wenigen Sekunden umgesetzt wird. So eine Schwarz-Weiß-Silhouette kann mit Hilfe eines Grafik-Tabletts oder Pen-Displays gleich direkt in einem Bildbearbeitungs-/Malprogramm digital gemalt werden. Hat man sowas nicht vorliegen, geht auch ein normaler schwarzer Filzstift auf Papier oder Folie. Arbeitet man zunächst mit einer analogen Vorlage, muss diese dann allerdings noch eingescannt oder fotografiert werden, um sie als Bitmap-Bild abzuspeichern.

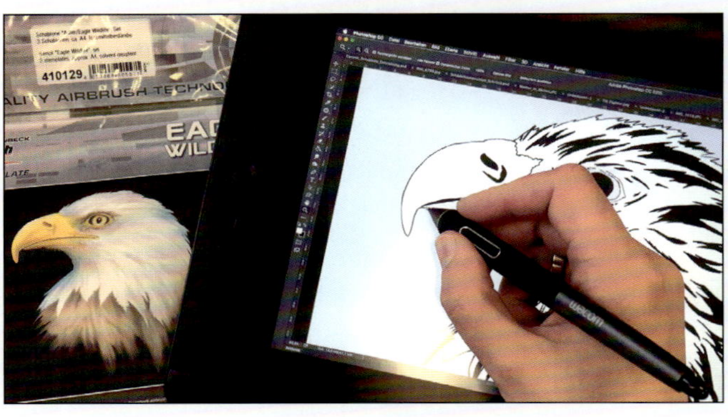

Die weitere gängige Möglichkeit ist, die benötigte Vektorgrafik direkt in der Plott- oder Vektordesign-Software zu erstellen. Dafür stehen zahlreichen Zeichenwerkzeuge zur Verfügung. Auch das Nachzeichnen von Konturen mit Hilfe einer importierten Fotovorlage ist möglich.

// MODELLE UND PREISE

Für den Hobby-Airbrush-Künstler, der lediglich die eine oder andere individuelle Schablone benötigt, sind Hobbyplotter die beste Wahl. Diese preisgünstigen A4-Plotter starten ab 160 Euro und plotten auf einer leicht klebenden Schneidmatte. Somit ist es möglich, eine Vielzahl von Materialien zu schneiden, die als A4-Einzelbogen eingelegt werden können. Aber auch Material von der Rolle kann verarbeitetet werden. Ab 250-300 Euro sind auch größere Modelle in A3 und mit größeren Schnittbreiten möglich. Ab 400 Euro starten Plotter, die schon 70 cm breite Materialien verarbeiten können. Es gibt kleine günstige Geräte, die auf dem Tisch platziert werden; die größeren Modelle haben Standfüße.

Achten Sie beim Kauf eines Schneidplotters darauf, ob Ihr verwendetes Betriebssystem und serieller Anschluss unterstützt wird. Nehmen Sie ggf. Kontakt mit dem Hersteller oder Fachhändler auf.

Tipp: *Wie Sie Vorlagen auf den Plotter erstellen und mit dem Gerät genau umgehen, zeigt Ihnen auch unsere DVD „Airbrush Step by Step DVD-Series #5: Airbrush Schablonen Design“ ISBN: 978-3-941656-49-9.*

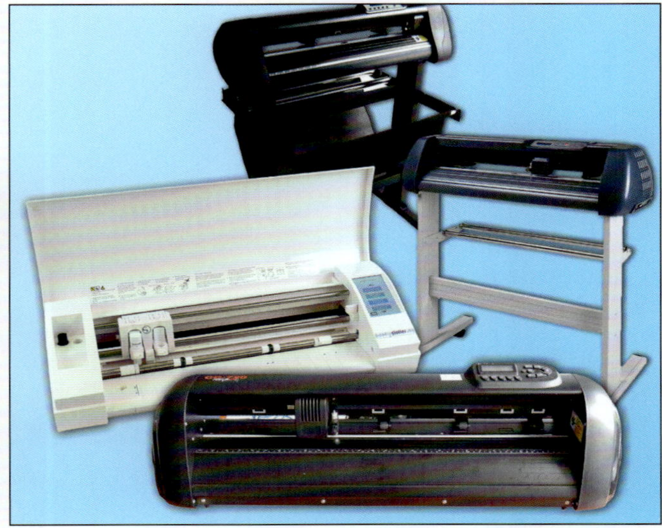

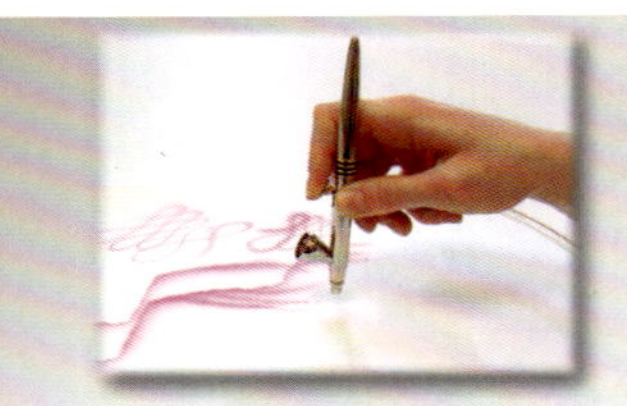

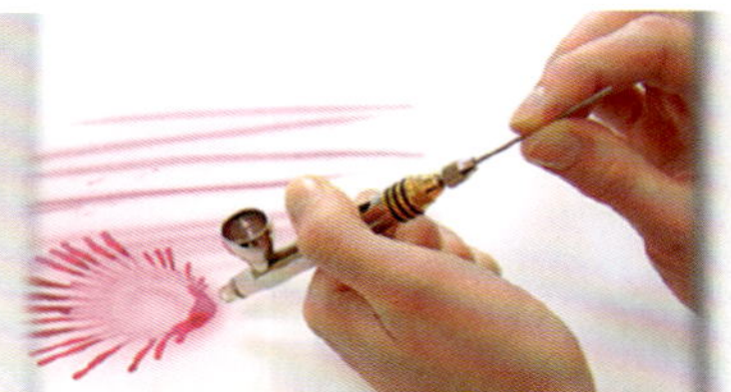

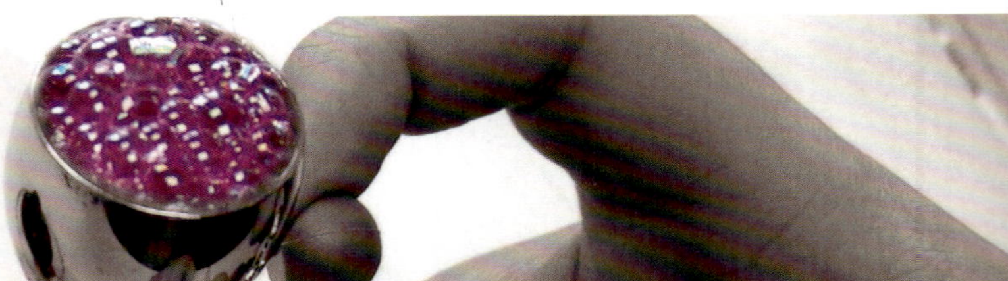

Tipps und Troubleshooting

PROBLEMBESCHREIBUNG		LÖSUNGEN
Kompressor arbeitet nicht		• Überprüfen Sie, ob das Gerät eingeschaltet, das Netzkabel angeschlossen ist und die Steckdose Strom liefert
Kompressor wird heiß		• Gerät war zu lange im Betrieb oder die Kompressorleistung für die verwendete Düsengröße zu gering • Kompressor ausschalten und abkühlen lassen • Kompressor wechseln
Airbrush-Gerät sprenkelt bzw. liefert ein schlechtes Spritzbild		• Verschmutze Nadel reinigen • Verbogene oder defekte Nadel austauschen • Verstopfte Nadelschutzkappe reinigen • Beschädigte Düse austauschen
Luft wird in den Farbnapf gedrückt (die Farbe sprudelt)		• Defekte Düse austauschen • Düse/Nadel herausnehmen • Beschädigte oder fehlende Düsendichtung erneuern • Luftkopf fester anschrauben / Luftkopf austauschen
Das Airbrush-Gerät versprüht keine Farbe durch das Saugsystem		• Farbe nachfüllen • Verstopfte Düse reinigen • Nadelführung überprüfen und Nadelfeststeller anziehen, um Nadelbewegung zu ermöglichen • Verstopften Farbflaschenanschluss reinigen, Loch oder Ansaugröhrchen durchpieksen • Zähflüssige Farbe stärker verdünnen
„Spinnenbeine" oder „Tausendfüßler" beim Sprühen		• Hebel nicht so weit zurückziehen • Abstand vom Malgrund erhöhen • Farbe weniger verdünnen oder Luftdruck verringern
Hebel klemmt / Luft lässt sich nicht regulieren		• Komponenten reinigen • Luftventil abschrauben, Dichtung an der Ventilstange ölen